国家图书馆文津出版基金资助项目

图 书 馆 史 书 系

国家图书馆同人著述研究（1909—1949）

苏 健 著

国家图书馆出版社

图书在版编目(CIP)数据

国家图书馆同人著述研究:1909—1949/苏健著. --北京:国家图书馆出版社,
2018.11
（图书馆史书系）
ISBN 978 – 7 – 5013 – 6554 – 8

Ⅰ.①国…　Ⅱ.①苏…　Ⅲ.①图书馆学—著作研究—中国—1909 – 1949
Ⅳ.①G250.1

中国版本图书馆 CIP 数据核字(2018)第 201035 号

书　　名　国家图书馆同人著述研究(1909—1949)
著　　者　苏　健　著
丛 书 名　图书馆史书系
责任编辑　邓咏秋
封面设计　德铭文化＋邢毅
———————————————————————————————————
出　　版　国家图书馆出版社(100034　北京市西城区文津街 7 号)
　　　　　　(原书目文献出版社　北京图书馆出版社)
发　　行　010 – 66114536　66126153　66151313　66175620
　　　　　　66121706(传真)　66126156(门市部)
E-mail　　nlcpress@ nlc. cn(邮购)
Website　　www. nlcpress. com ——→投稿中心
经　　销　新华书店
印　　装　北京金康利印刷有限公司
版　　次　2018 年 11 月第 1 版　2018 年 11 月第 1 次印刷
———————————————————————————————————
开　　本　710 毫米×1000 毫米　1/16
印　　张　14.25
字　　数　205千字
———————————————————————————————————
书　　号　ISBN 978 – 7 – 5013 – 6554 – 8
定　　价　58.00元

总　序

　　晚清至民国，是我国藏书楼逐步向图书馆过渡时期。一些公共图书馆逐步建立起来，一些学校图书馆，在晚清时还称藏书楼，到民国时，为适应时代潮流，也改称图书馆。如1898年京师大学堂藏书楼建立，在辛亥革命后，京师大学堂藏书楼改名为北京大学图书馆。这一时期的图书馆发展史，在近20年间受到了研究者的重视。2017年出版的《中国图书馆史》，分古代、近代与现代三部分，其中近代部分，即晚清与民国的图书馆史。一些相关著作、学位论文，以及科研项目立项，涉及晚清与民国图书馆史的逐渐增多。国家图书馆出版社自2004年以来，陆续影印出版了一大批清末民国图书馆史料。包括：

　　《近代著名图书馆馆刊荟萃》（全20册，2004年1月）；

　　《近代著名图书馆馆刊荟萃续编》（全20册，2005年4月）；

　　《近代著名图书馆馆刊荟萃三编》（全24册，2006年7月）；

　　《近代著名图书馆馆刊荟萃四编》（全16册，2013年5月）；

　　《近代著名图书馆馆刊荟萃五编》（全24册，2015年10月）；

　　《中华图书馆协会会报》（全6册，2009年6月）；

　　《文华图书馆学专科学校季刊》（全8册，2009年11月）；

　　《图书馆学季刊》（全11册，2009年11月）；

　　《清末民国图书馆史料汇编》（全22册，2014年5月）；

　　《清末民国图书馆史料续编》（全20册，2016年7月）；

　　《民国时期图书馆学报刊资料分类汇编·儿童图书馆卷》（全3册，2014年9月）；

　　《民国时期图书馆学报刊资料分类汇编·法律法规卷》（全3册，2016年7月）等。

这些史料的出版,也为晚清与民国的图书馆史研究奠定了基础。

国家图书馆出版社图书馆学编辑室主任邓咏秋博士,长期关注清末民国图书馆史料的搜集、整理与出版,并取得了十分丰富的成果。为了促进晚清与民国的图书馆史研究著作的出版,今年,她提议出版一套《图书馆史书系》,重点放在晚清与民国时期,陆续出版。目前已准备出版的著作有下列数种:

任家乐著《民国时期图书馆学教育研究》;

李凡著《国家图书馆参考工作史研究》;

苏健著《国家图书馆同人著述研究(1909—1949)》;

王一心著《日本文化侵略视角下的中国图书馆》。

这些著作的出版,将会推动晚清与民国图书馆史研究的深化与发展。

王余光

2018 年 10 月 10 日

自　序

图书馆学如果作为一门外来学科的话，从国外介绍到中国有一百年的历史了，几代人不断探索这个学科的科学性、本土化等基本问题。任何事物构成和进化的线索和法则，都埋藏在历史之中，从图书馆史的角度探寻事物的发展规律或许是一条途径。

清末、民国时期，在国家图书馆①中活跃着一个学人群体，他们编纂目录、著书立说、译介作品、编辑刊物，给国家图书馆乃至整个学术界留下了非常宝贵的财富；当时他们所提出的许多研究方法仍是现代学者所遵循的，所取得的学术成果大部分是考据或论辩之作，很多具有"传诸后世"的超时代价值。什么是好的学术研究？是时隔多年，做同项研究绕不过去的东西。本书着眼于国家图书馆这个场域的整体构造，还原了他们的研究过程，评价了他们的学术成果，总结了他们的学术特征，是对特定时间特定场域中活跃的一个学人群体从事学术研究的考察，接近"专史"的性质。

20 世纪前半叶，国家图书馆学术研究的发展轨迹与整个中国学界极其相似，在某些时间节点上的起落几乎是重合的。一方面，贺昌群、刘节、孙楷第、谭其骧、王庸、向达、谢国桢、赵万里等同人，既是馆内学术研究的佼佼者，也是中国学术界的翘楚，他们既在馆内任职，同时又承担其他机构学术研究的任务。比如贺昌群，作为国立北平图书馆编纂委员会委员，参加了居延汉简整理小组；刘节既是国立北平图书馆金石部主任，又在燕京大学任教；谭其骧一边汇编馆藏方志目录，一边协助他的老师顾颉刚创办"禹贡学会"，主编《禹贡》半月刊，等等。另一方面，他们的学术表现与他们所处的学术环境、时代背景有关。

鸦片战争以后，西学东渐的浪潮把西方学术的各种理论和方法带入中国，中

---

① 国家图书馆自京师图书馆建立起，在不同历史时期使用过不同馆名，为行文方便，本书在不具体指某个阶段的馆名时，一律统称为"国家图书馆"。

国原有的学问受到冲击,国内的人文研究与国外相比,处在不同语境之中,无法对话。1930年,留洋归来的陈寅恪发表了一段著名的论说:"一时代之学术,必有其新材料与新问题。取用此材料,以研求问题,则为此时代之新学术。治学之士得预于此潮流者,谓之预流(借用佛教初果之名)。其未得预者,谓之未入流。此古今学术史之通义,非彼闭门造车之徒所能同喻者也。"①就是说,这个时代学术的新潮流是用新材料来研究新问题,做学问的人,如果能进入这个潮流,叫做预流;如果不会用新材料,不会研究新问题,叫不入流。随着殷墟甲骨、敦煌文书、居延汉简和大内档案等"大发现"应用于研究,中国学术实际上发生了翻天覆地的变化,西方汉学被中国学界认识,国际学术潮流渐渐渗透进来,中国学者在这个时候,要与西方学者拥有共同的研究潮流,才能在世界研究领域里掌握话语权,并且要有属于自己的学术体系,把"中学"引入世界学术的大潮流中,才能建立起民族自信。归根到底,学术研究要与国家命运联系起来。

同时期的国家图书馆同人是缔造中国现代学术体系、"预世界之潮流"的重要参与者。从他们利用新材料研究新问题,将传统治学之道付与新兴学术,发展中国的图书馆学和坚持爱国主义的立场,都可以看出他们对"预流"这一学术目的的追求。

"同人"一词,源出《周易》同人卦。卦辞曰:"同人于野,亨。利涉大川。利君子贞。"象辞曰:"天与火,同人;君子以类族辨物。"后世遂以君子相聚,谓之同人。《辞源》曰:"旧时称同事为同人。"本书的"同人"取两者之义,既是同事,又有君子相聚之义。1909年至1949年,中国政局动荡不安,抗战又使人们饱受离乱之苦。邓衍林在国立北平图书馆开馆初期开始编撰《中国边疆图籍录》,书成之时却身在云南昆明。他在序中说:"编者对于吾国边疆及各民族资料素喜注意,十年来未尝稍懈。平津沦陷,余避地南服,怀此巨万稿片,辗转流亡。黄河以北,大江以南,昔日访书之地,今则尽成灰烬,能毋慨然!"同人所处的大环境是非和平的、恶劣的,工作条件、技术条件都很低,但是他们的学术研究水平却是高的,令人钦佩。

本书脱胎于我申报的馆级科研项目——《对国家图书馆学术研究的一个断

---

① 陈寅恪.敦煌劫余序.图书馆学季刊,1933,7(1).

代史的考察》。课题历经三次申报,2014 年终获批准,2017 年 4 月课题结项时,被鉴定委员会评为优秀。课题组成员赵晓虹曾参与《中国国家图书馆馆史:1909—2009》的撰稿,她鼓励我申报了这个课题,并为我搜集、整理同人著述资料,奉献了大量时间和精力,书稿完成后又对其中的观点和错漏提出了中肯的意见,没有她就没有这本书。

最后,感谢我的领导申晓娟女士对本书出版一事给予的大力支持。感谢国家图书馆出版社邓咏秋编审为书稿的审定付出的心血。

谨以此书向曾经守护和建设祖国文献资源的同人,尤其是在抗战期间坚守岗位、恪尽职责的同人,致以最高的敬意!

苏 健

2018 年 7 月于国家图书馆

目　录

图表目录

前　言

　　1909—1949 年是国家图书馆①重要的历史发展时期。许多知识界的重要人物曾就职于国家图书馆：先后担任馆长职务的有缪荃孙、陈垣、马叙伦、梁启超、蔡元培等；图书馆学领域有袁同礼、刘国钧、蒋复璁、严文郁、邓衍林、李芳馥、吴光清、梁思庄、汪长炳、岳良木、徐家璧、钱存训等；国学领域有徐森玉、胡鸣盛、谭其骧、谢国桢、贺昌群、刘节、吴其昌、向达、王重民、赵万里、于道泉、孙楷第、萧璋、王庸、张允亮、张秀民等，可谓一时俊彦。他们有着深厚的国学基础，如徐森玉，幼年入庐山白鹿洞书院，师从于式枚，打下良好的国学基础，由于长年掌理京师图书馆图书部、国立北平图书馆采访部和金石善本部，对金石、版本、目录学勤勉研治，成为版本目录学专家②。有些还受过"西学"的浸染，中西文化知识兼具，不仅在本专业各分支领域都有斩获，在相关学术研究方面也有很大成绩。比如刘国钧，1922 年秋至 1925 年春就读于美国威斯康星大学哲学系，并辅修威斯康星图书馆学校的课程。他在图书分类法上的贡献众所周知，在深入解读杜威十进分类法的同时，还向国人介绍过杜威的教育学说。他还对道教史有过研究，以《老子神话考略》(《金陵学报》1935 年 4 卷 2 期)最为著名，而他对三国、西晋时期佛典的纂录还鲜有人知晓。

　　他们从事学术研究，往往依托于本馆的馆藏资源。清内阁大库残帙、国子监和南学典籍、南陵徐乃昌积学斋和归安姚觐元咫进斋的藏书是京师图书馆藏书的重要来源。缪荃孙、江瀚、夏曾佑三任馆长在这些宋、元、明旧椠的基础上主持编纂了《清学部图书馆方志目》《清学部图书馆善本书目》《京师图书馆善本简明书目》《京师图书馆善本简明目录》；叶渭清受马叙伦馆长之聘，任京师图书馆编

---

　　①　1909—1949 年国家图书馆经历了京师图书馆、国立京师图书馆和国立北平图书馆三个不同阶段，中间又与北海图书馆合组。

　　②　焦树安.国立北平图书馆学者传略：张宗祥　徐森玉.国家图书馆学刊,2002(1):85 - 88.

纂部主任,从事《宋史》校订,完成《元椠宋史校记》;北海图书馆购入清代先哲李慈铭的藏书,王重民是这批资料的主要编纂者,整理出《越缦堂读史札记》《越缦堂文集》等;袁同礼、刘国钧、赵万里都曾对馆藏《永乐大典》做过考证、补遗的工作,发表了《永乐大典现存卷数续目》《永乐大典现存卷目表》《永乐大典存目》《永乐大典内辑出之佚书目》《永乐大典内之元人佚词》;舆图部收藏的关于地理的旧籍,除地志以外,以水利和边防为大宗,王庸据此写成《明代北方边防图籍录》《海防图籍录》《中国地理学史》等,不一而足。

由此可见,国家图书馆同人从事学术研究不同于其他研究机构的所在,一是民国时期国家图书馆为学术研究提供了必要的资料和丰富的信息,成为学术资料及信息交流中心;二是国家图书馆为学术研究提供了诸多基础性服务,其编撰目录、索引、分类等工作不仅直接促进和便利了学术研究,使图书馆成为学术研究之资料服务中心,而且为同人从事资源组织与研究提供机会,间接促进学术研究的深化。这些都是国家图书馆在同时代的研究机构中所表现出的学术个性。

学界对于图书馆史的研究由来已久,到本世纪初图书馆在中国成立百年之际成为热点,但是深入研究图书馆学者群的并不多。这是一项具有学术史和文化史意义的工作,既具有相当大的难度,又蕴涵着积极而深远的意义。因为它需要一定的学术视野和跨学科训练,而它的意义,正在于超越学科的界限,重新审视图书馆学者群的内在学术脉络,为他们寻找更准确的方位与路标。换言之,就是对这个学者群体究竟在学术史上占有怎样的地位,做出恰如其分的分析和评判。

1909—1949年间活跃在国家图书馆的学人群体所取得的学术成就令世人瞩目,反映在敦煌学、历史学、考古学、文献学、语言学、地理学等众多领域,他们的研究方法和思考角度影响到一代又一代学人,有些微观的名物考证和中观的典章制度的研究,至今都是研究者做同项研究绕不过去的,目录校勘和版本考订方面的研究,更是具有超时代的价值,现在仍在为图书馆读者提供方便或者为研究者提供参考。本书首先对同人在1909—1949年间的全部著述成果进行搜集,在统计分析的基础上,对这一时期同人的学术状况按时间线索做纵向的陈述剖析,考察他们在学术研究上的时代特征,总结他们的学术成就,客观评定他们在民国时期学术史上的地位,希望通过分析国家图书馆自身的定位、领导决策层对学术研究的态度、工作环境与学术交流的氛围、获取文献资料的机遇、学术成果发表的渠道、同人学术素养等因素，以图书馆学人群体为切入点来研究这段历史，也希望借此促使今天的我们深入思考薪火传承与学术积累的意义。

图书馆史研究，在近年是很繁荣的。国家图书馆和一些省、市、自治区的图书馆在馆庆之际，纷纷推出本馆的馆史著作或同人著述文集。但是，各馆编修的馆史多偏重于本馆的事业史，同人著述文集也只是馆内同人著述的汇编，没有全面系统的分析，相对于图书馆事业史的编修，图书馆学术史研究薄弱很多。

中国图书馆学术史的研究起点并不晚。1928 年，金敏甫在《国立中山大学图书馆周刊》上发表《中国图书馆学术史》，针对 20 世纪初图书馆的各个业务领域的研究成果作了初步回顾，对不足之处作了评价，这是迄今发现最早的中国图书馆学术史研究。中华人民共和国成立后的图书馆学术史研究有吴仲强的《中国图书馆学史》（湖南出版社，1991），该书介绍了图书馆学各个研究对象，包括图书馆学、图书学、藏书学、图书分类学、目录学、版本学、文献学、图书馆学教育等的发展历史。从 20 世纪 20 年代金敏甫发表《中国图书馆学术史》到 1991 年吴仲强的《中国图书馆学史》出版，中间长达 60 多年的时间里，学界有关图书馆学术史的研究少之又少。

2004 年 4 月，北京图书馆出版社出版程焕文的《晚清图书馆学术思想史》，著者以西学东渐为经，以晚清图书馆的发展为纬，从西方图书馆观念与学术的流入、中国人翻译介绍与出国考察西方图书馆事业，到外国人和中国人在中国宣传和办理近代图书馆事业等多个方面，阐述晚清时期中国近代图书馆学术思想的产生、发展和演变过程，获得学界的高度评价。长期以来，图书馆学术史领域的成果要么是"汇编性"的学人文集，要么介绍性强而"论"的成分很少，《晚清图书馆学术思想史》是业界多年来少有的学术思想史著作。

谢灼华为该书作序时说："搞学术思想史难，所谓难，就如章学诚称目录学为'辨章学术、考镜源流'一样，学术思想史是认识某个学科之钥匙，也是评判某个学科发展水平的标尺，所以说它难。"①也许是"难"的原因吧，大多数图书馆史研究偏重事业史，或者偏重图书史、图书文化、藏书文化研究，所以许多有影响的图

---

① 程焕文.晚清图书馆学术思想史.北京:北京图书馆出版社,2004:9.

书馆史论著,都是历史上各时期官府、寺院、书院或私人对图书的收集、整理和使用的发展史,如谢灼华著《中国图书和图书馆史》(武汉大学出版社,1987),吴晞著《从藏书楼到图书馆》(书目文献出版社,1996),来新夏著《中国近代图书事业史》(上海人民出版社,2000),李雪梅著《中国近代藏书文化》(现代出版社,1999),江庆柏著《近代江苏藏书研究》(安徽文艺出版社,2000),傅璇琮、谢灼华著《中国藏书通史》(宁波出版社,2001)等。程焕文在他的论文《建国以来晚清图书馆学术史研究综述》(《图书馆学研究》2003 年第 11 期)里,对此一一作过评述,他建议加强晚清、民国时期图书馆学术史的研究,以弥补中国图书馆史研究的缺失。

也是在 2004 年,为纪念中国近代图书馆事业一百年,中国图书馆学会组织编定了一套《中国图书馆百年系列丛书》。范并思主编分册《百年文萃——空谷余音》(中国城市出版社,2005),甄选了从 1904—2002 年间中国图书馆学精粹文章 60 篇,都是图书馆学发展进程中标志性的著作,有的是文章,有的是专著里的"节录"。每篇论述前加有"按语",这些"按语"提要钩沉,剖文析理,起到导读的作用。全书把百年学术历程划分为九个历史分期:从藏书楼到图书馆(1904—1923)、建立中国图书馆学(1923—1936)、可歌亦可泣(1937—1945)、什么是图书馆学(1955—1966)、现代化的先行者(1975—1978)、时逢思想解放(1979—1981)、理性主义思潮(1981—1989)、弄潮于转型时期(1990—1996)、世纪之交的理论精神(1997—2003),对每个历史分期的背景和学术史特点作了深入阐述,是难得的学术评论。编者说:"1923—1936 年间的图书馆学理论建设,奠定了大半个世纪图书馆学的基础。这一时期的理论家们几乎是在一张白纸上,描绘出了中国图书馆学的基本框架。"[1]2002 年,南京大学为总结百年来的学术成果,推出一套《南京大学百年学术精品》丛书,其中《图书馆学卷》汇辑了 20 世纪上半叶第一代图书馆学家,以及与南京大学及其前身有学缘联系的学者的学术著作,旨在"回眸南京大学在欧美图书馆学中国本土化过程中的独特贡献"[2]。这些学者从清末的缪荃孙到现代的孙云畴共 50 多位,卷首有叶继元与徐雁的评述,高度评

---

① 范并思.百年文萃——空谷余音.北京:中国城市出版社,2005:31.
② 叶继元,徐雁.南京大学百年学术精品·图书馆学卷.南京:南京大学出版社,2002:1.

价了这些论述的学术价值，他们也认为全面、深入地总结近百年中国图书馆学发展的历史经验，使我国图书馆学的理论更加系统化、科学化、经典化，是中国图书馆学界迫切需要解决的重大课题。可是尽管如此，这两部著作在形式上仍然是学人文集。

2011 年，周文骏、王红元编著《中国图书馆学研究史稿（1949 年 10 月至 1979 年 12 月）》（北京大学出版社，2011），记述 1949 年 10 月—1979 年 12 月 30 年来中国图书馆学研究的成果。该书共 12 章，分别为革命导师与图书馆、图书馆学基础理论、图书馆事业建设（两章）、图书馆藏书建设、图书馆图书分类、图书馆目录、图书馆读者服务、中国目录学理论与历史、中国书史和图书馆事业史、外国图书馆事业、图书馆学先驱。著者在每个章节按时间顺序对图书馆学不同专题的研究作纵向的评论，是一部严格意义上的学术史著作。这种带有浓厚史论性质的学术著作在图书馆史研究中是很少见的。遗憾的是，该书内容截止到 1979 年 12 月。自 20 世纪 80 年代以来近 40 年的图书馆学各领域的研究虽然繁荣，却长期无人问津。

本书是对特定时间、特定场域内的学者群体所作的考察，包括他们的学术成就、学术特征和从事学术研究的条件，属于图书馆学术史的范畴。本书的研究对象并不是图书馆学这门学科的发展历史，而是在国家图书馆内聚集的一部分学人的学术活动。他们被称为"图书馆学人"似乎并不十分恰当，因为在业界，"图书馆学人"通常指的是图书馆界的图书馆学者、图书馆学家，而本书描述的学者群体，他们的研究领域涉及史学、文学、戏曲、语言、宗教等多个方面，图书馆学只是其中之一。

目前，学术界还没有以特定时期图书馆学者群体为主题的专著，对学者的研究主要以个案的形式分散在图书馆史及图书馆学史的论著中。对于本身不是从事图书馆学研究的学者，即便他曾经在图书馆供职多年，图书馆界也经常会提及，但关注他的主要还是他所从事的学科内的研究人员。

关于图书馆学人的著作，传记年谱类的有王子舟著《杜定友和中国图书馆学》（北京图书馆出版社，2002）、程焕文著《中国图书馆学教育之父——沈祖荣评传》（国家图书馆出版社，2013）、程焕文编《裘开明年谱》（广西师范大学出版社，2008）、沈津著《顾廷龙年谱》（上海古籍出版社，2004）等；纪念性的文集有马先阵、倪波编《李小缘纪念文集》(南京大学出版社,1988),党跃武、姚乐野编《毛坤先生纪念文集》(四川大学出版社,2010),陈传夫《文华情怀——文华图专九十周年纪念文集》(武汉大学出版社,2010)等,在此就不一一列举了。

以民国时期国家图书馆学者群体为研究对象的论著不多,哪怕是局部的或阶段性的研究成果都少之又少。邹新明的《难以再现的辉煌?——20世纪30年代北平图书馆以编纂委员会为中心的青年学者群》(《国家图书馆学刊》2010年第2期)曾对北平图书馆的学人群有过研究,是其中难得的一篇学术论文。全根先的《国家图书馆与中国近现代目录学史研究》(中国文史出版社,2015),对中国近代目录学理论和同人在目录学领域的研究做了系统介绍。该书指出,国家图书馆继承了中国古代国家藏书机构盛产目录学家的优良传统,在创立近代目录学理论、建构新的目录体系中发挥了不可替代的作用。不能脱离国家图书馆去谈中国近代目录学,如同不能脱离国家图书馆去谈中国近代图书馆,是人所共知的事实①。虽然这部著作的重点仅限于国家图书馆目录学人物的研究,但书中对民国时期国家图书馆各类书目、敦煌遗书以及索引等编纂和整理的概述,很有借鉴意义。

近些年来,《袁同礼文集》(国家图书馆出版社,2010)、《袁同礼纪念文集》(国家图书馆出版社,2012)、《王重民先生百年诞辰纪念文集》(北京图书馆出版社,2003)、《向达学记》(三联书店,2010)、《胡适王重民先生往来书信集》(国家图书馆出版社、安徽教育出版社,2009)、《蒋复璁先生传》(思行文化传播有限公司,2015)的出版,葛剑雄怀念谭其骧的系列文章《悠悠长水——谭其骧传》(《史学理论研究》1996年第3期—1997年第3期)、焦树安的《京师图书馆早期的三位馆长:缪荃孙　江瀚　夏曾佑》(《国家图书馆学刊》2001年第10期)、张殿清的《袁同礼与国立北平图书馆学术研究(1928—1937)》(《图书馆工作与研究》2012年第1期)以及周余姣在《邓衍林之生平、著述与贡献》(《中国图书馆学报》2017年第1期)中对邓衍林史料的挖掘,对于国家图书馆同人研究都极具参考价值。

本书对国家图书馆学者群体的阐述依托于他们身处的环境,对国家图书馆

---

① 全根先.国家图书馆与中国近现代目录学史研究.北京:中国文史出版社,2015:2.

整体发展史十分重视。关于国家图书馆馆史，严文郁的《中国图书馆发展史：自清末至抗战胜利》（枫林出版社，1983），有部分章节阐述了国家图书馆在1909—1949年间的历史。2009年，值国家图书馆百年馆庆之际，国家图书馆出版社出版了《中国国家图书馆馆史：1909—2009》，该书从1909年张之洞上书清廷筹设京师图书馆到21世纪国家数字图书馆建设，采用章节体分时段记述了国家图书馆百年发展轨迹。同时出版的《中国国家图书馆馆史资料长编：1909—2008》（国家图书馆出版社，2009）与早期出版的《北京图书馆馆史资料汇编：1909—1949》（书目文献出版社，1992）更具存史价值，是集中收存国家图书馆馆史资料的参考书。另外，商务印书馆庄俞1914年曾发表《参观北京图书馆记略》，后收在《我一游记》（商务印书馆，1936）中。曾任京师图书馆文书组组长的王祖彝著有《京师图书馆回顾录》，发表于《中华图书馆协会会报》1931年第7卷第2期。这两篇文章是描述国家图书馆早期历史的资料。以上有关国家图书馆史的著作，为本书的写作提供了充足的资料支撑。

至于同人的学术研究，国家图书馆出版社曾先后出版过四辑同人文选：《北京图书馆同人文选：1912—1987》（书目文献出版社，1987），《北京图书馆同人文选.第二辑》（书目文献出版社，1992），《北京图书馆同人文选.第三辑》（北京图书馆出版社，1997），《国家图书馆同人文选.第四辑》（国家图书馆出版社，2009）。这四辑同人文选收录了从清末到2008年国家图书馆同人的部分学术研究成果。《中国国家图书馆馆史：1909—2009》附录部分刊载了《国家图书馆同人著述选目》一节，撷取了百年间国家图书馆员工在职期间出版的学术专著。但是这些只是同人学术创作的一部分，据不完全统计，自20世纪初京师图书馆成立至今，国家图书馆同人的学术论著（专著和论文）已达到几千篇（部），而1909—1949年，由于这一时期著名学者荟萃馆中，学术研究呈现一时之盛，论著多达千余种，且研究水平高，内容丰富，学科多样，是图书馆前辈留给后人的一份瑰宝。

第一章　同人著述概况

第一节　著述收录标准与资料来源

1909—1949 年,国家图书馆经历了京师图书馆、国立京师图书馆和国立北平图书馆三个不同阶段,中间又与北海图书馆合组。考察在这个场域内活动的学人群,首先要搜集他们在不同历史阶段发表的学术成果,在此基础上,形成学术著述的各相关统计图表(见以下各节)。

一、著述收录标准

学人群的范围,限定在 1909 年—1949 年 10 月间国家图书馆在编人员及聘、雇等人员。著述的收录标准以每位同人在馆任职期间发表的著述为限,同人在职期间整理成稿而在离馆后发表的著述(如缪荃孙的《清学部图书馆善本书目》),或在职时发表而离馆后仍连载的文章(如王懋镕的《图书馆管理法》等),也予收入。同一著者发表在不同刊物或不同期号的连载文章按 1 种多篇计算;发表在不同刊物的同一文章按 1 种 1 篇计算;发表在刊物上的文章又以单行本的形式出版,按多种计算。为反映这一时期同人学术研究状况的全貌,不论著、编、译,还是辑佚等著作方式,一概不限。以笔名发表的著述按原名收录统计。

同人的著述在篇幅上大小不等,著作少于 50 页的不在少数。就文章而言,有些论述甚至不到 1 页,篇幅短小是一个重要的外在特征。1964 年联合国教科文组织为了统计的目的,规定除封面以外至少 5 页,至多 48 页的非定期出版物为"小册子",超过 48 页的为"图书"①。显然不能以此标准来界定民国时期的

---

① 中国大百科全书总编辑委员会《本卷》编辑委员会,中国大百科全书出版社编辑部. 中国大百科全书　图书馆学·情报学·档案学. 北京:中国大百科全书出版社,1993:513.

"图书",民国时期各图书馆编纂书目也不以篇幅作为入选标准,篇幅短小的著作也都收入了各种书目、索引中,所以在搜集过程中本书忽略了这一特征。只是同人发表在《图书馆学季刊》中的"时论撮要"没有收集,这类文章篇幅很小,主要介绍发表在中外杂志中的图书馆学与目录学论文,类似于现代论文中的"摘要",其余论著无论篇幅大小或者是否符合现代学术规范,只要有撰者的学术见解,在做统计分析时都纳入进来了。

本书所收著述,不以是否出版为限,不符合现代出版意义的抄本、油印本等也作为统计对象。此外,还包括集体编纂的书目、索引,以及"佚名"的著述。

二、资料来源

著述统计的资料主要来源于国家图书馆馆藏档案、目录数据库、国家图书馆馆史资料、互联网及相关书目。

关于同人,以国家图书馆馆藏人事档案为依据,国家图书馆档案室藏有《京师图书馆职员表》(国家图书馆档案,旧档人事1.7)、《1910—1941年国立北平图书馆职员名录》(国家图书馆档案,旧档人事1.1)、1941—1949年的《国立北平图书馆职员表》(国家图书馆档案,旧档人事2.15—2.24)等。另外,1928年的《北京图书馆第二年度报告》(北京图书馆编,1928)刊有《北京图书馆职员表》,1929年的《北平北海图书馆第三年度报告》(北平北海图书馆编,1929)刊有《北平北海图书馆职员表》,1930—1938年的《国立北平图书馆馆务报告》(国立北平图书馆编,1930—1938)刊有《本馆职员一览》,馆员爨汝僖编录有《国立北平图书馆职员录》(民国三十年至民国三十五年,抄本)。经核实,这些名录与档案室所藏档案一致。

关于同人著述的收集,以数据库检索为主,并参考相关文献拾遗补阙。其中专著、译著等以国家图书馆馆藏目录数据库(http://opac.nlc.cn/)作为主要数据来源;文章以《全国报刊索引数据库》(http://www.cnbksy.cn/)作为主要数据来源。另对《国立北平图书馆馆刊》《中华图书馆协会会报》《文华图书馆学专科学校季刊》等重要刊物分别用手工检索。书目、索引方面的工具书,如北京图书馆编的丛书《民国时期总书目:1911—1949》(北京图书馆出版社,1986—1995)、《图书馆学书籍联合目录》(中华书局,1958)、《图书馆学论文索引(第一辑:清末至

1949 年 9 月)》(商务印书馆,1959)、《〈国学论文索引〉全编》(国家图书馆出版社,2011,影印本)、《〈文学论文索引〉全编》(国家图书馆出版社,2010,影印本)、《中华图书馆协会会报》(国家图书馆出版社,2009,影印本)第 6 册(索引)、《文华图书馆学专科学校季刊》(国家图书馆出版社,2009,影印本)后附新编总索引、《图书馆学季刊》(国家图书馆出版社,2009,影印本)后附《图书馆学季刊总索引》等,为统计工作提供了帮助。图书馆学人的年谱、传记资料与纪念文集,如《袁同礼传记资料》(天一出版社,1979)、《向达先生纪念论文集》(新疆人民出版社,1986)、《一代宗师:纪念刘国钧先生百年诞辰学术论文集》(北京图书馆出版社,1999),文章如《原北平图书馆馆长袁同礼学术传略》(《文献》1985 年第 12 期)、《缪荃孙著述新考》(《图书馆杂志》2008 年第 5 期)、《严文郁先生年谱简编》《吴光清博士生平概要》(《国家图书馆学刊》2005 年第 3 期)、潘铭燊编《钱存训教授著述目录(1931—2005)》(《回顾集:钱存训世纪文选》,广西师范大学出版社,2012)等,也为搜索提供了查考依据,在此不一一列举。

第二节　数量统计与年度分布

1909—1949 年,共有 651 人供职国图,其间来自国外的交换馆员 5 人,不在编制内的馆务委员 53 人(如胡适等),实有职员 593 人。本书统计收录实名论著和集体论著 1535 篇(部)(不包括译作),其中专著 201 部,文章 1334 篇。同人的诗词唱和之作和政论性文章没有包括在内。具体年代分布见下表:

表 1-1　1909—1949 年同人著述年代分布统计表

年代	数量(篇、部)	年代	数量(篇、部)
1909	0	1916	1
1910	2	1917	1
1911	19	1918	3
1912	7	1919	1
1913	10	1920	0
1914	1	1921	1
1915	0	1922	2

续表

年代	数量(篇、部)	年代	数量(篇、部)
1923	1	1937	61
1924	1	1938	4
1925	21	1939	17
1926	67	1940	56
1927	38	1941	73
1928	76	1942	12
1929	82	1943	30
1930	66	1944	39
1931	73	1945	19
1932	87	1946	31
1933	108	1947	45
1934	127	1948	41
1935	143	1949	2
1936	151		

注:年代与出版情况待考者,16 篇(部)。

著述数量

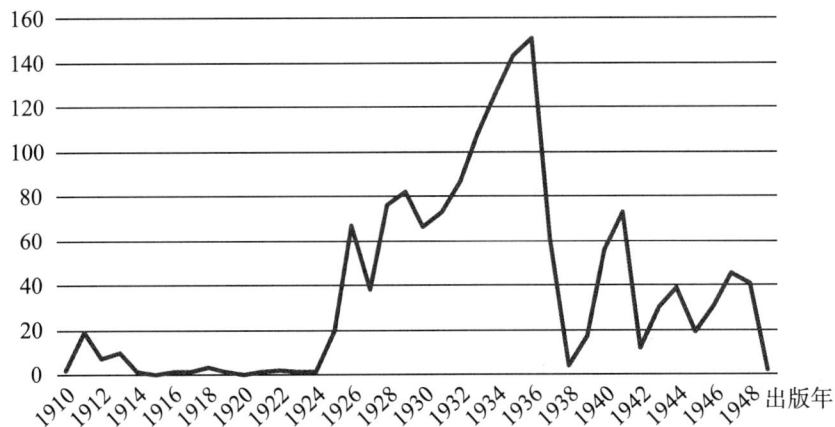

图 1-1　1909—1949 年同人著述出版年代分布图

同人的学术成果就数量来说,在 1925 年之前一直处于低迷状态,在 1926 年出现一个飞跃,在 1929—1936 年达到历史高峰。1937 年产量巨大滑坡,到 1948 年再也没有回到之前的最佳状态。图书馆事业发展对学术研究的影响是直接的,1909—1925 年间,京师图书馆的同人共有 71 篇(部)著述,担任馆长职务的缪荃孙有 18 篇(部),江瀚有 9 篇,梁启超有 21 篇(部),集体编著和馆员个人发表的著述只有 23 篇(部)。经费拮据、人员流失、馆舍不定都是学术研究阻滞不前的因素,虽然京师图书馆在 1924 年 3 月教育部核准的《京师图书馆暂行办事细则》里,要求"本馆各课人员应特加研究图书馆学,以资改良馆务"①,将学术研究纳入图书馆事业发展体系中,但京师图书馆维持开馆已属不易,根本谈不上系统的学术研究,在长达 27 年的时间里,71 篇(部)学术成果显得较为稀少,而且种类与主题单一,主要集中在馆藏目录,包括善本、普通本、汇刻等书目,较有影响的是缪荃孙、江瀚、夏曾佑三位馆长在任时编纂的馆藏善本书目。关于图书馆管理的,只有 3 篇译文。

1926 年 3 月北海图书馆成立后,充裕的资金和相对完善的管理制度成为同人学术研究的保障,集体编纂的书目、索引次第展开。个人著述以馆长梁启超和袁同礼最多,梁启超一生著述不辍,遗著《饮冰室合集》有四十册,总字数达 1400 万字左右,内容涉及史学、政治、经济、哲学、文学、民族、宗教、法律、教育、伦理等广阔的领域,被誉为"百科全书式的学者"。晚年曾担任北海图书馆和国立京师图书馆两馆馆长,兼任清华国学院的导师,这段时间是梁启超学术生涯最少旁骛,也是专力于学最深的一段时间,《中国历史研究法》《近三百年中国学术史之探讨》等多部传世之作都完成于此。

袁同礼早期致力于《永乐大典》卷目的梳理,还对宋、明、清三代私家藏书做过考察,著有《清代私家藏书概略》《明代私家藏书概略》和《宋代私家藏书概略》三篇文章。他在文中揭露出中国私藏的弊端,"盖载籍之厄,以中国为最甚。全国缺乏公共收藏机关,实学术不发达之主要原因。此则愿今之服务典藏者,有以

---

① 1924 年 3 月 29 日教育部指令第 805 号核准京师图书馆暂行办事细则. 见:北京图书馆业务研究委员会. 北京图书馆馆史资料汇编:1909—1949. 北京:书目文献出版社,1992:1007－1020.

力矫之矣"①。中国传统藏书楼注重收藏,一般不对公众开放,只有部分人群享有读书的机会,鉴于此,近代先进知识分子才会发出"启迪民智"、兴建新式藏书楼的呼吁,袁同礼对于图书馆职能的思考与这些有识之士的认识是一脉相承的。

蒋复璁、李文裿、钱稻孙、王重民、于道泉、于震寰、赵万里、爨如僖在《中华图书馆协会会报》《图书馆学季刊》《北京图书馆月刊》等学术期刊上也发表了有关图书馆学、目录学等方面的论文。蒋复璁早先在梁启超的松坡图书馆任编辑,1926年到北海图书馆任编纂,开始深入研究公私簿录②。1929年,他参加中华图书馆协会第一次年会,写就与会论文《中国图书分类问题之商榷》,后发表在《图书馆学季刊》上。文章首先回顾了中国分类的起源与分类系统,又对新出现的分类方法加以甄别,包括古越藏书楼书目和仿杜威法,最后指出中籍分类要抛去从前一切方法,另立基础,前提是调查中国存书的数量和性质,以科学方法编辑,合乎近代知识的分野,得到的类数确定之后,才能从事分析。关于旧籍,必须废掉四库之名,关于新籍,分类宜细密,中籍、西籍皆可用③。这是中国图书馆界早期探讨分类方法较有分量的一篇文章。

1928年,国民革命军北上讨伐北洋政府及其领导下的各路军阀成功,张学良改旗易帜,中华民国在形式上完成统一,北京改为北平特别市。北海图书馆与国立京师图书馆合组成为国立北平图书馆。1931年6月,典雅庄重的文津街馆舍落成并开馆,结束了二十多年馆无定所的局面,国立北平图书馆进入新的历史发展阶段。蔡元培馆长亲自撰写"国立北平图书馆记",倡言:"自兹以往,集两馆弘富之搜罗,鉴各国悠久之经验,逐渐进行,积久弥光,则所以便利学术研究而贡献于文化前途者,庸有既乎!"④良好的外部环境与图书馆事业的发展致使国立北平图书馆人才辈出,学术兴盛,于抗战前夕达到顶点。学有所成的博学鸿儒在文献学、图书馆学、方志学、史学、文学艺术等各个学科都有相当数量的研究成果,其中不少成果对当时乃至后世产生巨大影响。崭露头角的青年学者在优越的学术环境里汲取

---

① 袁同礼. 清代私家藏书概略. 图书馆学季刊,1926,1(1):38.
② 姜燕南. 我的外公蒋复璁. 世纪,2010(1):24-26.
③ 蒋复璁. 中国图书分类问题之商榷. 图书馆学季刊,1929,3(1/2):1-42.
④ 蔡元培. 国立北平图书馆记. 见:北京图书馆业务研究委员会. 北京图书馆馆史资料汇编:1909—1949. 北京:书目文献出版社,1992:1200.

养分、储备知识，为日后取得更大的学术成就打下基础。国立北平图书馆创办的学术刊物《国立北平图书馆馆刊》、中英文本《图书季刊》为同人发表学术著述提供机会，20世纪30年代国立北平图书馆出版的报刊有5种，都有一定影响。

然而，"九一八事变"之后，华北局势日趋危急，给蓬勃发展的图书馆事业蒙上阴影，1937年7月全面抗战爆发，国立北平图书馆南下迁移，辗转流亡，学术论著数量急剧下降，但仍有同人坚持学术创作。昆明本部的万斯年、范腾端赴迤西地区搜访西南文献，编制西南方志和滇省石刻的目录，并展开相关专题研究；留守北平的赵万里、杨殿珣分别从事《永乐大典》辑佚和整理金石文献的工作，傅芸子、孙楷第关于敦煌俗文学的考证具有相当高的学术价值；滞留美国的王重民初步编撰成《中国善本书提要》，刘修业在古代小说戏曲方面的著述是后世做同类研究必须参考的作品。北平图书馆在这一时期还有一定数量的政论文章，张申府发表得最多也最有影响。1945年8月至1949年，国立北平图书馆复员，时局动荡，同人发表的著述也寥寥可数。

第三节　学科分布

本书对同人著述的分类是按照西方现代学科的视角划分的，即以研究对象为标准划分。

表1-2　同人著述学科分布

类别	数量(篇、部)	百分比	排名
历史、地理	581	37.85%	1
目录、索引	313	20.39%	2
图书馆学	231	15.05%	3
文学	167	10.88%	4
哲学、心理学	53	3.45%	5
艺术	45	2.93%	6
政治、法律	36	2.35%	7
语言文字	31	2.02%	8
教育、体育	29	1.89%	9

续表

类别	数量(篇、部)	百分比	排名
宗教	12	0.78%	10
自然科学	9	0.59%	11
综合类	8	0.52%	12
社会科学总类	8	0.52%	13
经济	6	0.39%	14
工业技术	4	0.26%	15
医药卫生	1	0.07%	16
农业科学	1	0.07%	17
总计	1535	100%	

注:①本表仅以研究对象为标准大致分类,没有严格按照现代学科分类体系划分。一是著述发表时正是西方现代学科东渐之时,现代学科分类体系远未在中国发展成熟;二是著述本身带有强烈的中国传统学问的色彩,难以用现代学科分类体系划分。

②本表以各学科成果数量多少为序排列。

③目录和索引是同人对于中国图书馆事业的一大特殊贡献,是探索中国的图书馆学道路所做的有益尝试,需要指出的是,很难把目录和索引归于图书馆学或者其他学科,所以在本表中单独列出。至于原因,在第六章有具体论述。

④本表不包括同人的非学术性著述,如小说、散文、诗歌以及公文、政论等体裁的专书和文章。

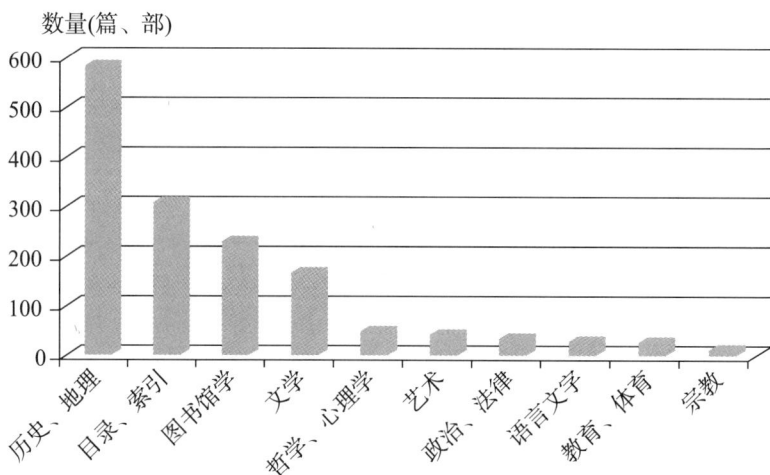

图1-2 同人著述排名前十的学科分布图

同人著述在学科上集中分布的一个大类是历史。该群体与以前的学术传统有很多关联,在文史领域,过去的积累比较多,学术成果自然也会比较多。

1905 年,科举制度废除,原来官学不分或官学一体化的学术体制瓦解,随之解体的还有一群士人,科举既废,断绝了一千多年来读书人的进身之路,以士大夫为代表的知识阶层从社会中心走向边缘。他们中一部分人进入新学堂,一部分人出洋留学,有相当一部分人无法应对这一社会变动,曾有人慨叹:"嗟乎! 士为四民之首,坐失其业,谋生无术,生当此时,将如之何?"①京师图书馆是一部分士人分流的场所之一,他们或担任馆长或从事纂修,著述遵循传统的治学之路,从校雠学入手,兼及版本和校勘,如缪荃孙的《艺风堂题跋》、江瀚的《孔学发微》、王仁俊的《故唐开元律名例疏案证》、章钰编《滂喜斋藏书记目》、陈任中的《校辑吕注庄子义序》、叶渭清的《元椠宋史校记》《嵇康集校记》等,传统治学方法不会因旧的学术体制的瓦解而消失,相反,会随着新的学术体制的建立而得到传承。

新学堂虽然名为"新",但进入新学堂担任老师的前清士人,所讲授的课程依然是中国古代经典,讲求的读书门径依然是必要的书目知识,从《汉书·艺文志》到《书目答问》,以及郑樵、章学诚等人的有关著作是国学课必不可少的教材,家学和师承决定了从新学堂走出来的学人对传统治学之路的坚守。虽然他们的著述内容涉及文学、史学、宗教、地理、哲学、法律、语言文字、考古、戏曲等领域(如表 1-2 所示),但那是按照西方学科体系划分出的类别,如果不按此标准划分,同人所研究的其实都是广泛意义上的史学,不管在哪个历史发展阶段,他们的研究领域始终以广义的史学为绝对主流,也就是说,1909—1949 年国家图书馆最具水准与成绩的学问,是"文史之学",也就是"国学"最有成就。

另一个大类是新兴的图书馆学。图书馆学研究在国家图书馆的发端,始于北海图书馆建立,也就是 20 世纪 20 年代。之前京师图书馆固守传统典籍,在新兴的图书馆学科上,只有几篇译作,一是王懋镕翻译自日本文部省的《图书馆管理法》,这是一部非常全面的现代图书馆管理方法著作,内容包含近代图书馆的

---

① 刘大鹏. 退想斋日记. 见:宋德金,周积明. 中国社会史论. 武汉:湖北教育出版社,2002:146.

种类和特征,图书馆建筑,馆务,书籍的采、编、阅、藏、装订及曝晒,巡回文库等;二是京师图书馆遵教育部令,详加校订的两篇译文:《美京华盛顿国会图书馆纪略》和《美国国会图书馆阅书须知》,翻译目的是成一"参考之善本",也就是为京师图书馆订立图书馆规章提供一个"模板"。北海图书馆成立后,袁同礼开始吸纳图书馆学专业的毕业生,派专人主持专题目录的编纂,在官书书目的编纂上争取与国际同步。北海图书馆与京师图书馆合组之后,馆方更加重视图书馆学的研究,派遣馆员出国学习图书馆学,组织北平各图书馆编纂联合目录,同人的图书馆学研究成果日渐多起来。

同人的图书馆学研究成果具有三方面的特色,一是对国外图书馆的介绍,代表性的有袁同礼的《荷兰图书馆参观记》、于震寰的《梵蒂冈国的图书馆》、严文郁的《美国图书馆概况》《德国联合目录概述》、顾子刚的《大英博物院图书部报告》。二是对中国图书馆事业宏观导向的研究,代表性的有袁同礼对于中国图书馆事业前瞻性的思考。1934 年,袁同礼在武昌文华图书馆学专科学校发表演讲《欧美图书馆之新趋势》,指出:中国人民教育水平普遍低下是图书馆事业不发达的主要原因,不顾民众的"智识"问题而发展图书馆事业,是舍本求末。图书馆应当重视参考咨询工作,推进平民教育;谋求中国图书馆事业的发展,必须学术研究与技术并重,在中国建造一个收藏中国文献最完备的图书馆,使古今中外的文化得以交流沟通①。袁同礼站在管理者的角度,认为中国公共图书馆要谋发展,须在推进行程中效法欧美先进图书馆的技术和方法。此外,同人的图书馆学研究成果还包括李钟履的《图书馆参考论》,吴光清的 *A History of Chinese Library* 等。三是对中文图书分类编目的研究,代表性的有刘国钧的《中国图书分类法》《中国图书编目条例草案》、袁涌进的《佛教图书分类表》、王树伟的《中文著者号码编制法的探讨》等。

同人在图书馆学领域最突出的成就是对西方分类法的改造,但是由于馆内从事图书馆学研究的,只是少数留学归国的学者和部分图书馆学专业毕业的学生,图书馆学研究队伍相对薄弱,在内容上,研究具体工作方法的较多,理论研究不足,部分理论和方法有模仿欧美的痕迹。不管怎样,图书馆学研究无论是成果

---

① 袁同礼.欧美图书馆之新趋势.文华图书馆学专科学校季刊,1935,7(1):1－4.

数量还是深度,都难与国学研究比肩。

第四节　出版者

同人所著专书,由 31 家出版机构出版,国家图书馆承担了一半以上的出版任务,尤其是目录、索引类工具书的出版,是国家图书馆给予社会最有力的馈赠。张其昀曾说:"北平图书馆规模之大,文籍之盛,号称全国第一,是馆特长不仅在网罗新旧图籍,宏夸其富,而尤在注意学术研究,尽其鼓励之方,隐为中国出版界之中枢,此世人所共见也。"①其他出版机构集中于北平和上海,个别位于武昌、天津、南京和嘉兴。商务印书馆比较特别,它在多个城市设有分支馆,抗战时期随着战事的推移,出版重心由上海转到香港、重庆、长沙等地②。具体情况见下表:

表 1 - 3　1909—1949 年同人所著专书出版情况

序号	出版者 (不包括国家图书馆)	书名	著者	出版地	出版年
1	京华印书局	中州从政录	江瀚	北平	1912
2	商务印书馆	大乘稻芊经随听疏	江味农	上海	1919
		说文解字研究法	马叙伦	上海	1929
		历代名人生卒年表	梁廷灿	上海	1930
		中外交通小史	向达	上海	1930
		顾宁人先生学谱	谢国桢	上海	1930
		经济地理学原理	王庸	上海	1931
		黄梨洲学谱	谢国桢	上海	1932
		印度现代史	向达	上海	1933
		东方艺术与西方艺术	向达等	上海	1933
		孙夏峰李二曲学谱	谢国桢	上海	1934

---

① 张其昀. 中国地学论文索引·序. 见:王庸,茅乃文. 中国地学论文索引. 北平:国立北平师范大学;国立北平图书馆,1934.
② 汪家熔. 抗日战争时期的商务印书馆. 编辑学刊,1995(3):85 - 90.

续表

序号	出版者 (不包括国家图书馆)	书名	著者	出版地	出版年
		明清之际党社运动考	谢国桢	上海	1934
		孙夏峰李二曲学谱(二版)	谢国桢	上海	1935
		北平图书馆善本丛书第一集(明代边疆之书)	谢国桢	上海	1935
		吴大澂尺牍	谢国桢	上海	1936
		中国伦理学史	蔡元培	上海	1937
		敦煌石室写经题记与敦煌杂录	许国霖	上海	1937
		石刻题跋索引	杨殿珣	长沙	1941
		太平天国官书十种	王重民	上海	1948
3	民志书店	中国近三百年学术史	梁启超	上海	1926
4	中华书局	乙丑重编饮冰室文集(五集八十卷)	梁启超	上海	1926
		中西交通史	向达	上海	1934
		二十四史传目引得	梁启雄	上海	1936
5	冷雪盦	漱玉集	李文裿	北平	1927
		易安居士年谱	李文裿	北平	1927
6	紫玉书店	士礼居藏书题跋补录	李文裿	北平	1929
7	金陵大学图书馆	中国图书分类法	刘国钧	南京	1929
8	中华图书馆协会	国学论文索引(初编)	王重民	北平	1929
		日本访书志补	王重民	北平	1930
		中文图书编目条例草案	刘国钧	北平	1930
		国学论文索引续编	徐绪昌	北平	1931
		文学论文索引	陈璧如等	北平	1932
		图书馆参考论	李钟履	北平	1933
		文学论文索引续编	刘修业	北平	1933
		国学论文索引三编	刘修业	北平	1934
		北平各图书馆所藏中国算学书联合目录	邓衍林	北平	1936
		文学论文索引三编	刘修业	北平	1936

续表

序号	出版者 （不包括国家图书馆）	书名	著者	出版地	出版年
		国学论文索引四编	刘修业	北平	1936
		中国之图书馆	袁同礼	北平	1936
		现代中国作家笔名录	袁涌进	北平	1936
9	中华平民教育 促进总会	郑成功与张苍水	谢国桢	北平	1929
		李二曲先生学谱	谢国桢	北平	1929
		民间歌谣的研究	谢国桢	北平	1930
		郑芝龙	谢国桢	北平	1930
		颜元寻父	谢国桢	北平	1932
		苏东坡的故事	谢国桢	北平	1932
10	国立中央研究院 历史语言研究所	第六代达赖喇嘛仓洋嘉错情歌	于道泉	北平	1930
		校辑宋金元人词	赵万里	北平	1931
11	武昌文华 图书科季刊社	乡村图书馆经营法之研究	李钟履	武昌	1931
12	上海医学书局	四库抽毁书提要稿	王重民	上海	1931
13	国立清华大学	明季奴变考	谢国桢	北平	1932
14	中央刻经院	敦煌写本佛经草目	胡鸣盛	北平	1933
15	青梅书店	冷雪盦知见印谱录目	李文裿	北平	1933
		中国体育图书汇目	于震寰 李文裿	北平	1933
16	北平图书馆协会	北平学术机关指南	李文裿	北平	1933
17	燕京大学 哈佛燕京学社	唐代长安与西域文明	向达	北平	1933
18	众教学会	国学常识述要	李文裿	北平	1934
19	双肇楼图书部	腔调考原	王芷章	北平	1934
20	谭氏承启堂	碧漪集	谭新嘉	嘉兴	1935
		嘉兴谭埒庵祭酒贞默著述目录	谭新嘉	嘉兴	1935
		嘉兴谭氏遗书	谭新嘉	嘉兴	1935
21	王氏五典书房	中华民国疆域沿革录	王念伦	北平	1935

续表

序号	出版者 （不包括国家图书馆）	书名	著者	出版地	出版年
22	中华印书局	二渠村舍丛书三种	王芷章	北平	1936
		清代伶官传	王芷章	北平	1936
23	文竹斋	重修无极县志（二十卷）	王重民等	天津	1936
24	禹贡学会	两粤纪游	谢国桢	北平	1936
25	佛学书局	敦煌石室写经题记汇编	许国霖	上海	1936
26	国立北平研究院史学研究会	清升平署志略	王芷章	北平	1937
27	工程参考图书馆	铁路工程论文索引	国立北平图书馆索引组	北平	1937
28	图书季刊社	述也是园旧藏古今杂剧	孙楷第	北平	1940
		国立北平图书馆藏西南各省方志目录	万斯年	北平	1942
29	开明书店	国立北平图书馆藏碑目	范腾端	上海	1941
30	世界出版协社	图书与图书馆论丛	王重民	上海	1949

在30个馆外出版机构中，有18个来自北平，7个来自上海。从出版者的角度可以折射出学术研究的一个重要条件——地理位置。位于北京虎坊桥的京华印书局，前身是康有为、梁启超等人创办的强学会书局，于1884年组建，1905年被上海商务印书馆买下，成为商务印书馆在北方的印书机构，并改名为京华印书局。除印刷一般书刊外，还承印清华大学、北京大学、中央研究院等学术机构的书刊，因有众多文化名人的书籍付梓于此，且规模庞大，素有"南有商务、北有京华"的美誉。其他出版机构如中华印书局，是专门出版鼓词唱本的，在北京曲艺资料出版史上占有重要地位，同人王芷章的戏曲类图书就由它出版并传存至今。出版谢国桢的《两粤纪游》的禹贡学会，是由顾颉刚发起的研究历史地理的学术团体，办公地点在北平西四，会员大多是北京大学、燕京大学和辅仁大学等校的师生，学会主要出版"以研究中国地理沿革史及民族演进史为目的"的刊物、研究

报告、丛书等,其中"游记之作,含量最富"①。禹贡学会在中国历史地理学学科史上地位超群。地理沿革不再作为历史学的附庸而侧身于现代科学之列,禹贡学会是其本源。

地处北平的各学术机构之间经常合作开展科研课题,合作出版也是常有的事,邓衍林编纂的《北平各图书馆所藏中国算学书联合目录》就是由中华图书馆协会和北平图书馆协会联合出版,国家图书馆与国立北平研究院、清华大学图书馆、故宫博物院、国立北平师范大学都合作出版过同人著述。

北平和上海是当时出版业较发达的城市,尤其是上海,20 世纪初已发展成为中国出版的中心②。上海的商务印书馆、中华书局、世界书局三大出版机构,是民国时期全国出版业中的巨头。据当时商务印书馆总经理王云五的调查计算,1934 年全国出版物总册数的 61% ,1935 年全国出版物总册数的 62% ,1936 年全国出版物总册数的 71% ,均出版于商务③。商务印书馆一直以"昌明教育、开启民智"为事业宗旨,而"昌明教育"的办法之一是推动学术的传播,张元济曾说:"扶助教育更有一种办法,即学术之书,他家力量不能出版者,本馆可以多出。"④至 1948 年,商务印书馆共出版一万五千余种学术出版物,其中图书馆学著作有66 种,许多图书馆人因为著作由商务印书馆出版发行而成为图书馆学专家⑤。

国立北平图书馆与商务印书馆的渊源可追溯到京师图书馆时期,二者为"流布藏书,以期提倡学术,促进国家文化起见",早在 1919 年就开始合作影印出版中国古籍,并订立印书免费契约,商务印书馆可依照契约摄影或转抄京师图书馆的书籍卷轴⑥。1933 年,北平图书馆与商务印书馆再次订立筹印善本的契约,北

---

① 史念海. 顾颉刚先生与禹贡学会. 中国历史地理论丛,1993(3):1-18.

② 吴永贵. 民国出版史. 福州:福建人民出版社,2011:90.

③ 王云五. 十年来的中国出版事业(1927—1936). 见:张静庐. 中国现代出版史料乙编. 北京:中华书局,1955:340.

④ 王建辉. 文化的商务——王云五专题研究. 北京:商务印书馆,2000:189.

⑤ 邵友亮. 商务印书馆与民国时期图书馆学. 江苏图书馆学报,1996(3):42-44.

⑥ 1919 年 1 月 27 日教育部指令第 182 号准与商务印书馆订立印书免费正式契约十条. 见:北京图书馆业务研究委员会. 北京图书馆馆史资料汇编:1909—1949. 北京:书目文献出版社,1992:94-96.

平图书馆所藏善本委托商务印书馆影印，陆续发行①。同时北平图书馆与商务印书馆商定：凡本馆编纂之书籍目录等以及本馆馆员私人所撰述，均可托其印行。表1-3统计显示，同人的学术成果，除集体编纂的外，有18部由商务印书馆出版，商务印书馆是出版同人专著最多的出版机构。

此外，中华图书馆协会、中华平民教育促进会作为出版者，对凡符合本团体立意宗旨的相关同人著述也给予大力支持。中华图书馆协会重视文献的整理与传承，在第一届年会的提案中，涉及文献编纂事宜的提案多达31条，如"本会应编制新旧图书馆学丛书刊行案""中华图书馆协会应发行图书馆学用书案""编纂古书索引案""编制各种图书馆选书书目案""编制中文杂志索引案""编制中华人名大字典案"等等②。国家图书馆编纂的诸多专题目录与索引与这些提案相呼应，由同人所编纂的《国学论文索引（初编）》《日本访书志补》《国学论文索引续编》《文学论文索引》《文学论文索引续编》《国学论文索引三编》《文学论文索引三编》《国学论文索引四编》《图书馆参考论》《现代中国作家笔名录》相继由中华图书馆协会出版，也是顺理成章的事。

中华平民教育促进会于1923年在北京成立，由朱其慧、晏阳初、陶行知、袁希涛、黄炎培等人发起组织③，它是一个以平民教育作为救国和改良社会措施的民间组织④，宗旨是从慈善精神出发，依靠学术研究的科学态度，通过平民教育实现教育机会平等化⑤。谢国桢所作的《郑芝龙》《颜元寻父》《苏东坡的故事》《郑成功与张苍水》等历史普及读物多是由该会出版，但是该会出版物中也不乏他所作的《民间歌谣的研究》《李二曲学谱》这样的学术著作。

---

① 1933年10月17日教育部指令第10674号准予筹印善本图书办法及与上海商务印书馆签定契约. 见：北京图书馆业务研究委员会. 北京图书馆馆史资料汇编：1909—1949. 北京：书目文献出版社,1992:388-392.

② 中华图书馆协会年会提案总目. 中山大学图书馆周刊,1929,6(5/6):17-37.

③ 朱君允. 中华平民教育促进会筹备之经过. 新教育,1923,7(2/3):481-482.

④ 中华平民教育促进会宣言. 新教育,1927,7(2/3):479-480.

⑤ 晏阳初. 平教会总会会徽的涵义. 见：詹一之. 晏阳初文集. 成都：四川教育出版社,1990:13.

第五节　著者群体

在任职期间发表著述的同人中,实名著者共 115 人,包括 8 名女性。著者职务上至馆长,下到普通馆员,入职时间上溯京师图书馆成立的 1909 年 9 月,下至抗战结束后的 1945 年 12 月,他们在职时间长短不一,有的任职不到一年,有的到馆后从未离职,一直到中华人民共和国成立后退休。他们的教育背景和经历各有异同,有的是前清进士或举人,有的毕业于新式学堂,有的是留学生,用一句话总结,就是"闻道有先后,术业有专攻"。

关于在职期间发表著述的同人情况,详见书后附录 1:《1909—1949 年有著述的同人名录》。

一、地域分布

据笔者统计,国家图书馆有著述的同人籍贯来自 16 个省市。在地域分布上,以中东部地区为主,江浙地区和靠近北平的河北省人数最多。表 1 − 4 是按有著述的同人在各省市的实际数量统计的,如果按《第一次教育年鉴》的区域划分,江浙包括江苏、浙江、南京和上海,发表著述的同人来自江浙的有 36 人,约占有著述的同人总数的三分之一。

表 1 − 4　有著述的同人籍贯分布表

（按人数多少排序）

排名	省别	人数	比例%
1	浙江	20	17.39
2	河北	16	13.91
3	江苏	15	13.04
4	湖北	14	12.17
5	广东	10	8.70
6	北平	8	6.96
7	山东	6	5.22
8	江西	5	4.35

续表

排名	省别	人数	比例%
9	湖南	5	4.35
10	河南	4	3.48
11	四川	4	3.48
12	福建	3	2.61
13	吉林	2	1.74
14	上海	1	0.87
15	安徽	1	0.87
16	贵州	1	0.87
总计		115	

民国时期地区间教育发展程度差异很大,教育普及率与教育质量以中东部地区相对比较发达。《第一次中国教育年鉴》的数据显示:每万人平均受中等教育人数,江浙地区达到92.27%,排名第一,其余地区都在30%以下①。由于经济发展水平和政治结构等因素,传统教育一直是中东部地区领先。以书院为例,书院数量较多的省如福建、广东、四川、江苏、浙江、湖南,其教育水平相对较高,书院数量较少的省,例如陕西、甘肃、广西等,教育发展水平则较低②。受清末民初兴办新式教育思想的推动,很多早期新式学堂由书院改制而来,此后得以延续并成为现代意义上的学校。教育不平衡的状况由来已久,不是短时期内能够改观的。

二、教育背景

同人的教育背景可简略分为传统功名、新式教育和国外留学三类。附录1对有著述的同人的教育背景做了统计归纳,限于资料,有20人教育背景不详,其余都有确切的记载。

具有传统功名的共14人,其中进士7名,举人7名,他们接受传统教育,在清光绪朝的科举考试中取得功名。缪荃孙是光绪二年(1876)进士,1909年任京师

---

① 教育部教育年鉴编纂委员会.第一次中国教育年鉴.上海:开明书店,1934:169.
② 邓洪波.中国书院史.武汉:武汉大学出版社,2013:669.

图书馆监督;江瀚是光绪二十九年(1903)进士,1912 年任京师图书馆馆长;夏曾佑是光绪十六年(1890)进士,1915 年任京师图书馆馆长;袁希涛是光绪二十三年(1887)举人,1918 年任京师图书馆馆长;张国淦是光绪二十八年(1902)举人,1922 年任京师图书馆馆长;梁启超是光绪十五年(1889)举人,1925 年任京师图书馆馆长;蔡元培是光绪十八年(1892)进士,1929 年任国立北平图书馆馆长;担任过馆长之职的还有陈任中,他是光绪二十八年(1902)举人。章钰、陈曾寿、江味农、王仁俊、叶觉迈等晚清士人都曾在京师图书馆任纂修。

同时,接受过传统教育但没有取得功名,也没有进入新式学堂的知识分子,凭借学术声誉,也担任过馆长,如成多禄,吉林人,早年师从王桐阶学诗,是清末民初东北著名的书法家和诗人[①],1885 年(光绪乙酉)乡试举拔贡[②],1927 年任京师图书馆副馆长。马叙伦,早年就读杭州养正书塾,师从陈黻宸(字介石)[③]。因学潮的缘故退学后,刻苦自学,致力于六法训诂、经史、韵文,兼治新学。蔡元培任北京大学校长时,聘请他任北大哲学系教授,1922 年、1924 年、1929 年,马叙伦在北洋政府和国民政府教育部次长任上,曾先后三次被任命为馆长。

京师图书馆是科举停废后,读书人的新的职业选择,他们在图书馆校勘古籍、编定目录,对中国传统文史之学的传承起着不可低估的作用。

接受近代新式教育的同人占据绝大多数。清末戊戌变法推行"新政",创办了近代第一所国立大学——京师大学堂。1903 年京师大学堂增设译学馆,同人王祖彝就是京师译学馆的校友,在校时学习德语[④]。中国传统教育体制在没有废止科举制度时就已经僵化,清政府实施的教育改革最终导致中国传统教育解体,近代教育在形态上得以确立,新式学堂的数量迅速增加,分为初等、中等和高等三类,同时各地还设有师范学堂、法政学堂、农工商矿等专门学堂[⑤],有些同人即毕业于这些新式学堂,如爨汝僖(北洋客籍学堂)、范腾端(湖南群治法政专门学

---

① 成其昌.成多禄辛亥革命以后生平杂考.吉林师范学院(哲学社会科学版),1986(2):65 - 67.

② 刘志.澹庵居士成多禄事略及生卒年考.社会科学战线,1987(2):219 - 221,244.

③ 江渤.马叙伦.沈阳:辽宁教育出版社,1995:9.

④ 陈初.京师译学馆校友录.台北:文海出版社,1978:13.

⑤ 王笛.清末新政与近代学堂的兴起.近代史研究,1987(3):245 - 270.

校)、李耀南(河南优级师范学堂)等。民国时期,教育部建立不同于清代的中央—省—县三级教育行政体系,推行仿效美国学制的"壬戌学制"①,规定初等教育6年,中等教育6年,高等教育4—6年,专门学校3年以上的教育年限。"壬戌学制"实施前,中国的高等教育以专门学校为主②,"壬戌学制"之后,中国的大学才大为增加,各省纷纷把各类专门学校升格为大学③。在有所著述的同人当中,受过高等教育的有67人,其中53人具有大学以上学历,18人毕业于专门学校(后改称为专科学校),包括文华图书馆学专科学校。他们构成1909—1949年国家图书馆学术研究群体的主流。

同人中,有五位学者来自清华国学研究院,分别是吴其昌、王庸、周传儒、谢国桢、刘节。1924年原为留美预备学校的清华学校,决定成立大学部,同时着手筹建研究院。1925年研究院成立,因只有"国学门"一科,所以又称为"清华国学研究院"。清华国学研究院由胡适仿照昔日书院和英国大学制设计而成,是一个培养高层次人才的教育机构。其《章程》明确规定:"本院以研究高深学术,造成专门人才为宗旨……其目的专在养成下列两项人才:(一)以著述为毕生事业者;(二)各种学校之国学教师。"④据李济回忆,成立研究院的目的是想用现代科学的方法整理国故⑤。清华为研究院请的第一批教授(实称导师),有王国维、梁启超、陈寅恪、赵元任四先生。开学初,梁启超就如何进行研究与全体学生谈话,他说:"设研究院之本意,非欲诸君在此一年中即研究出莫大之成果也;目的乃专欲诸君在此得若干治学方法耳!"⑥"研究院的目的,是在养成大学者,但是大学者不是很快很短的时间所能养成的。""大学者,不单靠天才,还要靠修养,如果用科学的方法来研究,并且要得精深结论,必须有相当的时间,并受种种磨炼,使其治学

① 杨文海.壬戌学制研究.南京大学博士论文,2011:98.

② 周予同.中国现代教育史.北京:商务印书馆,1931:222.

③ 刘敬坤,徐宏.中国近代高等教育发展历程回顾(上).东南大学学报(哲学社会科学版),2004(1):114 - 119.

④ 清华学校研究院章程.清华周刊,1925(339):52 - 55.

⑤ 蓝文徵.清华大学国学研究院始末.见:夏晓虹,吴令华.清华同学与学术薪传.北京:三联书店,2009:387 - 391.

⑥ 梁启超.梁任公教授谈话记.清华周刊,1925,24(3):98 - 102.

方法与治学兴趣都经种种的训练陶冶,才可以使学问有所成就。"①"在研究院中,必须作到的有两件事:一、养成做学问的能力,二、养成做学问的良好习惯。"②清华国学研究院前后四届,招收70多名学生,或执教,或从事研究,后来大都成为我国在语言学、史学、哲学、古文字学、考古学等方面的著名学者。

第一届学生吴其昌跟从王国维学习甲骨文及古史学,跟从梁启超学习文化学术史及宋史,在梁担任京师图书馆馆长时,课余也来京师图书馆兼职,在校期间即发表过多篇学术文章,以综述陆世仪、黄宗羲、朱之瑜、王夫之、顾炎武等先哲的政治学说为最。国学研究院的学生都是自费,生活拮据者多,梁启超晚年无力写稿,就由学生整理讲课稿、演讲稿,梁启超在研究院讲授《儒家哲学》和《历史研究法》,两课均由周传儒笔记,公开讲演的政论也由他整理发表在报刊。吴其昌把王国维讲授《尚书》的讲义整理出来发表在《清华周刊》。从清华毕业,他们也就离开了京师图书馆,吴其昌前往南开大学任讲师,后任清华大学讲师,1932年任武汉大学历史系教授。周传儒入北京师范大学等校任教,1932年考取官费留学,在英国剑桥大学攻读世界史和近代外交史,后去柏林大学学习,1936年获博士学位。他们的同学王庸,毕业后南下到上海暨南大学、中国公学等校教书,1931年7月北上任北平图书馆编纂委员会委员兼舆图部主任,他的《中国地理学史》即撰成于此时。

第二届学生谢国桢毕业后,跟随梁启超前往天津"饮冰室",协助编纂《中国图书大辞典》,同时担任梁启超子女的家庭教师,在梁启超的推荐下又前往北平图书馆编辑馆藏丛书目录,后在梁启超纪念室整理馆藏金石碑版,从事明清史研究,完成了奠定他学术声誉的《晚明史籍考》。刘节毕业后,先后任天津南开大学、河南大学教职,1931年7月到北平图书馆工作,任金石部编纂委员、代理主任,编纂委员会委员,1935年8月离职,在此期间,出版了重要著作《楚器图释》。被清华国学研究院聘为助教的梁廷灿,是梁启超的侄子,1929年4月至1933年在北平图书馆任编纂部中文编目组馆员。1930年,梁启超饮冰室藏书全部捐赠

---

① 梁启超,周传儒. 指导之方针及选择研究题目之商榷. 清华周刊,1925,24(4):1-5.
② 梁启超,周传儒. 指导之方针及选择研究题目之商榷(续). 清华周刊,1925,24(5):1-6.

给国立北平图书馆,梁廷灿等四人受馆委派赴天津点收其全部藏书,并于1933年编成《梁氏饮冰室藏书目录》。

清华国学研究院成立之时,华北的学术界非常活跃,以近代科学方法整理国故,也得到社会的热烈支持,国家图书馆为他们提供了发挥学术专长的场域。

有过留洋经历的同人,有蔡元培、袁同礼、杨维新、梁思庄、莫余敏卿、刘国钧、吴光清、张申府、钱稻孙等,其中具有图书馆学海外留学背景的有12人。刘国钧1920年毕业于金陵大学,先留校从事图书馆工作,后出国留学,在美国威斯康星大学哲学系、图书馆专科学校及研究院学习,获得哲学博士学位。1929年至1933年在北平图书馆任编纂部、阅览部主任,《图书馆学季刊》编辑。吴光清1927年毕业于金陵大学,1930年获得美国卡耐基基金会(Carnegie Foundation)的奖学金,赴美入哥伦比亚大学进修,主修图书馆学,1931年取得学士学位后又进入密歇根大学图书馆学系研究,1932年获得硕士学位后回国,先任金陵女子大学图书馆馆长,1935—1938年转任国立北平图书馆编纂兼编目部主任和《国立北平图书馆馆刊》编委①。梁思庄毕业于美国哥伦比亚大学图书馆学院,1930年被国立北平图书馆聘为编纂委员会委员,负责编纂馆藏西文书,朱启钤寄存的德国外交官穆麟德藏书,即由她编成《穆麟德遗书目录》②。莫余敏卿在广州岭南大学取得文学学士学位后,到美国哥伦比亚大学留学,获得图书馆学硕士学位,回国后长期任北平图书馆主办的《图书季刊》英文版的编辑。他们受过良好的图书馆学教育,回国后投身于事业初创的图书馆界,是国内图书馆学研究的先驱。

三、人员构成

据谭其骧回忆,他在北平图书馆任职时,图书馆"除了各部的主任、馆员之外,还特设编纂委员一职,网罗了向达(觉明)、贺昌群(藏云)、刘节(子植)、王庸(以中)、谢国桢(刚主)、赵万里(斐云)、孙楷第(子书)、王重民(有三)等一批中年学者在馆从事与图书整理有关的研究工作"③。不仅许多知识界重要人物都在

---

① 钱存训. 吴光清博士生平概要. 国家图书馆学刊,2005(3):82-84.
② 国立北平图书馆. 国立北平图书馆馆务报告(民国二十一年七月至二十二年六月). 北平:国立北平图书馆,1933:27-28.
③ 谭其骧. 值得怀念的三年图书馆生活. 文献,1982(4):243-247.

这里聚集,普通知识分子也是其中重要的组成部分,他们同样术有专攻,业有所长,在版本、目录、历史、文学、图书馆学等各领域都有所著述,虽然学术成果在产量上不及前者恢宏,但也不乏杰出之作,所以这一时期国家图书馆的学术研究呈现出精英所做的"高深学问"与图书馆从业人员的"基础论述"并存的局面。

国家图书馆优越的地位,宏富的收藏,吸引着各地有志于图书馆事业的人才。从人员构成角度而言,无论是学术大家还是普通知识分子,他们的资历出身与知识背景相差并不悬殊。有相当一部分同人在入职前都有过工作经历,且多类似,比如教员、编辑、报刊主笔,或是在政府机关主管教育。也有在他处从事图书馆工作的,比如王懋镕原在江南图书馆工作,校有《江南图书馆善本书目》,来馆后编有《京师图书馆善本书目》;谭新嘉来馆前曾任天津直隶图书馆提调,主编馆藏古籍目录;爨汝僖曾任天津图书馆编目员;何多源来馆前曾任广州大学图书馆馆长和岭南大学图书馆代理馆长;邓衍林来馆前曾在江西省立图书馆工作;钱存训来馆前曾受聘于金陵大学图书馆、金陵女子文理学院图书馆,后任上海交通大学图书馆副馆长;吴光清来馆前曾任金陵女子文理学院图书馆馆长;严文郁来馆前在北京大学图书馆任西文图书编目员;孙述万来馆前曾任湖北省立图书馆馆长、厦门大学图书馆主任和浙江大学文理学院图书馆主任;顾华曾在静生生物调查所任图书管理员;梁廷灿、顾子刚来馆前都在清华大学图书馆工作;莫余敏卿曾在美国哥伦比亚大学师范学院图书馆任职等等。他们来馆前已具有图书馆编目、管理经验。

第二章 政权鼎革下的初期(1909—1928 年)

20 世纪前 30 年,中国经历了两次政权鼎革。以辛亥革命和民国创立为肇端,清帝逊位,共和取代专制。经过不到十几年,北伐军打倒北洋军阀,北京政府被推翻,南京国民政府成立。政权更迭过快,意味着社会秩序的不稳定,这必然反映在文化事业上,从 1918 年到 1925 年的几年间,教育次长频繁更换,京师图书馆的馆长也相继更换了十几任,而馆员因欠薪日久,纷纷离开图书馆另谋他处。京师图书馆为维持开馆不得不借助于管理庚款的中华教育文化基金会①,与其创办的北平北海图书馆合组一事势在必行。1929 年 9 月,经教育部提议,两馆合组成立国立北平图书馆。

京师图书馆与北平北海图书馆风格不同,各具特色。京师图书馆最大功绩是抢救、搜集、保存和整理了大量珍贵文献。筹建京师图书馆时,学部的奏折称:

> 无如近来经籍散佚,征取良难,部款支绌,搜求不易。且士子近时风尚,率趋捷径,罕重国文,于是秘籍善本,多为海外重价钩致,捆载以去。若不设法搜罗宝存,数年之后,中国将求一刊本经史子集而不可得,驯至道丧文敝,患气潜滋。②

所以京师图书馆作为"全国儒林冠冕",创建的目的是"旁搜博采,以保国粹而惠士林"。1929 年 1 月,京师图书馆迁入居仁堂时,陈垣将馆藏资源情况公之

---

① 中华教育文化基金会(China Foundation for the Promotion of Education and Culture,简称中基会)于 1924 年 9 月 18 日成立,是用美国退还的"庚子赔款"建立起来的一个民间文教机构。基金会董事会由中美双方共 15 人组成,负责保管、分配、使用退还的庚子赔款。中方成员大都是中国科教界的杰出人物,他们利用稳定的基金来源,投资发展中国的科教事业,加快了中国科教现代化的进程。

② 本部(学部)章奏:奏筹建京师图书馆折. 学部官报,1909(100):1-3.

于众,大约分为五类:善本三万余册,内有《永乐大典》八十余册;唐人写经(敦煌遗书)八千余卷;各种地图碑帖墨迹数百种;文津阁《四库全书》和七八万册国子监南学所藏普通书。自1909年开办,经20年的时间,京师图书馆已"可称为研究国学者一比较完善的图书馆"①。

北平北海图书馆建馆晚于京师图书馆,在合组前仅独立存在了三年,但是该馆文献编纂与出版事业成就斐然,不可小觑。相对于京师图书馆的"国学"收藏,北海图书馆的外文图籍更多一些,编纂出版的重心为专题目录、索引之编制以及清末先哲遗稿,同时还创办了极具影响力的中英文图书馆学期刊和年报。北海图书馆事业的发展有赖于中华教育文化基金会的资助,其先进的管理制度在国内是仅见的,与同时期的京师图书馆相比,更接近于现代意义。

第一节　京师图书馆旧学书目的编纂

京师图书馆藏书以国子监、南学典籍和内阁大库残卷为基础,又先后从学部接收了两江总督端方采进的南陵徐氏积学斋、归安姚氏咫进斋等的藏书以及甘肃藩司何彦升采进的敦煌石室唐人写经8000余卷。这些馆藏不是久储大库的皇家秘阁之朝章简牍,就是民间名家所藏孤本秘籍,外界多不知晓,敦煌石室经卷更是不为人知。京师图书馆就馆藏旧学书籍编纂了善本、方志、敦煌遗书、普通古籍、舆图等各种目录,之后国家图书馆在不同历史时期开展的各种编目工作都是以此为基础的,这些最初的书目可称为国家图书馆古文献入库时所建的"底账"。

一、善本书目的编纂

国家图书馆普通古籍库藏有一部抄本《广化寺图书馆检书草目》,是现今发现京师图书馆馆藏的最早书目。内有一浮签,印有"章氏藏书",编目员根据全书

---

①　陈垣在国立北平图书馆居仁堂开馆典礼上的讲话. 见:北京图书馆业务研究委员会. 北京图书馆馆史资料汇编:1909—1949. 北京:书目文献出版社,1992:282-285.

的笔迹,确定为章钰①的抄写本。章钰早年入江苏巡抚端方幕,宣统元年(1909)随端方赴京就任吏部,曾兼任京师图书馆纂修的职务,从全书来看,所用纸是印有"京师图书馆"字样的绿丝栏稿纸,从纸张能判断出这是一部与京师图书馆有关的书目,而其中所著录的正是京师图书馆最初所藏旧学书籍,页眉和行间等多处有墨笔批校圈改,每页天头又有墨笔补充的书目,应该是章钰于1910年至1911年间,对此书目的批校本,而不是他的手抄本。彼时京师图书馆设在广化寺,有人据此说这是一个寺院藏书的检书目录②,也是错误的。

所谓"草目",只简单著录了卷册、著者、版本等项。比如《昌黎诗集笺注》,只著录"十卷。雅雨堂原刊本",《李义山诗集》只著录有"十六卷。姚培谦。原刊本"。在京师图书馆后来所编的书目中,很容易找到《广化寺图书馆检书草目》著录的书籍,只不过有些作为善本编入了"善本书目",有些作为普通古籍编入了"普通本书目"。比如《楚辞节注》,《广化寺图书馆检书草目》著录"六卷,姚培谦撰,乾隆辛酉刊本",《京师图书馆普通单行本阅览书目》著录"六卷,清姚培谦节注。附叶音一卷,清刘维谦撰。清乾隆六年精刻本,二册,有严我庐录严思庵眉评",《京师图书馆普通本书目》著录"六卷,叶音一卷,清姚培谦节注。叶音,清刘维谦撰。清乾隆六年精刻本,有严我庐录严思庵眉评。本馆旧藏"。后两者著录得明显比"草目"详细多了。

京师图书馆早期的"善本书目"有缪荃孙的《清学部图书馆善本书目》。京师图书馆,由学部奏请筹建,初期又称"清学部图书馆"。缪荃孙任监督期间,编成《清学部图书馆方志目》四卷和《清学部图书馆善本书目》八卷,1912年发表在国粹学报社出版的《古学汇刊》第一期。国家图书馆普通古籍库藏有缪荃孙编纂这两部书目的稿本,有缪荃孙亲笔校改和补充的文字,没有记载编纂日期。但是据《艺风老人年谱》记载,宣统三年(1911):"供职京师。三月,派回江南,催瞿氏

---

① 章钰(1864—1934),江苏长洲(今苏州)人。光绪二十九年(1903)进士,宣统元年(1909)入京供职吏部,再调外务部一等秘书,庶务司主稿兼京师图书馆纂修。辛亥革命后,寓天津,以收藏、校书、著述为业。家有藏书处为"四当斋",藏书印有"四当斋""长洲章氏珍藏善本书籍""长洲章钰""章氏医书""长洲章钰秘医"等,著《四当斋集》《宋史校勘记》《钱遵王读书敏求记校正》《胡刻通鉴正文校字记》,世称校勘精审。

② 马桓.《章氏四当斋藏书目》研究.保定:河北大学博士学位论文,2012:15.

进呈书。五月,旋京,并解瞿氏书五十种。六月,编定各省志书目四卷。八月,刻本馆宋元本书留真谱,本书一叶、牒文、牌子、序、跋述源流者均摹之,加考一篇。九月,复交善本书目八卷,即乞假回上海寄寓。"①这两种稿本应是在1911年编定的。书衣分别题"京师图书馆方志目录""京师图书馆善本书目"。后来《古学汇刊》刊载的《清学部图书馆方志目》和《清学部图书馆善本书目》是在这两个稿本的基础上修正而成。

《清学部图书馆善本书目》择"宋元旧板、名家抄校者为善本"②,全书共五卷,分经、史、子、集四类,经部、子部、集部各一卷,史部分上下两卷。缪本著录特点不拘一格,不仅包含书目的基本款项,还关注版本鉴别、版框、行款、藏书印等内容。比如著录经部《周易本义集成》:"《周易本义集成》十二卷。元熊良辅撰,元刊本。每半叶十行,行十八字。高六寸,宽四寸二分。小黑口。首行'周易本义集成上,经卷第一,南昌熊良辅编,泉峰龚焕校正'。'集疏'二字阴文加方围。至治二年六月盱江陈桦孟实序。"后人注意到缪氏在著录宋元刊本时有版框尺寸一项,这成为以后鉴定版本的重要依据,王重民的《中国善本书提要》和《中国古籍善本书目》也保留有这一项。《清学部图书馆善本书目》著录内容详尽,出处清晰,比起《广化寺图书馆检书草目》,这部善本书目才称得上是"我国近代第一部公藏书目"。

京师图书馆的善本书目除缪本外,还有江本、王本,即江瀚馆长和馆员王懋镕编纂的两部善本目录。1916年,馆长夏曾佑主持编纂《京师图书馆善本简明书目》时,认为"三者之中,以缪本为最详。……江本、王本盖即就缪本蓑录而成,所不同者,仅增删书目十数种耳"③。夏氏所编的《京师图书馆善本简明书目》应教育部指令编纂而成。1915年,京师图书馆迁到国子监南学新馆址,教育部饬令京师图书馆,督饬职员妥为办理所藏书籍盖印编号种种事宜。"目录当重编付印也。查掌理图书,全凭目录。该馆现有书目,均系写本,又所归门类,亦间有未妥

① 缪荃孙.艺风老人年谱.清抄本.
② 邓实.古学汇刊书目提要.上海:国粹学报社,1914:1.
③ 夏曾佑.呈送善本书目请教育部鉴定文.见:京师图书馆善本简明书目.北京:京师图书馆,1916:1.

者,应逐册查对,送部厘定付印,以资考复。"①1916 年 6 月,京师图书馆先从馆藏善本书目着手,编成善本书目四卷,报部鉴定。

《京师图书馆善本简明书目》以清《四库全书总目》为准,因其"流通最广,人所习见也",凡旧籍为《四库全书总目》未收者,详察内容并参考各家书目,分别编次。《京师图书馆善本简明书目》在著录时注意检查原书,参校缪本和各家目录,"所有与缪目不同之处,均分疏于各条下,以便考核"②。如归安姚氏书《景祐乾象新书》,缪本归入子部"天算类",此目改入"术数类",书目下有"按此书四库未收,缪目入天算类,兹以所记均属占验,改隶于此"的注解。清内阁书《明史稿》三百十卷,缪本归入正史,此目改为"别史类",注有"按缪目入正史,兹依四库书目移置于此,缺传四卷,缪目亦未言及"。归安姚氏书《通鉴外纪》十卷,宋刘恕撰,旧抄本。条目下注有"按此书缪目未载,江目有之。缪目以下各书排次多与时代不合,兹依四库书目为之,厘正如左"。经部小学类《金石韵府》五卷,明朱云撰,明嘉靖朱印刊本。条目下注有"按此书四库未收,按存目有《广金石韵府》五卷,提要云:'因明朱时望《金石韵府》而作,故曰广。'或者此册已登秘府而于编次之时佚之欤? 缪目未载,江目入音韵之属,兹移置于此"。

该目得到教育部的肯定,1916 年 8 月,教育部回复京师图书馆:"所呈各册系就现藏书籍与缪、江两前馆长、王前馆员所编详加校理,部帙数目门类以及撰人姓氏皆有订正,较原编尤为完密,自应由馆印行,以广流播而资考复。"③在教育部的敦促下,夏目较缪目、江目等目录流传较广。

1919 年,张宗祥任京师图书馆主任期间,根据夏氏目录重新编定了善本书目,纠正了不少夏目中的谬误,比起夏目来,卷数略有增加,因为增加了一些新的书目。当时位于北京午门的历史博物馆整理内阁大库遗藏,送给京师图书馆很多宋元以下的旧椠旧抄,张宗祥又加上了这部分书目。张氏草目没有付印,稿本有两部,一部存京师图书馆,另一部是抄录的。据张宗祥回忆,他听取鲁迅的建

①　教育部饬京师图书馆所藏书籍盖印编号妥为办理文. 见:北京图书馆业务研究委员会.北京图书馆馆史资料汇编:1909—1949.北京:书目文献出版社,1992:71 - 73.

②　夏曾佑.呈送善本书目请教育部鉴定文. 见:京师图书馆善本简明书目.北京:京师图书馆,1916:1.

③　教育部指令第三十二号. 见:京师图书馆善本简明书目.北京:京师图书馆,1916:2.

议,个人另存了一部副本,后来赠送给了浙江图书馆①。

国家图书馆编纂善本书目始自缪荃孙的《清学部图书馆善本书目》,江瀚、王懋镕先后对此进行了增删,各有新的善本书目编出,夏曾佑在任时对以上各书目改正补充,另编出一部善本书目,之后张宗祥担任馆长,又对夏目有所增补,及至北平图书馆时期,赵万里编写《国立北平图书馆善本书目》,又有新的目录出来,这是一脉相承的。

二、普通本书目的编纂

夏曾佑统领京师图书馆编纂善本书目时,还编成普通本书目,按王祖彝的说法,共有五编,分经、史、子、集及新刊②。1917 年,京师图书馆的普通书目编纂完成,实际呈报教育部审定的只有四部:“内容仍分四部,第部所属,分立门类,不主一家。”③教育部审定善本书目和普通本书目后,先印行了善本书目,由于时间仓促,普通书目的体例还不完备,尤其是丛书类及各家全集,需要时间一一厘定四部类别,京师图书馆决定把普通本书目留下来用于检查书籍,如有可能提成善本的再加以更正,最后没有出版。

此后,京师图书馆还陆续编有普通本书目。国家图书馆普通古籍库藏有一部《京师图书馆普通本书目》,二十八卷,抄本,朱丝栏,苦叶盫刊行。还有一册《京师图书馆普通单行本阅览书目》,抄本,乌丝栏,不分卷,书中多有墨笔圈改之处,与《京师图书馆普通本书目》对照,所著录的书目大致相同,应是京师图书馆同人在编纂普通本书目时的最初稿本,《京师图书馆普通本书目》应是在此书目的基础上定稿的。比如《京师图书馆普通单行本阅览书目》集部楚辞类,著录有《楚辞章句》,“存十二卷,(汉)刘向编,(汉)王逸章句,明隆庆五年豫章夫容馆覆宋本,存二册。原书十七卷,今存卷一至卷十二,每半页八行,行十七字”。在页眉处墨笔注“九年十一月提入善本”,《京师图书馆普通本书目》卷之二十四为集部,则没有著录《楚辞章句》。另外,《京师图书馆普通本书目》集部四词典类,著

---

① 张宗祥.我所知道的鲁迅.图书馆,1961(4):3.

② 王祖彝.京师图书馆回顾录.中华图书馆协会会报,1931,7(2):1–6.

③ 京师图书馆原呈.教育公报,1917(4):74–75.

录有"本馆新购"《一笠庵北词广正九宫谱》《北宫诗纪》《楹曲谱正集》等十余种古籍,都是《京师图书馆普通单行本阅览书目》没有著录的,其他各部也多有补充的书目。《京师图书馆普通单行本阅览书目》没有标注成书年代,而且仅有集部的一册,无法判断是否即夏曾佑担任馆长期间所编纂的普通本书目。《京师图书馆普通本书目》编纂年代也不确定,应是 1920 年之后了。

三、清内阁书目的编纂

京师图书馆开馆之际,接收清学部发来的内阁旧藏书籍,当时并没有见到相关书目,直到 1918 年,教育部视学赵宪曾兼任京师图书馆主任时,才从教育部带来六册《清内阁书目》。书目分为四种:《库存书目》三册,《库存残书目》一册,《残复书目》一册,《碑图总目》一册。京师图书馆目录课照此全部誊抄,取名《清内阁旧藏书目》,收藏在书库中。

目录课在卷首记载了有清以来内阁旧藏书籍的"厄运":清内阁书,承继的是明代文渊阁藏书,明代大学士杨士奇等人编有《文渊阁书目》。阁中大库,设"内阁典籍"①掌管。清朝初年,曹贞吉为内阁典籍时,宋椠已散失殆尽。曹氏检阅宋本,发现欧阳修《居士集》八部,没有一部完备的。之后,"内阁典籍"多由满族官员担任,他们对内阁藏书更不珍惜,甚至发生失火,藏书几乎付之一炬。现在馆中所藏内阁之书,都是在前清时期由学部调拨来的。除了部分残缺外,有水湿的,有烧焦的,有霉烂的,可能是在失火时受损导致的②。基于这种状况,《清内阁旧藏书目》所著录的书册与京师图书馆所藏"实物",并不完全能对得上,但是通过这一目录,可以一窥明、清两代秘阁藏书的情况。顾颉刚在谈到《清内阁旧藏书目》时说:"用此本目录及《文渊》、《京馆》两目合观,可知明、清秘阁藏书嬗递之迹。"③教育部一向重视内阁旧藏,称"内阁藏书、清文《宝录》、《会典》、《八旗通

---

① 官名。清代内阁所属典籍厅的主官,掌收发章奏文移、收贮图籍及管理内阁吏役等事。

② 清内阁旧藏书目.民国七年(1918)抄本.

③ 顾颉刚.清内阁旧藏书目.见:顾颉刚,印永清.顾颉刚书话.杭州:浙江人民出版社,1998:114.

志》以及精写本《会典》诸书，均为有清一代文物有关"①，该目也可作为考古者的参考。

《清内阁旧藏书目》所用纸是印有"京师图书馆"字样的绿丝栏稿纸，国家图书馆藏许多旧学书目稿本都是用的这种纸，如《清学部图书馆善本书目》、《清学部图书馆方志目》、《广化寺图书馆检书草目》、《清查各直省赋役全书底册》（1918 年）、《京师图书馆庋藏清内阁地图暨图书目录》、《丛书子目分类稿》（1921 年）等，这些稿本和抄本或许也可以看成是京师图书馆编纂旧学书籍的"工作簿"，由于财政艰窘或者其他原因，没有出版。

四、敦煌遗书目录的编纂

光绪二十六年（1900），敦煌石窟壁坍塌，王道士发现了敦煌石室遗书。这一重要发现没有得到清政府的重视，经卷先后被英人、法人、日人掠去。在罗振玉等人的呼吁下，学部奏请朝廷，将这部分北宋以前所藏的经卷交由京师图书馆保存，并饬请陕甘藩司"查明现共存有若干，无论完全残破，统行检齐解部，幸勿遗失散落"②。1910 年，学部发交京师图书馆由陕甘总督解京的敦煌经卷十八箱，后又续交写经二十二卷、粘片二本，又把 1909 年陕甘总督送到的样本一卷，一并检送京师图书馆收藏③。这些莫高窟藏经洞中的劫余残卷一万件构成国家图书馆所藏敦煌遗书的主体。由于遗书内容主要是魏晋六朝、唐五代的写本文书，多数为唐人所写，又被京师图书馆称为"唐人写经"。

数万卷敦煌石室遗书经此一劫，分散于世界各地：除京师图书馆所藏以外，斯坦因取去的，藏于伦敦英国博物院，伯希和取去的，藏于巴黎法国国立图书馆，此三组为最大宗。敦煌学从一产生就离不开目录和目录工作，各国都先后开展了敦煌文献的整理与刊布，法国国家图书馆的目录最先编出，但很简略，英国博

---

① 教育部饬京师图书馆所藏书籍盖印编号妥为办理文. 见：北京图书馆业务研究委员会. 北京图书馆馆史资料汇编：1909—1949. 北京：书目文献出版社，1992：71 – 73.
② 李镇铭. 京师图书馆的基础藏书及其渊源. 北京图书馆馆刊，1995(3/4)：113 – 116.
③ 学部为续送敦煌唐人写经致京师图书馆片：档采藏 1.2.1910(国家图书馆档案).

物院的目录编纂开始于 1919 年,历 38 年才完成①。敦煌写本是中国学人所熟悉的学问,运到京师图书馆后,同人就开始编纂目录了。

起初,京师图书馆按《千字文》的顺序,逐一用字排号,编撰出草目《敦煌石室经卷总目》八册,著录了 8679 号较为完整的遗书,这是京师图书馆编纂的第一个敦煌文献目录,虽然只是个流水目录,但它是敦煌文献目录编纂的"祖本",以后的目录都是以此为基础的。1924 年,陈垣受敦煌经籍辑存会叶恭超的嘱托,编订敦煌劫余经卷,助手是"敦煌石室唐人写经室"负责人俞泽箴。俞泽箴,浙江德清人,俞平伯堂叔,早年毕业于北洋大学,1919 年 11 月至 1926 年 7 月在京师图书馆任职,主要工作是敦煌写经的整理、编目。1924 年末,陈垣主持的《敦煌劫余录》初稿完成,并于 1929 年重新编订,1931 年由中央研究院历史语言研究所出版。该目包含的内容、著录方式以及编纂过程,在王重民《敦煌遗书总目索引》的"后记"中有翔实的说明,"总目内依佛经种次汇编了这 8679 卷写经,排成目次,并在每经下记出每一经所有卷子的数目。正录内把依总目著录的卷子数目,依佛经目次,先记每卷的起讫,次记纸数、行数,及品次,并在附记内移录题记,兼记卷子的残缺情况。凡十三帙,著录了佛经、律、论、杂文 396 种,道经 9 种,摩尼教经 1 种,都 8527 卷"②。这是敦煌学史上第一个公开发表的目录,在敦煌学史占有极高的地位,代表了当时中国也是世界敦煌遗书整理的最高水平。就编目方法来说,它是第一部大型的敦煌写本分类目录,而其他大多数目录都是流水号式的目录,而非目录学所要求的最佳做法——分类目录③,胡适评价说:"其考订之详,检查之便利,已远在巴黎伦敦诸目之上了。"④敦煌文献的大量流散,使中国学者受到很大限制,要了解敦煌石室藏书留在中国的八千余卷的内容概况,这部汉文敦煌遗书分类目录是唯一的也是最完备的指南,为中国学者的敦煌学研究提供了不可缺少的工具。

---

① 王冀青.《英国博物院藏敦煌汉文写本注记目录》中误收的斯坦因所获和阗文书辨释.敦煌学辑刊,1987(2):94 – 108.

② 王重民.《敦煌遗书总目索引》后记.见:王重民. 敦煌遗书总目索引. 北京:中华书局,1983;543 – 552.

③ 荣新江. 陈寅恪先生《陈垣敦煌劫余录序》读后. 见:陈寅恪. 中西学术名篇精读·陈寅恪卷. 上海:中西书局,2014;34 – 74.

④ 胡适. 敦煌写经题记与敦煌杂录序. 国立北平图书馆馆刊,1936,10(3):1 – 4.

以上是京师图书馆对敦煌遗书的整理,其后同人对敦煌遗书的编目整理工作仍在继续。1929 年,北平图书馆成立了由胡鸣盛任组长的写经组,专门从事敦煌遗书的编目整理,除对《敦煌劫余录》所著录的 8738 号重新编目外,又从残片中选编出 1192 件,在 20 世纪 30 年代初期,先后完成《敦煌石室写经详目》及其《敦煌石室写经详目续编》两个目录,著录遗书总数达 1 万号。当时两个目录并未刊行,1935 年至 1936 年,为避免日本侵华的劫难,北平图书馆将馆藏敦煌遗书装箱南运,寄存于上海租界,直到 1950 年才重新回馆,两个未刊稿本因此失去了出版机会。1980 年,北京图书馆善本组将中华人民共和国成立后由政府调拨或各界捐赠等形式后续入藏的敦煌遗书以"新"为字头重新编号①,完成《敦煌劫馀录续编》,著录 1065 号。1985 年,北京图书馆在任继愈的倡议下,重新整理敦煌遗书,编制目录,截至 2012 年,《中国国家图书馆藏敦煌遗书总目录》全 146 册出版完毕,将国家图书馆所藏 16579 号遗书全部收纳著录。

从 1910 年敦煌残余经卷入京,到 2012 年《中国国家图书馆藏敦煌遗书总目录》全部出版,国家图书馆用了一个世纪的时间编纂敦煌遗书目录,为我国乃至世界敦煌学的发展做出卓越贡献。

第二节　北平北海图书馆的文献编纂事业

北海图书馆与旧京师图书馆合组前,文献编纂事业已达到一定的水准和规模。蔡元培在《国立北平图书馆记》里,曾集中陈述过北海图书馆的业绩:"三年以来,规模略具。共购置中文书籍八万余册、西文书籍三万五千余册,分类编目与各种书籍、杂志索引之纂辑,均次第举行,出版事业亦已开始。"②

北海图书馆的文献编纂分为两类,一类是"直接的",一类是"间接的"。"直接的"是编分类法,制定编目条例,决定著者符号。"间接的"是编图书辞典,编人

---

① 方广锠.中国国家图书馆藏敦煌遗书六种目录述略.上海师范大学学报(哲学社会科版),2013(4):35-46.

② 蔡元培.国立北平图书馆记.见:北京图书馆业务研究委员会.北京图书馆馆史资料汇编:1909—1949.北京:书目文献出版社,1992:1200.

名辞典,编各种重要书籍之索引,编专科目录,编词书①。"直接的"文献编纂是针对现有馆藏文献进行编目,编目条例与著者符号经由中华图书馆协会商讨决定,分类法借鉴《美国国会图书馆分类法》,略加变通,编辑目录均用卡片,置于阅览室与编目科。"间接的"文献编纂是指馆藏之外的目录事业,即除"分类编目"外,各种书籍、目录索引的纂辑,这部分馆藏之外的目录事业最能体现北平北海图书馆的学术水平。

一、《中国图书大辞典》之编纂

《中国图书大辞典》由中华教育文化基金董事会提供资助,北海图书馆委托前馆长梁启超主持编辑。1925 年,梁启超担任清华学校研究院国学门的导师时,决定编纂《中国图书大辞典》,他说:"意欲使此书成后,凡承学之士欲研治某科之学,一展卷即能应其顾问,示以资料之所在,及其资料之种类与良窳,即一般涉览者,亦如读一部有新系统的《四库提要》,诸学之门径可得窥也。"②该大辞典计划分簿录部、经部、史部、金石书画部、子部、集部、丛部等,并准备附有大量表格、索引。这一宏伟计划非一人之力所能承受,梁启超抽调了一部分京师图书馆馆员,会同清华学校研究院的学生共同完成。为了取得编纂所需的费用,1927 年 6 月,梁启超致函北海图书馆委员会,请求津贴补助。中华教育文化基金董事会第三次年会准予北海图书馆委员会提出的"补助编纂《中国图书大辞典》一案":"各董事以此项工作关系重要,应即补助编纂费一万元,分两年发给。即由北京图书馆临时门项下按月开支。"同时说明:"将来全书告成,版权即归该馆所有。"③为此,北海图书馆④专门设立中国图书大辞典编纂处,把《中国图书大辞典》纳入图书馆编纂事业中,梁启超私人编修行为也变为了公共事业。

---

① 北平北海图书馆.北平北海图书馆第二年度报告.北平:北平北海图书馆,1928:15 - 19.

② 梁启超.致胡适函(1928 年 6 月 18 日).见:丁文江,赵丰田.梁启超年谱长编.上海:上海人民出版社,2008:760.

③ 北京图书馆.北京图书馆编纂《中国图书大辞典》计划.中华图书馆协会会报,1927,2 (6):13 - 14.

④ 北海图书馆初名"北京图书馆",1928 年,随着北京改称"北平特别市",改名为北海图书馆.

这项编纂事业受到业界瞩目。毛坤在《中华图书馆协会会报》1928年3卷4期发表《关于中国图书大辞典之意见》，就名称、图表、范围、分类与标题、著录格式、排列、印刷与装订等问题提出质疑。他认为以图书目录为辞典不大妥当，而别名"群籍考"也不合适；至于分类，经、史、子、集界限较为明显，而子类中所包括的书极其复杂，他希望北海图书馆（时称北京图书馆）请专家将其分类而系以号码，并将每类书归入一定的标题，中国图书馆界将受益无穷①。袁同礼馆长在文后作了回应，关于名称问题，北海图书馆也认为"大辞典"不甚妥当，而"图书目录"又不能将此项工作性质标出。因为这项工作是对以往典籍加以整理，兼有著录及考订两项工作，即英文中所谓的"Retrospective bibliography"，袁同礼更倾向于"中国图书志"的名称，翻译成英文为"Bibliotheca Bibliographica Sinica"。至于为中国典籍制定标题，袁同礼也承认中国书内容复杂，这是一项庞大的工作，不是一两年能完成的。

北海图书馆编纂《中国图书大辞典》进展很快，在数月间，已编成者有丛书书目、年谱书目、方志书目、明代别集书目等，已写成的卡片不下数十万张②，北京图书馆曾预计，1929年6月完成初稿，但实际情况并不乐观。首先，这项工作相当繁杂，丛书、曲本、词、方志、书目、年谱以及明人别集的编撰情况各异，"其手续在随见随编，随改作，随增订"，需要大量时间，梁启超出于身体状况的原因，向北海图书馆提出"解除责任"的要求，编纂工作一度搁浅。1929年1月，梁启超去世。经北海图书馆委员会讨论，《中国图书大辞典》"佥主张暂缓进行。至梁先生手写《簿录之部》，《丛帖之部》，及《词部》稿本，则拟先为影印行世，其余之书目则陆续在该馆《月刊》发表"③。此后，谢国桢的《晚明史籍考·流寇》，于1930年在《国立北平图书馆馆刊》4卷1、2、4号刊出，梁启超所撰的《图书大辞典簿录之部·官录及史志》于1930年在《图书馆学季刊》4卷3、4期刊出，影印本则未出版。

①　毛坤.关于中国图书大辞典之意见.中华图书馆协会会报,1928,3(4):3-6.

②　北京图书馆.本馆略史.北京图书馆月刊,1926,1(1):1.

③　《中国图书大辞典》近讯.中华图书馆协会会报,1929,4(4):19.

二、专门目录与索引之编纂

1927 年 1 月，北海图书馆实行公开阅览，前来咨询专科目录的读者越来越多。为便利"专门学者"的查询，北海图书馆应要求随时编制专门书目。1928 年派两名馆员专司其事，共编成专门书目上百种，内容涉及地理、交通、民族、音乐、市政、文学、医学、哲学、数理、教育、新闻等领域①。所编书目分类陈列，供读者参考，大多数没有付印。有一些学术意义较强的专门目录，如蒋复璁的《论语集目》《孟子集目》《四书集目》、袁同礼的《中国乐书举要》、欒汝僖的《孝经集目》、汪长炳的《华籍西译书目》、李文禥的《中国定期刊物一览》等，先后在《中华图书馆协会会报》发表。

在各种"专门目录"中，《北平北海图书馆现藏政府出版品目录》的编辑彰显了北海图书馆的现代意识。1925 年 8 月 6 日，中国加入 1886 年在比利时首都布鲁塞尔订立的"国际交换出版品公约"，设立出版品国际交换局，仿效西方国家将他国出版品交由本国规模较大的图书馆庋藏的办法，委托北海图书馆代为庋藏交换来的外国出版品②。凡与中国发生国际交换关系者，如美国、捷克、波兰、乌拉圭、瑞士、比利士、新南威尔士、多美尼加、哥斯达黎加，均寄送其政府出版品到北海图书馆。前后由各国寄到政府出版物约 4400 册，小册子约 11 400 册，以美国为最多。北海图书馆既然接收外国政府出版品，对于缔约各国，照例应当交换，于是着手搜集中央政府出版的官书，以备国际交换，得到各部院的协助，共搜得中国政府出版品 1000 种，编成《北平北海图书馆现藏政府出版品目录》。北海图书馆预备长期履行交换职责，所以该目录是作为"第一辑"出版的，但是 1928 年大学院训令，将出版品国际交换事宜移交中央研究院图书馆管理，此项工作被迫中止。

编制索引是北海图书馆编纂事业的重要组成部分，1928 年、1929 年共编制

---

① 北平北海图书馆. 北平北海图书馆第三年度报告. 北平：北平北海图书馆，1929：22 – 24.

② 1926 年 4 月 2 日及 4 月 17 日出版品国际交换局函北京图书馆委托代藏出版品. 见：北京图书馆业务研究委员会. 北京图书馆馆史资料汇编：1909—1949. 北京：书目文献出版社，1992：1143 – 1144.

有两类索引：一是论文索引；一是满蒙藏文书索引。

1928 年，北海图书馆鉴于中文杂志出版日益增多，而没有索引以纲领之，应图书馆界的提议，编目科王重民从国学方面的文字入手，编纂了《国学论文索引》，内容分总论、群经、语言文字、考古、史学、地学、诸子、文学、科学、政治法律学、经济学、社会学、教育学、宗教学、音乐、艺术、图书目录等 17 项。每类之下又各分子目。全书共收论文 3000 多篇，取自 1928 年以前的重要杂志 82 种，把前二三十年有关国学的论文全部收入进来。随后，馆员徐绪昌编纂了《国学论文索引续编》，体例依照前编，从 1928 年以后至 1930 年 7 月止的 80 多种杂志中搜集，所收论文也超过 3000 篇。前编于 1928 年印行，续编于 1931 年 7 月印行，首尾相距整整 3 年。

《国学论文索引》正续两编出版后，引起极大反响，各大高校及公立图书馆争相购入，《大公报》《北平北海图书馆月刊》《浙江省立图书馆馆刊》《燕京学报》等多家媒体和学术期刊都着重做了评介，指摘得失，公认为当时研究国学极重要的工具书。"学者得此一编，因性质以求类，因类以求篇，因篇以求来源，则前此散在数万册杂志内之六七千入世国学论著，均骈罗目前，一唯取求以供参考之用矣。循是以论，是书诚不啻近三十年来中国学术著作千门万户之总钥也。"[1]而国人自此才知晓索引对于科研的意义，各大学及各种定期刊物也渐渐开始从事各种专门索引的工作[2]。

按北海图书馆的计划，除编辑《国学论文索引》外，还要编辑《文学论文索引》。《文学论文索引》初编由张陈卿、陈璧如、李维墀等编辑，1932 年出版，搜罗了从 1905 年到 1929 年 2 月出版的 162 种杂志报纸。内容分上、中、下三编：上编为总论，包括文学的通论和通论各国文学两种论文，前者因内容而分子目，后者以国界分子目；中编为分论，依作品的体裁分为诗歌、戏曲、小说等项，辞赋是中国特有的一种文体，立为一类，与诗歌、小说并列；下编为文学家评传，以国家分组，排列次序依据作家的年代，同年代的，以论文多寡为序。该书虽为文学论文

---

① 书报提要：国学论文索引. 浙江省立图书馆馆刊，1933，2(6)：146 - 147.

② 刘修业. 王重民教授生平及学术活动年表（附著述目录）. 图书馆学研究，1985(5)：28 - 55，59.

索引,也收录了相关内容,如文学作品的序跋、文学批评等,注明序跋、批评作品的作者或性质,起到提纲挈领的作用,有裨于学术界。

编制满蒙藏文书索引,也是北海图书馆最重要的工作之一。这三种文字的书籍缺乏系统的参考书,给前来借阅的研究者造成很大不便,馆内人员在编目时也经常会出现不易解决的问题。1926 年,北海图书馆开始整理所购满蒙藏文书,着手编制索引,先后编有:《西番译语索引》《西藏名人著作集十余种之联合索引》《工布查布所著之番汉药名索引》《诸佛菩萨圣像赞中汉满蒙藏四体文字三百六十诸佛菩萨名号索引》《藏文丹珠经(亦名续藏经)索引》《满汉合璧八旗满洲姓氏部落及方舆全览之满文及汉文索引》《汉满蒙藏四体合璧文鉴之汉文及藏文索引》《汉文大藏经藏文甘珠经丹珠经及汉满蒙藏四体合璧全咒四书之联合索引》等①。以上各种索引,满蒙文者一律以各文字之原有字母为主,而以罗马字拼切为副,汉文则一律按四角号码排序。以上各书在民国时未见正式出版。

三、"道咸同光四朝外交始末记"之编纂

"道咸同光四朝外交始末记"是晚清官员王彦威(1842—1904)在军机处所录的章奏档稿,后经其子王亮整理出版,名为《清季外交史料》,是研究晚清中外关系的重要资料。一经面世就受到政府、外交界和众多研究者的重视,徐世昌、蒋介石、蔡元培、顾维钧、胡适、蒋廷黻、袁同礼、章梫等都为之作过序,他们肯定了文献的史料价值,对王氏父子勤力搜录、殷勤补缀的精神提出褒奖,但他们的陈述都忽视了一个重要史实,那就是北海图书馆馆员的参与。

王彦威任职军机处时仿《筹办夷务始末》,采用编年纪事的方法,抄录了光绪元年(1875)至光绪十二年(1886)外交案卷,并从光绪十二年开始,每天记载有关外交的诏令、奏章、折片、条约、照会、电报、会议记录及"留中"(经皇帝批阅不发的奏议)的机密文件②。"举凡清代光绪期间朝廷诏令、疆吏廷臣等奏章,以及机

---

①　北平北海图书馆.北平北海图书馆第三年度报告.北平:北平北海图书馆,1929:21 - 22.

②　严振非.王彦威父子与《清季外交史料》.文献,1991(1):278 - 280.

密廷寄往复文电,悉以列入。"①光绪三十年(1904)王彦威病逝,将书稿交给其子王亮。王亮搜集并续编了光绪三十年至宣统三年(1911)的外交史料。王亮所续编的书稿,连同先父所辑遗稿,合称为"道咸同光四朝外交始末记"。

据《北海图书馆年报》记载,北海图书馆曾派员协助王亮整理书稿并编制了索引:"黄岩王爕甫先生清时任职枢垣凡三十年,手录奏章、谕旨、函电之有关外交及新政者,成百十巨册。嗣子希尹先生保持此书二十余年,客夏乃委托本馆为之编纂。"②图书馆最初派出两名馆员"以半日之力从事编校",但手稿积年所得,大概有二百册,进度较慢,从1929年3月开始,改为全天工作。工作大体分为三部分:一是校勘撰题补抄,由于原稿是手自抄录,字体不易辨认,誊清本错误难免很多,在编校时,先逐字互校原稿,更正错误,查疑补缺。二是分卷编目,开始分为140卷,后又扩充到180卷,每卷卷首按内容编写目录。三是编制索引,原稿采用编年体纪事,如果不编制索引,很难查阅原稿,所以北海图书馆采取编制索引与编校原书并重的原则,分门别类,历时五周完成索引12卷的编纂③。1929年5月,编纂整理工作全部完成。

书稿在《北海图书馆年报》中被称为"道咸同光四朝外交始末记",应是北海图书馆在出版前冠之的,国家图书馆普通古籍库藏有清季外交史料编印处出版的《清季外交史料样本》一册,为1931年铅印本,据此推测,书稿在1931年出版时取名为《清季外交史料》。《清季外交史料》有多个版本行世,国家图书馆普通古籍库还藏有1935年外交史料编纂处出版的铅印本,共218卷,索引12卷,内容包括"光绪朝外交史料""宣统朝外交史料""西巡大事记""清季外交史料索引""清季外交年鉴"以及"边疆划界中日战争图"六部分。该书出版,承接道、咸、同三朝《筹办夷务始末》,使晚清外交的官方档案文献得到延续,袁同礼作序说:"于是清代外交史料粲然大备矣。"④蒋廷黻是当时外交史专家,他估计王彦威所收材料至少有百分之五六十是不曾发表过的,因为有这些新材料,该书成为研究中国

---

① 蔡元培.《清季外交史料》序.见:刘凌,孔繁荣.蔡元培书话.杭州:浙江人民出版社,1998:125.

② 北平北海图书馆.北平北海图书馆第三年度报告.北平:北平北海图书馆,1929:25.

③ 北平北海图书馆.北平北海图书馆第三年度报告.北平:北平北海图书馆,1929:26.

④ 袁同礼.《清季外交史料》序.见:王彦威,王亮.清季外交史料.北平:王亮,1932.

外交史所不能不备之书①。

四、清末先哲遗稿之编纂

清末民初,政权鼎革,时局动荡,有很多私家藏书流散或出售,北海图书馆购得会稽李慈铭越缦堂藏书九千余册,并将李慈铭批校藏书的文字和著述整理出版。

李慈铭(1829—1894),浙江会稽人。字爱伯,号蓴客,别号柯山子、桃花圣解庵主、白华绛跗阁主等,室名越缦堂,晚年自署越缦老人。他学识渊博,承乾嘉汉学之余绪,治经学、史学,蔚然可观,被称为"旧文学的殿军",因性格狷介,语多伤人,"服其学者好之,憎其口者恶之",致使仕途不畅,最高的官职是山西道监察御史。越缦堂藏书共九千一百余册,其中手批手校之书,共二百余种,约二千七百余册②,1927 年,北海图书馆经地方当局介绍,全部购入。

李慈铭一生致力于经史百家研究,自谓:"所读之书与所为之业,自经史以及稗说、梵夹、词曲亦无不涉猎……见于作者有散体文,有骈俪文,有词,有乐府,有杂说、杂考、杂志,综之为笔记而已。"③他的诗、文、词、与札记,在光宣、民初间,已为时人摘辑,缪荃孙将记中论经读史部分,摘辑为《越缦堂日记抄》二卷,置于《古学汇刊》中。北海图书馆对李慈铭批校文字与著述的整理由王重民负责,他历时三年,共整理成书十四种,又校定了若干种,共一百多万字,"(李越缦)先生为学之大端,略具于是矣"④。具体包括《越缦堂读书记》二卷,从越缦先生所批校原书移录,载《北平图书馆月刊》第一卷二、三、四、六期;《越缦堂读史札记》三十卷,将李氏藏书中的手批手校之书编成,札记凡十一种,共三十卷:《史记札记》二卷、《汉书札记》七卷、《后汉书札记》七卷、《三国志札记》一卷、《晋书札记》五卷、《宋书札记》一卷、《梁书札记》一卷、《魏书札记》一卷、《隋书札记》一卷、《南史札

---

① 蒋廷黻.《清季外交史料》序. 见:王彦威,王亮. 清季外交史料. 北平:外交史料编纂处,1935.

② 北京图书馆. 本馆略史. 北京图书馆月刊,1926,1(1):2-5.

③ (清)李慈铭. 白华绛跗阁诗初集自序. 见:李慈铭. 越缦堂文集. 台北:文海出版社,1974:65.

④ 王重民.《越缦堂读史札记·总目》跋. 见:李慈铭. 越缦堂读史札记全编. 北京:北京图书馆出版社,2003:940.

记》一卷、《北史札记》三卷,1932年由北平图书馆铅印出版,取名《越缦堂读史札记》;《越缦堂文集》十二卷,纂辑李慈铭所作古文百三十四首,从《越缦堂日记》、《新古文辞类纂》(稿本)、《续碑传集》,及清史馆纂修王式通处借得的《越缦丛稿》中辑录。王重民还辑录了李慈铭所作《杏花香雪斋诗二集》十卷,但并未刊行。

李慈铭未刊行的著述还有很多,晚清藏书家平步青曾撰有《掌山西道监察御史李慈铭传》(收入《碑传集三编》,1932年燕京大学研究所刊行),记载李慈铭未刊行著述,有《十三经古今文义汇正》《说文举要》《音字古今要略》《越缦堂经说》《后汉书集解》《北史补传》《历史论赞补正》《历代史剩》《闰史》《唐代官制杂抄》《元代重儒考》《明谥法考》《南渡事略》《国朝经儒经籍考》《军兴以来忠节小传》《柯山漫录》《孟学斋古文内外篇》《杏花香雪斋诗》等一百多卷。北海图书馆拟将其著述全部收入,辑为全书出版,为此,《北平北海图书馆月刊》连续登载《征求李慈铭先生遗著启事》:"本馆拟访其遗著,征其学行,辑为全书,以成李氏一家之学。深望海内珍藏李氏遗著,无论将稿本出让,或允录副以存,均所欢迎。其他赠序碑铭,往来书札,亦当在征求之列。"①王重民发表有《李越缦先生著述考》,分已刊者、未刊者和未见传本者三部分详述李慈铭著述的存佚情况。

李慈铭的著述,最引人瞩目的是他的日记,士林中有"晚清四大日记"之说,《越缦堂日记》位列首位(其余为《翁同龢日记》、王闿运《湘绮楼日记》、叶昌炽《缘督庐日记》)。他的日记三十余年不断,不但包含大量的读书札记和他本人的诗词、骈文作品,对书画鉴赏、名物考据、人物交游等,亦有精到之评,早在李慈铭在世时,就被"士友多传抄之"。日记原有七十二册半,1920年在蔡元培、傅增湘等人的捐助下,由商务印书馆印行了五十一册,日记原本冠以越缦堂、孟学斋、受礼庐、祥琴室、息荼庵、桃花圣解盦、荀学斋等多个别名,蔡元培将日记编订出版时,以《越缦堂日记》为共名,后人统称为《越缦堂日记》。孟学斋以前的十三册日记原在钱玄同处,由蔡元培交予北平图书馆收藏,1936年商务印书馆与北平图书馆合作又印行了这十三册,与前印行的日记衔接,即《越缦堂日记补》。荀学斋以后的八册,当时由樊增祥取去,没有付印,樊增祥去世后,不知所踪。

---

① 北平北海图书馆.征求李慈铭先生遗著启事.北平北海图书馆月刊,1928,1(5):封二.

《越缦堂日记》出版后,风行海内,毁誉不绝。史家比较看重它的史料价值,日记记载了清咸丰到光绪近四十年间的朝章国故、山川游历以及北京等地的社会风貌,包括李慈铭幼年情况,太平军被剿,英法联军入京后坊巷之联卫,商人呈送重礼而请和等细节,多是正史没有记载而在野史中也难以见到的史实。李慈铭的史学成就也为后人推崇,王重民整理了他的读史札记,了解最深,曾评价说:"先生自谓平生致力莫如史,于跋赵翼、钱大昕、王鸣盛三家书,每致其仰止之意,可以借窥先生之志矣。而三家之后,亦实唯先生足以继之也。"①

第三节　两个图书馆不同的境遇

京师图书馆历经政权更迭,馆舍辗转不定,馆务常常中辍,所编纂的旧学书目,包括善本、方志、敦煌遗书、普通古籍、舆图等各种目录,大约都是在成立的最初十年里完成的,由于中央财政支绌,京师图书馆馆困顿不堪,虽藏有"希世之珍",在成立后很少有作为了。而北海图书馆自建立之日起就没有经费的后顾之忧,学术成果频出,两者形成鲜明的对比。

一、各自的办馆历程

国家图书馆发轫于清大学士张之洞奏请设立的京师图书馆。清代末年,推行新政,首倡废科举、兴学堂,仿西方诸国创建各种图书馆,提出在北京设立京师图书馆。1909 年 8 月,张之洞以大学士分管学部,在《奏筹建京师图书馆折》中奏请"在京师开设图书馆一条,奏蒙允准,钦遵在案。自应即时修建馆舍,搜求图书,俾承学之士,得以观览"②。清政府允准,以什刹海广化寺为馆址,委派翰林院编修缪荃孙为监督,国子丞徐坊为副监督,总务司郎中杨熊祥为提调。1912 年民国建立,京师图书馆隶属教育部,以江瀚为馆长筹备馆务,1912 年 8 月 27 日,京师图书馆正式开馆,又在宣武门外前青厂开办分馆,储藏普通图书供读者阅览。

---

① 王重民.《越缦堂读史札记·总目》跋. 见:李慈铭. 越缦堂读史札记全编. 北京:北京图书馆出版社,2003:940.

② 李希泌,张椒华. 中国古代藏书与近代图书馆史料. 北京:中华书局,1982:133.

由于总馆广化寺地处偏僻,狭隘、潮湿,仅开办一年就停办了,图书、设备、账目等移贮于教育部①。1915 年 6 月,教育部拨方家胡同前国子监南学房舍为京师图书馆新馆址,筹备改组,又咨行内务部,调取文津阁《四库全书》,发馆收藏。1917 年 1 月 26 日,京师图书馆重新开馆。然而国子监南学遗址也非图书馆馆址合适的选择,"惟地势偏僻房舍简陋,历年限于经费未能积极发展"②。1925 年,恰逢中华教育文化基金董事会成立,教育部与中华教育文化基金董事会商议另辟新址,创办一个新的"国立京师图书馆",双方于 1925 年 10 月订立《合办国立京师图书馆契约》③。最终因政局变化,合作事宜中止。京师图书馆于 1926 年 10 月奉教育部训令,改为国立京师图书馆。1929 年 1 月,迁馆址于北海居仁堂。1928 年 5 月,北京政府解体,南京国民政府接管,将北京改名北平。同年 7 月 18 日,京师图书馆改名国立北平图书馆,隶属大学院。10 月,国民政府改组,大学院改为教育部,国立北平图书馆也随之改隶教育部。

北海图书馆成立于 1926 年,初名"北京图书馆",由中华教育文化基金董事会出资创办。1924 年 5 月,美国国会两院通过一项议决案,决定第二次向中国退还庚子赔款,为保管和使用这笔款项,中美两国政府协议共同组建了中华教育文化基金董事会④。1925 年 6 月,该会在天津举行第一次年会,通过了筹办"有永久性质之文化事业,如图书馆"的计划⑤,决定在北京设一图书馆,作为该会文化事业之一,并为科学研究服务。当时京师图书馆地处北京安定门内的方家胡同,以庋藏善本珍籍闻名于京城,由于馆址偏僻,馆舍简陋,对保藏与阅览图书都很不理想,如上文所述,中华教育文化基金董事会设想与京师图书馆合办一个新的

---

① 1916 年教育部行政纪要——京师图书馆及分馆. 见:北京图书馆业务研究委员会. 北京图书馆馆史资料汇编:1909—1949. 北京:书目文献出版社,1992:1126.

② 国立北平图书馆. 国立北平图书馆馆务报告(民国十八年七月至十九年六月). 北平:国立北平图书馆,1930:1 - 2.

③ 1925 年 11 月 3 日教育部与中华教育文化基金董事会合办国立京师图书馆契约. 见:北京图书馆业务研究委员会. 北京图书馆馆史资料汇编:1909—1949. 北京:书目文献出版社,1992:1027 - 1030.

④ 中华教育文化基金董事会. 中华教育文化基金董事会第一次报告. 中华教育文化基金董事会,1926:1.

⑤ 中华教育文化基金董事会. 中华教育文化基金董事会第一次报告. 中华教育文化基金董事会,1926:3.

图书馆,因政局多故,合组计划被迫延后,该会决定暂时独立筹办图书馆。1926年,中华教育文化基金董事会租借北海公园庆霄楼等处作为馆址,1926 年 3 月 1日北京图书馆正式成立,聘请梁启超、李四光为正副馆长,袁同礼为图书部主任,并组织图书馆委员会,作为管理机关①。1928 年更名为"北平北海图书馆"②。

二、财政用度的对比

财政艰窘,是京师图书馆生存的掣肘。中华民国教育部中国教育年鉴编审委员会编的《第一次中国教育年鉴》,登载了京师图书馆经费的沿革。在民国以前,京师图书馆的用度是没有预算的,所有费用向学部支取,每月大概一千余两(两为京足银)。民国初年,经费由教育部拨付,京师图书馆每月向教育部支取约三四千元(元为银元)③。随着馆址不定,馆务停顿,款项除了维持分馆的用度外就停发了。1917 年,教育部设定了预算,按每月五千元供给,但是由于战乱连年不断,国库空虚,政府无法按期付给,到 1923 年京师图书馆"存款罄尽",馆务处于停滞状态。后期京师图书馆每年经费分临时费和经常费两种:临时费三万元,经常费二万八千八百元④,教育部从未拨付过临时费,经常费长期欠缺,1924 年,经常费积欠已达十五个月,因经济困难,馆务不得不全面停顿⑤。

1925 年京师图书馆呈文教育总长,陈述经费积欠过多、馆务困难的情形,由此可见一斑:一是馆员薪俸积欠过巨。全馆员工月薪过百元的只有一人,满九十元的仅二人,其余最多不过七十三元,还有二十元的,然而中央财政支绌,积欠馆员薪俸一年多,有时四五十天才能领到些许。二是请愿警察服装费、月饷积欠过巨。京师图书馆为维持秩序,稽查出入人等起见,雇有请愿警察三名,警厅屡次发来公函催索服装费与月饷。三是公役工资积欠过巨。馆中公役分技手、公役两种,技手负责装订书籍,公役负责杂务,呈文中称"此辈细民无以为生,渐有涣

① 北京图书馆.北京图书馆第一年度报告.北京:北京图书馆,1927:1 – 6.

② 本馆更名启事.北平北海图书馆月刊,1928,1(5):封二.

③ 教育部中国教育年鉴编审委员会.第一次中国教育年鉴.丙编.上海:开明书店,1934:792 – 793.

④ 中国图书馆调查表.见:北京图书馆业务研究委员会.北京图书馆馆史资料汇编:1909—1949.北京:书目文献出版社,1992:110.

⑤ 会员调查.北京图书馆协会会刊,1924(1):35.

散之意"。四是办公之费无着，各店肆积欠过巨。之前经济宽裕时，馆内办公费一向实报实销，受到经济逼迫后，各项物品需向商店赊借，电话费有十多个月未付，电话局来函，有剪线的表示，其余如煤油、煤火、水夫之类，已经欠无可欠。五是房屋渗漏，亟待修缮①。六是旧有书籍破碎过多，亟待整理。由于经费支绌，装订室中技手暂行解散，只留一人专事修补善本，数百种善本、古籍装线尽脱，纸张焦碎，急需重新装订②。王祖彝在《京师图书馆回顾录》里说："馆事至此，已水尽山穷，惟奄奄以待毙耳。"③

为维持生计，京师图书馆不得不向汇丰银行、北京商业银行通易信托公司等处恳请垫款，馆长梁启超甚至拿出个人所存永年人寿保险单抵押贷款，作为救济之方，但是仍然解决不了困厄之苦。1927 年 3 月，梁启超被迫提出辞职，在辞呈里他说："窃维本馆为国立机关，中外观瞻之所系，其应需经费，业由阁议通过，政府应负维持之全责……断非能力薄弱如启超者所克支撑。"④好在京师图书馆还有一批有识之士，徐森玉、韩嵩寿、谭新嘉、李耀南、范腾端、金壬父、杨鉴塘、杨伯良、俞泽箴等人，"深识文化之不可淹，职责之不可弃"，孜孜从事，奋力支撑。

1927 年，教育部致函中华教育文化基金董事会，请给京师图书馆财政救济，该会每月垫付京师图书馆经常费二千五百元，月提五百元还梁启超馆长的垫款，余下的作为开支，以一年为限，京师图书馆在垫款期内，必须定期向该会呈送馆务报告、表册。1928 年 8 月，南京国民政府大学院派员接收旧京师图书馆，筹备国立北平图书馆。由陈垣、马裕藻、马衡、陈懋治、黄世晖组成平馆筹备委员会，他们一致反对京师图书馆与中华教育文化基金董事会创办的北海图书馆有瓜葛，甚至合组，理由是：该馆系用中美教育基金之款，受委员会监督，会中董事有美国人。基金名为国款，实则支配权不在政府及人民，以原系完全由国家设立之

---

① 当时京师图书馆在方家胡同，房屋属于极旧的建筑物，各处都有损伤裂缝，遇到雨水偏多的年份，各处房屋都有渗漏的现象。

② 1925 年 2 月京师图书馆呈文教育总长. 见：北京图书馆业务研究委员会. 北京图书馆馆史资料汇编：1909—1949. 北京：书目文献出版社，1992：108 - 118.

③ 王祖彝. 京师图书馆回顾录. 中华图书馆协会会报，1931，7（2）：4 - 5.

④ 1927 年 3 月 11 日梁启超馆长第一次辞职公函. 见：北京图书馆业务研究委员会. 北京图书馆馆史资料汇编：1909—1949. 北京：书目文献出版社，1992：168 - 171.

事业并入,殊于国体有关①。并且,前所支用该会的三万元,准备设法筹还。

但是,南京国民政府无法供给馆中用度,如果中华教育文化基金董事会不再支发款项,馆务依然无法维持。平馆筹备委员会曾致函大学院特派员,陈述北平图书馆办馆各事项,其中列有编纂出版计划:除普通书籍例行编目外,一是补充原善本书书目,修订体例而印行;二是为学者开方便之门,编纂图书辞典、图书索引、重要图书解题、图书分类片等;三是编辑周刊年报,"凡关于图书馆之学说、制度,尤宜多所著论或事移译,借资研究。中外新书日出不穷,应为尽量介绍"②。在出版方面,北平图书馆自行编辑各项书报在编纂完成后须速为刊布,所藏有的孤本或者未刻本,也应选择出版,以广流传。但最终还是因为经费问题不得不搁置下来,等到与北海图书馆合组,开展上述编纂出版事业已经是后话了。

与京师图书馆"馆址无定,灾损堪虞"的状况不同,北海图书馆的办馆经费有充裕的保障。馆中经费分两种:(一)临时费为一百万元,供开办时建筑、设备及购置书籍之用,由中华教育文化基金董事会完全负责,分四年支出;(二)经常费,第一年度内暂定为每月五千元,由中华教育文化基金董事会与教育部各任其半。这是 1925 年中华教育文化基金董事会与教育部订立契约时的规定,后来虽然双方没有履行契约,但原定的临时费一百万元,仍分四年支付③。中华教育文化基金董事会拨付给北海图书馆的经常费 1925 年为一万元,1926 年为三万六千元,1927 年为四万元,1928 年为五万元,图书购置费自 1925 年至 1929 年,共三十万元④。如此优越的条件,在民国初年是少有的。

三、北平北海图书馆的管理机制

北海图书馆开馆时由中华教育文化基金董事会派委员 5 人,组织图书馆委

---

① 1928 年 12 月 4 日,平馆筹备委员会致函蔡元培、蒋梦麟,陈述不宜与北海图书馆合并理由. 见:北京图书馆业务研究委员会.北京图书馆馆史资料汇编:1909—1949.北京:书目文献出版社,1992:270 - 271.

② 1928 年 8 月 14 日致大学院特派员开列国立北平图书馆应办事项及预算函. 见:北京图书馆业务研究委员会.北京图书馆馆史资料汇编:1909—1949.北京:书目文献出版社,1992:234 - 239.

③ 北京图书馆.北京图书馆第一年度报告.北京:北京图书馆,1927:1 - 6.

④ 教育部中国教育年鉴编审委员会.第一次中国教育年鉴.丙编.上海:开明书店,1934:792.

员会,作为管理机构,1929 年增至 6 人,委员长任鸿隽,委员有周贻春、丁文江、陈垣、戴志骞、张伯苓、叶企孙①,分别为国内著名学者及图书馆专家。此外还设有建筑委员会及购书委员会,职责各如其名,委员由图书馆委员会委员兼任。

图书馆方面设正、副馆长各一人,由梁启超、李四光担任第一任馆长,1927 年梁启超、李四光离职,中华教育文化基金董事会曾推举过范源濂、周诒春、丁文江为馆长,实际馆务一直由副馆长袁同礼主持。袁同礼 1916 年毕业于北京大学,同年到清华学校图书馆工作,1919 年经蔡元培介绍,获得美国哥伦比亚大学奖学金及清华、北大的共同资助,赴哥伦比亚大学学习,1922 年毕业于哥伦比亚大学历史系,后又在纽约州立图书馆专科学校(哥伦比亚大学图书馆学院前身)修图书馆学,分获美国文学和图书馆学学士学位②。1924 年回国,任岭南大学图书馆馆长,1925 年任北京大学目录学教授兼图书馆馆长③。国学与西方近代图书馆学二者合一、兼具图书馆管理经验的背景,使袁同礼受到中华教育文化基金董事会的认可。1926 年任命袁同礼为北京图书馆(北海图书馆原名)图书部主任,负责日常事务,1927 年升为北京图书馆副馆长,1928 年升为馆长。1929 年 1 月,袁同礼正式就职馆长④。

北京图书馆(北海图书馆)于馆长下,设置总务、采访、编目三科及参考部。1926 年有 11 名职员,1928 年 5 月增至 27 人,1929 年为 37 人⑤,虽人数不多,但成员学有所长,各司其职。以编目科为例,科员共 11 人,分别为严文郁、蒋复璁、赵万里、曾宪三、梁廷灿、何国贵、杨维新、王重民、于道泉、李永安、王钦骞⑥。其中,严文郁、曾宪三、何国贵、李永安 4 人毕业于中国图书馆学教育的发轫:武昌文华大学图书科,系统学习过图书馆学知识;赵万里、梁廷灿来馆前,分别担任过清华国学院导师王国维和梁启超的助教,赵万里更是在王国维辞世后着手编辑《海宁王静安先生遗书》,国学功底已有一定的深度;蒋复璁毕业于北京大学哲学

① 北平北海图书馆.北平北海图书馆第三年度报告.北平:北平北海图书馆,1929:85.
② 朱传誉.袁同礼传记资料.台北:天一出版社,1979:1
③ 彭昭贤.追念袁守和先生.见:朱传誉.袁同礼传记资料.台北:天一出版社,1979:63.
④ 袁馆长就职.北平北海图书馆月刊,1929,2(2):185.
⑤ 1910—1941 年国立北平图书馆职员名录:旧档人事 1.1(国家图书馆档案).
⑥ 北平北海图书馆.北平北海图书馆第三年度报告.北平:北平北海图书馆,1929:88 -89.

系,来馆前曾在北平松坡图书馆从事图书编目①;王重民在北京高等师范学校读书时,师从陈垣、高步瀛、杨树达等人攻读文史,经馆长袁同礼介绍到北海图书馆兼职②,未毕业已开始编纂北海图书馆的专题目录。于道泉来馆前曾担任梵文教授钢和泰男爵的随堂英语翻译,并跟从钢和泰学习梵文、藏文和蒙文③,1927 年开始从事满、蒙、藏文书的采访和编目工作,国家图书馆现藏许多民语古籍都是由他采访到馆的。

从北海图书馆委员会与馆长的人员构成来看,中华教育文化基金董事会把图书馆作为文化机构来创办,在管理体制上,馆方向中华教育文化基金董事会负责,运行经费由中华教育文化基金董事会审核,馆务由图书馆委员会监督。在人事管理上,北海图书馆招聘专门人才为馆员,不纳冗员,为事择人,不因人择事,力求管理科学,人员发挥最大效率。

---

① 高增德.蒋复璁:六十年图书馆生涯.见:陈燮君,盛巽昌.二十世纪图书馆与文化名人.上海:上海社会科学院出版社,2004:220.
② 王余光.王重民先生的生平与著述.图书情报工作,2003(5):5-6.
③ 耿予方.藏学泰斗于道泉教授.民族教育研究,1994(2):103-106.

第三章 学术研究的黄金时期(1929—1937 年)

1929—1937 年,是国立北平图书馆学术研究的黄金时期,几乎与 20 世纪整个中国学术界发展同步。同人李文裿的《北平学术机关指南》把北平市的学术机构分成五部分:学会、研究院、博物院及陈列所、图书馆和大学,国立北平图书馆位列图书馆的第一位。馆内部分同人如贺昌群、向达、刘节、赵万里、孙楷第、谭其骧、王庸、谢国桢等,是当时中国学术界的翘楚,他们凭借馆藏资源的优势,弘扬传统学问,开拓新兴学科,引领学术的时代潮流,他们的存在使国立北平图书馆极大地丰富了北平学术研究体系,更是在某些领域为中国现代文化事业起到奠基的作用。

1929 年 9 月,国立北平图书馆与国立北海图书馆正式合并,国立北平图书馆进入前所未有的稳定阶段。1931 年 5 月,国立北平图书馆迁入文津街 1 号。新馆建筑采取中国宫殿式,又承北平市政府赞助,将圆明园旧存的雕花望柱及石狮、乾隆御笔石碑、《文源阁记》残碑等移存进来,使这座庭院在历史、艺术、建筑上增添无数价值。国立北平图书馆根据现代图书馆的需要,配备馆内设施设备;摆脱封建藏书楼的保守形式,吸收国外开放式的办馆方法,制订适合中国国情的图书馆章程,并采用现代编目系统,出版各种分类目录、索引等工具书,建立馆际互借、国际刊物交换等制度,在管理体制和社会服务等方面与国外先进图书馆衔接,成为"中国图书馆活动的中心"①,其优越的治学环境和高雅的文化氛围孕育了同人空前的学术成就。

第一节 同人在各领域的学术成就

一、金石学

中国考古学是在近代才产生的,之前对古代遗物搜集整理的研究被称为金

---

① 费正清.剑桥中华民国史.北京:社会科学出版社,1993:464.

石学,它的研究对象主要是古代铜器和石刻,到了晚清,甲骨、简牍、印章、封泥、瓦当等大量出土,扩大了金石学的内容。20世纪30年代,北平图书馆藏有河南安阳出土的殷墟甲骨三千多片,还有西汉的竹简以及汉熹平石经和魏三体经的残石,北平图书馆设立金石部,由刘节任主任。

刘节对金石学的研究遍及铜器、石刻、铭文等,撰写了《虢氏编钟考》《新罗真兴王巡狩管境碑之研究》《汉熹平石经周易残字跋》《殷周铜器形式问题》等文章。1934年,刘节发表《中国金石学绪言》,系统介绍了我国从古至今在金石学领域的研究状况,包括"宋代金石学及明人石刻研究""清初考订金石之风及乾嘉以后之彝器款识学""古器物学鳞爪""泉币学发达概况""玺印及封泥""陶器之研究""石刻及碑志"等小节,又辟专节论述了被称为"近世考古学上两大发现"之一的甲骨文。

1933年,安徽寿县出土了一批铜器,精品多被盗卖,安徽省政府收缴了大部分,共七百余件,入藏安徽省立图书馆,较重要的部分流散在平、津、沪三处。1934年5月,西北文物展览会在故宫西北侧的团城举办,展出北平尊古斋所得楚器九种,引起国立北平图书馆的关注,向达、刘节在《大公报·图书副刊》第二十九期撰文记载了展会盛况。安徽省立图书馆原想筹款赎回这些出土于楚地的古器,由于款项不足等原因最终放弃了,中华教育文化基金董事会出资购得,寄存在北平图书馆金石部。刘节根据这九种楚器,撰写了《楚器图释》(又名《寿县所出楚器考释》),于1935年出版。

《楚器图释》书前有九张楚器的照片,详细记载楚器的尺度和重量。考释部分分为五节:绪言、铭文考释、年代及地理、形制与纹样、余论,书末附有铜版插图三张,及唐兰[①]的《寿县所出铜器考略》一文。过去国人对于铜器一向重视文字史事,偶尔言及形制,随着出土文物日渐增多,国内外公私所藏都可以公开展陈,摄影印刷技术也比过去有很大进步,铜器的纹样越来越引起学人注意。《楚器图释》比较了当年山西李峪村、洛阳韩君墓、陕西斗鸡台、河南新郑,及寿州各地出

---

① 唐兰(1901—1979),浙江嘉兴人,文字学家、金石学家、先秦史学家,先后任北京大学、燕京大学、辅仁大学、西南联合大学等校教授。著有《殷墟文字记》《古文字学导论》《中国文字学》等。

土铜器的纹样,与国外同行探讨了所谓"秦器之说",证明凡所出秦器者,其出土之地,无一在秦境内。而所谓秦器的花纹,也就是我国学者所说的蟠螭纹、蟠云纹、蟠凤纹、蟋蟀纹,在先秦诸器中,自有渊源可寻。当时一些学者如唐兰、陈梦家都对寿县出土楚器做过考察,包括铭文文字、纹饰和形制,我国早期考古学学者已经开始根据器物的形制、花纹和铭文的字体、内容等特征,判断铜器所处年代和地区,刘节的《楚器图释》是此间第一部研究寿县出土楚器及其铭文的专著,在早期器物学研究中具有里程碑的意义。

中国向来有"金石学"一说,而没有考古学。以刘节的说法,金石学"是拿考古学同古器物学合起来的一种学科,既无严格的范围,又无一定的方法。从前学者们所得到的古器物,大半出于盗掘,连最重要的出土地点一项也弄不清楚"①。随着大批出土古物的发现,西方考古思想被引入中国,"考古"本身的自然科学色彩吸引了从事金石学研究的学者,在科学救国、重整古史的潮流中,中国最早的考古学术团体建立起来。1934 年 9 月,刘节与容庚②、徐中舒③、唐兰、魏建功④等人组织成立考古学社,地点设在燕京大学。学社"以我国古器物学之研究,纂辑,及其重要材料之流通为主旨"⑤,为中国考古专家和考古爱好者提供交流的平台。1937 年考古学社停办。刘节作为考古学社第一届执行委员会委员,可以说是中国考古学的先驱之一。

二、敦煌学

陈寅恪在《敦煌劫余录》中提出"敦煌学"一词⑥,虽然迅速被国际学术界接

---

①　刘节.考古学社之使命.考古,1935(2):3 - 5.

②　容庚(1894—1983),广东东莞人,古文字学家、金文专家。早年入北京大学研究所国学门读研究生,毕业后历任燕京大学教授、《燕京学报》主编兼北平古物陈列所鉴定委员、岭南大学教授。著有《金文编》《商周彝器通考》。

③　徐中舒(1898—1991),安徽怀宁(今安庆市)人,历史学家、古文字学家。曾就读清华大学国学研究院,后任复旦大学和暨南大学中文系教授,抗战爆发后,任四川大学历史系教授。著有《殷周文化之蠡测》,主持编纂《甲骨文字典》。

④　魏建功(1901—1980),江苏如皋人,语言文字学家、教育家。于北京大学研究所国学门毕业后留校任教,担任过"国语统一筹备委员会"常务委员。代表作有《古音系研究》。

⑤　考古学社简章.考古学社社刊,1931(1):1.

⑥　陈寅恪.敦煌劫余录序.图书馆学季刊,1933,7(1):114 - 115.

受,但是严格地说,敦煌学本身很难从科学分类的角度界定,只能说它是利用不同学科的手段,对敦煌地区遗存的古代文物与文献进行研究的一门学术①。同人的敦煌学研究始终走在世界前列。1910年敦煌遗书抵京后,京师图书馆的编纂做了最初的整理与研究,《敦煌劫余录》是其中最耀眼的成果。

国立北平图书馆时期,善本部下设考订、写经二组,写经组负责考订并重新编写敦煌遗书目录,组长为胡鸣盛。早先京师图书馆入录之本,计8679号,胡鸣盛检阅未登记的残叶,又增编1192号,共计9871号,编纂的分类目录名为《敦煌石室写经详目》(附《总目》《检目》《索引》)和《敦煌石室写经详目续编》,著录佛经凡440余种,古佚经疏约数十卷,都是罕见之籍,且与当时的刊本出入较多,可资校勘考证。

许国霖是胡鸣盛的助手,他在编纂上述目录时,发现卷内题记及背面杂文,多与学术研究有关,就从9871卷中辑出了四百多条写经题记,编为《敦煌石室写经题记》;又抄出其中卷背、卷尾及个别卷子中的变文、偈赞、音韵、文疏、契约、传记、目录、杂类等文献,编为《敦煌杂录》。

写经题记与杂文都是读者最需要的。《敦煌石室写经题记》依照馆藏写经目录次序,分经汇编,有许多值得注意的材料,在收录的题记中,有年代可考者,共二百余则,还有很多当年仕宦、僧俗、写经人的名字,足以供研究宗教、历史之用。其中有数篇记录译经情况的文字,虽然不是题记,但是由此可知翻译佛经的年代和在场负责之人,"其译述之谨严,程序之繁重,尤足以资今日作翻译事业者之观摩也"②。这些有趣味的宗教材料,比起佛经更能引起历史考证者的兴趣,在敦煌石室经卷发现百年之后的今天,若干材料仍然需要依赖此书,可见这部著作生命力的绵长。而《敦煌杂录》作为非佛教文献的又一次汇总,收录了《敦煌石室写经详目续编》的非佛教文书。这些文书多是唐代民间通俗之作,也正是北平图书馆藏敦煌世俗文书的渊薮。敦煌经卷自发现以来三十年,伦敦与巴黎所藏,或影印辑录,或传抄刊布,陆续公之于众,而国内所藏,迟迟未能纂辑出版。许国霖对北

---

① 白化文.中国敦煌学目录和目录工作的创立与发展简述.见:敦煌吐鲁蕃研究(第七卷).北京:中华书局,2004:156-173.

② 许国霖.敦煌石室写经题记汇编叙.微妙声,1936(1):89-90.

平图书馆藏敦煌文书的披露，令国人大开眼界，在《敦煌杂录》发表之前，外间的学者只知道北平图书馆所藏尽是佛经，却不知还有经典以外的文件，这些文件构成考查唐代谣谚、风俗变迁以及社会经济状况的重要史料。

敦煌遗书散落在世界各地，不可能很快就被发表出来，学者们只能到各个藏地去挖掘材料。向达与王重民分别在 1934 年、1935 年奉派到法国与英国工作，在欧洲逗留了四到五年（向达 1938 年回国，王重民 1939 年欧战开始后撤离）。在此期间，他们抄录敦煌遗书资料，并拍摄了很多重要的胶卷照片，成为国内学者研究国外藏卷的基础资料，北平图书馆出版的《国立北平图书馆现藏海外敦煌遗籍照片总目》，主要依据的就是这些照片。

向达 1935 年秋到英国牛津大学鲍德利（Bodley）图书馆整理中文图书，次年秋，这项工作结束后转到伦敦，在英国博物院东方部研究其收藏的太平天国文书和斯坦因从我国甘肃敦煌莫高窟劫去的敦煌卷子。1937 年，他又从伦敦转赴德国柏林，考察普鲁士科学院图书馆所藏勒柯克由我国新疆盗去的古文书，年末赴法国巴黎，研究法国国立图书馆藏明清之际天主教会在中国活动的有关文献，以及伯希和盗去的一批敦煌卷子。他还在巴黎及慕尼黑的博物馆抄写法藏和德藏敦煌卷子，到 1938 年秋，历时 4 年，辗转英法德三国，通过手抄、拍照、晒图等方法，获得几百万字的资料回国。王重民 1934 年到巴黎国立图书馆整理伯希和盗劫去的敦煌卷子，并将有价值的卷子摄制成缩微胶卷，"先后已摄照数十种，皆为国人从未得见之秘籍"[1]。后来又到伦敦补照了些向达未能拍到的照片。现在这些照片仍然保存在国家图书馆。

两位学者借工作之机，系统阅读了大量敦煌卷子并做了记录。向达曾说："伦敦的敦煌卷子，一向不大公开，以前人看到的，都不过是一鳞半爪。我既然不能逃于鳞爪之外，而敢大胆地记这一下者，无非希望我所看到的，或许可以补他人万一的疏漏。"[2]在伦敦，向达写成《记伦敦的敦煌俗文学》，寄给国内杂志《新中华》发表，这是敦煌文学研究史上的第一个专门目录。在巴黎，王重民编成

---

① 国立北平图书馆.国立北平图书馆馆务报告（民国二十三年七月至二十四年六月）.北平：国立北平图书馆，1935：6-7.

② 向达.记伦敦的敦煌俗文学.新中华，1937，5（23）：123-128.

《伯希和劫经录》,后在《敦煌遗书总目索引》中公开发表。他还完成《巴黎敦煌残卷叙录》第 1 辑和第 2 辑。第 1 辑为 1935 年 4 月至 12 月所写,共 41 篇;第 2 辑为 1936 年 5 月至 1938 年 9 月所作,计 45 篇。这 80 多篇题记,主要内容是"记卷轴起讫和残缺"。1938 年 4 月至 6 月间,王重民赴伦敦英国博物院撰写被斯坦因掠夺去的敦煌卷子题记。这些题记当时没有辑成专辑,直到 1958 年才和在巴黎所撰题记一起收入《敦煌古籍叙录》中。

在欧期间,向达和王重民不仅完成了北平图书馆及国内学界委托的工作任务,也完成了敦煌学研究者在该领域内的学术积累,这不是每个敦煌学研究者都能有的机会。他们撰写的经眼录类型目录和若干卷子内容与形态的提要,是国内见所未见的,"盖其资料直接得之,可任意驱使,有凌驾前贤之势也"①。之后他们所取得的各种学术成就都离不开这个阶段的经历。

向达回国后任西南联合大学历史系教授,讲授中西交通史,他根据在国外积累的敦煌资料撰写了《伦敦所藏敦煌卷子经眼目录》《唐代俗讲考》《敦煌别录》等著作。1942 年 9 月至次年 7 月及 1944 年,他两次考察河西走廊古迹文物,对莫高窟、榆林窟、西千佛洞所做的详细记录,具有很高的价值,开拓了将文献研究与石窟调查、考古调查相结合的研究道路,以《瓜沙谈往》为题发表的《西征小记》《两关杂考》《莫高、榆林两窟杂考》《罗叔言〈补唐书张议潮传〉》等四篇文章,是这两次考察研究成果和研究方法的集中体现,后来收录于《唐代长安与西域文明》。1942 年,他在重庆《大公报》发表《论敦煌千佛洞的管理研究以及其他连带的几个问题》,傅斯年在按语中说:"今日史学界之权威,其研究中外交通,遍观各国所藏敦煌遗物,尤称独步。"②

王重民在目录学、版本学、校勘学和敦煌学、史学与索引编纂等方面都取得巨大成就,达到了他那个时代所能达到的最高水平③。而敦煌遗书的整理与研究是他学术成就中最为突出、成绩最大的一部分。他的学术成果大都在 1949 年后结集出版:(一)编纂《敦煌曲子词集》,1950 年 1 月商务印书馆出版,1957 年修订

---

① 傅芸子.三十年来中国之敦煌学.中央亚细亚,1943,2(4):50 - 59.

② 转引自荣新江.惊沙憾大漠——向达的敦煌考察及其学术意义.敦煌吐鲁番研究(第 7 卷).北京:中华书局,2004:107.

③ 白化文.王重民先生的敦煌遗书研究工作.北京图书馆馆刊,1997(3):71 - 75,31.

再版。(二)主编《敦煌变文集》,1957 年人民文学出版社出版,1984 年再版。(三)汇编《敦煌古籍叙录》,1958 年商务印书馆出版,1979 年中华书局再版。(四)主编《敦煌遗书总目索引》,1962 年商务印书馆出版,1984 年中华书局再版。(五)《补全唐诗》《敦煌唐人诗集残卷》,编入《全唐诗外编》,1982 年中华书局出版;《补全唐诗拾遗》,编入《中华文史论丛》1981 年第四辑。(六)由刘修业编辑的《敦煌遗书论文集》《中国目录学史论丛》《冷庐文薮》三部遗著。这些成果具有持久的生命力,现今每一部著作仍是同领域研究者案头的必备之书。

　　自敦煌学建立以来,在敦煌学中占有重要地位的敦煌遗书的整理与研究有一百年的历史了,参与这项事业中的中外学者达几百名,向达与王重民前期整理敦煌文献,包括对敦煌遗书的鉴别、题记和摄影,筚路蓝缕,功不可没;后期深入到唐诗、敦煌俗文学和目录学等学科的研究中,建立了一座座不朽的丰碑,彪炳史册。

三、地理学

　　国家图书馆藏舆图源于清内阁大库,1909 年筹建京师图书馆时,清政府将内阁大库珍藏的百余种明清绘本地图拨交京师图书馆收藏,著名的《福建舆图》等百余种珍贵舆图成为京师图书馆第一批地图藏品。1929 年,国立北平图书馆特设舆图部,专事采访国内外新旧地图。至 1933 年底,搜访新旧地图二三千种之多,旧图有宋代地图碑刻的拓片,清代官绘官刻及私人绘刻的普通舆图,其中最宝贵的是清代官绘的黄淮运河等水道堤防图百余种,新图包括各公私学术团体和出版机构出版的区域图和专题地图,各省陆军测量局、海军部水道测量局、顺直水利委员会、上海浚浦局以及各建设厅等机构实地测绘之图,各县政府绘制的四五百幅县图,汇于一处,是非常难得的。此外,舆图部还得到前平汉铁路局法籍工程师普意雅生前测绘的部分图稿,及收藏的大批中外文地图资料。

　　1931 年,王庸任舆图部主任,对所搜集的地学论著图籍,全部翻检一过,与同人一一编出目录、索引、摘要。1933 年,他编纂了《明代北方边防图籍录》。明代自开国起,一度受到北方民族的威胁,曾发生震惊一时的"庚戌之变"。明代对北方边务特别重视,关于边防的图籍远远超过前朝前代。王庸由今溯古,以明代边城为研究起点,在明代边防图籍与书目中翻检出上百种著述(都是近代学者很少注意到的),整理汇录成《明代北方边防图籍录》,供研究明代边务以及编制目录的学者使用。

王庸与同事茅乃文先后于 1933 年和 1937 年编纂出版《国立北平图书馆中文舆图目录》及其续编,汇集地图 4000 余种,开创我国地图专题目录的先河。此目分编为区域图与类图两大类,区域图以各省区分,类图则为地形、山脉、河流等特殊性质之图。每图多注明比例尺、板框、图色、制图人、制图年、出版地及出版年、幅数或册数等信息,便于翻检,并为研究或采访舆图,以及从事图志目录的学者参考。两人还共同编纂了《中国地学论文索引》及续编,收录 1902 年至 1922 年发表在各种期刊中的中国地学论文分类目录,分地志及游记、地文、民族、政治、交通、经济、历史、地理图书等八类,所收论题非常宽泛,地质、气象以及政治、经济等文章,凡涉及中国而含有地方性者,均在采纳之列。由于在近代人文地理学概念中,一切自然环境与人文状态都有相当关系,另外,中国地理研究尚处在开拓时期,地理学专著本身就不多,如果想要研究中国地理,不能不以杂志论文为主要来源,所以王庸与茅乃文把编纂原则定为"供研究中国地理学者以搜集材料之便,并非地学著述"①。《中国地学论文索引》及续编的价值还体现在"于旧材料中发现新问题",前舆图部主任钱稻孙评价该书说:"北平图书馆收藏的东西文学杂志亦甚丰富,取其只关于中国地学的论文一对视,显见得我之自知,尚不如人之知我,岂非可怕的现象。王君、茅君此作固不仅是工具书而已。"②

从 1931 年入职到 1936 年离职,王庸一生所取得的最高学术成就,就是在舆图部工作这五年,他的代表作之一《中国地理学史》,也撰成于此时。

在中国古代学术史上,除掉地图、地志和西方科学输入以后的地学之外,很难说有真正的地理学。即使是地志,内容也多半带有历史的性质,比如记载山水、地域、人口等等,王庸把这类关于地理事迹的记载比喻成"不定期年鉴",但是中国的地理学又不能不把地志容纳进来,地志在分量上占旧籍的一大部分,是"中国地理知识之渊薮"③,又与地图关系密切,除此之外,找不到多少系统的地理

---

① 王庸. 中国地学论文索引序. 禹贡,1934,1(11):29-34.

② 钱稻孙. 中国地学论文索引序. 见:王庸,茅乃文. 中国地学论文索引. 北平:国立北平师范大学暨国立北平图书馆,1934.

③ 王庸. 中国地理学史·弁言. 见:王庸. 中国地理学史. 上海:商务印书馆,1938:2.

学知识。《中国地理学史》作为我国第一部地理学史专著,厘定了中国地理学史
的大纲。全书分四章:第一章是原始地理图志及其流变,侧重于原始图志的版
本、篇目与著作年代的叙述;第二章是地图史;第三章是地志史;第四章是近代地
理学之进步,分别叙述近代关于地图与测量、地球物理学、地文学、气候学、经济
地理学,以及人文地理学与区域地理学发达的情形。该书的二、三章多数篇幅用
于列举书名,及征引著录者原文,中国古代的地图、地志史料占了相当大的比重。
王庸也意识到这一点,他在弁言中说:"我宁愿把本书的末一章除去,把前三章尽
量扩充,而把书名改称为《中国地理图籍史》,或是《中国地图地志史》"①。

　　《中国地理学史》在 1938 年出版后,到 1955 年再版,中间十几年没有同类著
作出现,王庸直接从原始材料中钩稽整理出中国地理学史概貌,完全是一种创造
性的撰述,谭其骧称"中国之有中国地理学史的专门著作自王庸先生始"②。

　　京师图书馆成立之初,内阁大库拨交方志千数百种,缪荃孙编纂的《清学部
图书馆方志目》著录的就是这部分方志。后又由国子监移藏方志百余部。1916
年教育部征集全国方志,凡征得二部以上的,拨交京师图书馆一部,一共到馆各
省通志、县志三百余部;1919—1920 年,通过采购到馆方志约百部;1917—1929
年,各地人士捐赠到馆有百余部;南京国民政府成立后,教育部又将前所征集仅
有一部的方志移拨北平图书馆,共三百余部,以上是京师图书馆旧藏。北海图书
馆成立以来,多方搜购方志,先后入藏约五百部,大部分是京师图书馆的缺藏。
两馆合并后,通过各种渠道又陆续入藏千数百部,北平图书馆藏方志总计达到五
千二百余部,三千八百余种,其中内阁大库旧藏,以及从范氏天一阁、毛氏汲古
阁、陈氏稽瑞楼购入的古地志书,无一不是孤本秘籍,"开海内外藏家未有之著
录"③。这是自建馆始至 1933 年,方志入藏的大概情形。

　　北平图书馆方志目录的编纂由专人负责,即嘉兴谭氏叔侄——谭新嘉和谭
其骧。谭新嘉 1917 年入京师图书馆任编纂④,国立北平图书馆时任中文编目组
组长。谭其骧 1932 年从燕京大学研究院毕业后,经从伯父谭新嘉介绍来馆,与

①　王庸.中国地理学史·弁言.见:王庸.中国地理学史.上海:商务印书馆,1938:2.
②　谭其骧.悼念王庸先生(1900—1956 年).地理学报,1956(3):261-266.
③　袁同礼.北平图书馆方志目录序.图书馆学季刊,1933,7(2):339.
④　谭新嘉.梦怀录.文献,1982(4):236-242.

伯父一起编纂方志目录。

馆藏方志源于清内阁大库,内中又多珍品,外界对方志目次的编纂企盼已久。谭氏叔侄将各志的卷数、册数,及刻版年代、纂修人名氏,一一详加记载,原书记载不详的,附有简短注释考证。凡各志中有金石目录之学,特别标示出来,以满足有志于此的学者。由于方志分载于各种书目之中,各书目的体例又互有出入,查阅十分不便,编纂者按同一体例汇总,编成目录,并对原目逐一查对,改正疏谬不当之处。编纂工作量虽然大,但完成得很快,从 1933 年 5 月起,已编好的几省先行付印,其余则编好一省付印一省,至 1934 年全部完成,收入方志以1932 年以前入藏者为限,共 5200 余部,3800 余种,印成《国立北平图书馆方志目录初编》四册。

1934 年,谭其骧因协助顾颉刚编辑《禹贡》并在北京大学、燕京大学兼课而离馆,谭新嘉继续地志编纂工作,将 1933 年至 1936 年 6 月间入藏的 862 部方志编成《国立北平图书馆方志目录二编》一册。在所著录的方志中,纂修年代较古老的,是从北平、上海、天津、济南等处书店购入的,民国以来纂修的新方志多是各方捐赠的。全书共收省志县志 862 部,编次体例与《国立北平图书馆方志目录初编》相同,各志下方注明卷数、册数、纂修者姓名、版本、年月,及有无艺文志、金石志等必备条款,卷末附有索引,以便查阅。

就地志而言,同时期的朱士嘉编纂了《中国地方志综录》,它是根据国内外许多图书馆和私人搜藏的《中国方志目录》编成的,共著录方志 5832 种。另有张国淦的《中国方志考》,编者特别针对散见于明清方志中的宋志、元志序跋做了全面搜集,但是此书原稿大部分下落不明,只有明以前的内容得以存世,收录方志2200 余种①。国立北平图书馆谭氏叔侄编就的方志初编及二编内容丰富、体例完备、保存完整,在民国方志编纂史上占有重要位置。

四、历史学

1933 年,学者罗香林以"佛应"为笔名发表了一篇文章——《读顾颉刚先生〈古史辨〉》,对二十年来,也就是 20 世纪 10—30 年代中国史学的重要发展进行

---

① 1962 年,中华书局上海编辑所出版了张国淦的《中国古方志考》。

了总结,主要有六个方面:

其一为前代史实的重新认取和严密考定,这是博通中国典籍后,兼受西洋学者所治东方学成绩的影响而兴起而发扬的专学,代表这派的学者,以故国学大师海宁王静安(国维)先生,及今清华大学教授义宁陈寅恪先生为中心;其二为考古学的研究和古代史实的探识,这是兼采中西考古学方法,或从事古遗器物的研求,或专心致力地下古器物的掘发与考证而构成的一种运动,虽其目的或有时不在于研究古史,然其研究所得的成绩,则十九皆可增进世人对于古史的认识,代表这派的学者,有上虞罗叔言(振玉)先生,海宁故王静安先生,及今中央研究院历史语言研究所研究教授李济之博士等三数人;其三为明清史料的鉴别与搜集,这是接受西欧重视原本史料(Original Sources)观念,兼觉悟中国近代变化争遽,其史实亟须保存探索,而发生的一种盛业,这事业大体都由学术团体从中主持,其由个人搜集而分量最富的,有黄岩王弢夫父子的《清季外交史料》,其甄别最有精彩的,有清华大学教授蒋廷黻先生的《近代中国外交史资料辑要》,其于历史某一短时期内,曾为多方面的搜集,网罗最完备的则以今日中山大学教授海盐朱谒先先生的考索南明史料为最著称;其四为史学方法及理论的研究与阐发,这是一方沿袭中国刘子元[玄]《史通》章实斋《文史通义》一类史学理论,一方接受欧西史学方法与历史哲学而起的一种专学,代表这派的学者以故文化运动大家新会梁任公先生及今中山大学教授朱谦之先生为中心,梁先生注重史书的作法及史料的考订,朱先生则注重历史哲学;其五为中西交通史的探究,这是沿袭清人研究西北史地及西人研究古代中西交通及其文化的成绩,陶冶则效而成形的一种专学,汇集这派成绩而为之贯串疏补者则有张亮尘(星烺)先生的《中西交通史料汇编》;其六为"写的古史"真伪问题的辨证,这是沿着清儒整理古书,考订真伪,兼受欧西史学方法陶冶影响而生的一种史学运动,集这派思想和学养的大成者,为曾经编著《古史辨》三厚册的顾颉刚先生。[①]

---

①　佛应(罗香林).读顾颉刚先生古史辨.国立中山大学文史学研究所月刊,1933,1(1):87-95.

现代学者罗世田认为,这篇文章是对 20 世纪初中国史学的一种整体认识,或许在各派特点的确认和叙述上有遗漏、偏颇之处,但大体反映了当时史学发展的新态势①。北平图书馆同人关于历史学的研究无一不包括在内,在明清史料的鉴别和中西交通史方面更是阐发精微,他们的史学研究成果是构建新的史学学科的重要组成部分。

研究近代史的人往往苦于卷籍的浩繁,不得其门而入,所以从事史学研究最初步的工作莫过于对史料的梳理辨析。清代王鸣盛在《十七史商榷》中开宗明义地说:"目录之学,学中第一紧要事,必从此问途,方能得其门而入。"②这里的"目录之学"与章学诚所倡导的"辨章学术,考镜源流"是相通的。清末学者皮锡瑞也说:"凡学,不考其源流,无以通古今之变;不别其得失,无以获从入之途。"③只有熟练掌握史料,无论做何专题研究才会触类旁通。谢国桢对明清史料的考证研究,就是在此学术要求下展开的。他 1928 年应聘到馆,陆续写出《清初三藩史籍考》和《清开国史料考》,并最终完成一代史学名著《晚明史籍考》。

《清初三藩史籍考》完成于 1929 年。"三藩"指的是吴三桂、尚可喜、耿仲明、孔有德,吴三桂为辽东总兵,尚可喜、耿仲明和孔有德为毛文龙步将,孔有德早卒,所以称"三藩"。谢国桢鉴于《清史稿·吴三桂传》和《国史逆臣》诸传大都抄录官书,对于三藩发源及盛衰转折记载不详,于是搜辑各书,包括野纪逸史,以傅增湘所藏书为最多,编就这部可以补正史之缺的《清初三藩史籍考》。辑录有《吴逆取亡录》《吴三桂纪略》《平吴录》《平滇始末》等四十余种史料。

《清开国史料考》完成于 1931 年。全书共分六卷:卷一为叙论,略叙清朝开国史略及其中重要问题;卷二列述清初的档册、实录;卷三、卷四为明代关于辽东的记载;卷五为清代官修及近人纂辑的史书;卷六为朝鲜及日本的史料记载。书中所记已知和未见书册篇章共有三百种之多,不但搜罗到整部书籍,就连与所记篇章内容有关联的一篇一卷都分别罗列出来,而且金石碑拓和当时学者所做的清开国研究论文也收入其中。另外,各书中的序跋提要和有关掌故都附录在每

---

① 罗世田.经典淡出之后:20 世纪中国史学的转变与延续.北京:生活·读书·新知三联书店,2013:35.

② (清)王鸣盛.十七史商榷·卷一.清刻本.

③ (清)皮锡瑞.经学历史.清光绪间善化皮氏师伏堂刻本.

条之后,以资参考。《清开国史料考》将明清年间有关清朝开国史料作了通盘的梳理,其后研究清开国史所使用的资料,很少越出该书范围。

谢国桢对明清史研究的重大贡献是《晚明史籍考》,它奠定了谢氏在学术史上的地位。明清之际的史料汗牛充栋,不下千家,由于许多书中记载满族发祥史、清兵入关后的残暴行径、南明抗清义举等,触犯了清廷的忌讳,被列为禁书,遭到损毁。虽然在清朝末年,有一些断简残篇得以重见天日,但幸存的史料散处海内外,难以纠集,有的标目纷杂,令明清史研究者困扰不堪。《晚明史籍考》的出版,为学术界解决了这一棘手的难题。《晚明史籍考》依时序、专题考订史籍,标举其书名,确定其作者,罗列其版本,记载其庋藏,说明其内容,疏证其源流,辨别其异同,评介其价值,编撰意义非凡。

对于谢国桢而言,他不仅完成了一部学术著作,而且由此完成了对于晚明历史的把握①。他的史学名篇《明季奴变考》和《明清之际党社运动考》就在《晚明史籍考》的资料基础上完成,其中关于党社的史籍,见于卷五、卷六党社上、下编,有关明季门户之争,乃至东林、复社等事迹,也都收录殆尽。而奴变的史料,都收录在史籍考杂记之属,如《研堂见闻杂记》《消夏闲记摘抄》《三冈识略》等。对于史学界而言,凡研究明末清初的党社活动、农民起义、抗清斗争、郑氏、三藩、史狱、文学、人物和南明诸政权,都可以按图索骥,获得所需的资料,所以这部巨著一经问世,就蜚声学林,柳亚子称赞这部书是研究南明史的一把钥匙,在当代也仍然有着超乎想象的影响力,王春瑜说:"研究明末及清初历史的人,没有一个不是以这本书为入门的向导,然后才逐渐步入堂奥的;并且在研究过程中,仍然需要不时翻捡此书,从而断定所用史料的价值,或者在此基础上,再去进一步开掘史料,扩大研究的范围。"②

1933年,谢国桢还完成了《清初史料四种》的纂辑。计收纪录汇编本马文升著《抚安东夷记》一卷;上虞罗氏传抄本苕上愚公(茅瑞徵)著《东夷考略》;宝日堂集本张鼐著《辽夷略》一卷;铜仙逸史本海滨野史撰《建州私志》三卷。与《清开国史料考》及《晚明史籍考》一样,《清初史料四种》也是研究成化以至万历间

---

① 商传.谢国桢史学志业考述.中国矿业大学学报(社会科学版),2015(3):37-42.
② 王春瑜.秋夜话谢老.见:学林漫录第十辑.北京:中华书局,1985:7.

辽东史事的重要典籍。此外,由谢国桢编纂的《国立北平图书馆善本丛书》第一集(商务印书馆,1937年),收录明代边防史乘12种,也是颇受晚明史研究者重视的著述。

重视对四裔史的研究是当时史学界乃至整个学术界的风气。这种风气先是由西方学者带动起来,他们不但对汉族区域有兴趣,对汉族之外的其余各族即所谓四裔(东夷、西戎、南蛮、北狄)的历史、地理与文化都有兴趣。后来,中国学者借助新材料的发现,也开始突破传统中国历史的空间,寻找四裔各种少数民族和异文,从周边入手重新研究中国。谢国桢对上述明清史料的纂辑研究,正是顺应这个新出现的学术取向。而同人关于中西交通史的研究也是如此。

"中西交通史"是现代研究中西关系史的称谓,之前,中国学者更倾向于史学、地学和介于二者之间的史地学等中国固有的学问。传统学问偏重书本知识,不重实地探测,"蛮夷之地"又一向为士大夫们不屑,所以中国境内许多悬而未决的问题,西方学者代中国人调查探测。这引起一些中国学者的忧虑,张星烺说:"中国史地,西洋人且来代吾清理。吾则安得不学他人,而急欲知彼对我研究之结果何如乎。"①很多中国学者加入到西域史地的研究中来,利用汉族以外的民族文献,重新解释传统中国。

向达是其中的先行者。他的早期学术成果,无论是撰写的还是翻译的,几乎都属于中西交通史的范畴。如《徐光启逝世三百周年纪念》《跋明陈诚〈西域行程记〉及李暹〈西域番国志〉》《佛游天竺记考释》,书评《评黄文弼近著高昌三种》等。1930年,他的《中外交通小史》作为"万有文库"之一种由商务印书馆印行出版,正式提出"中西交通史"的概念。史学界认为中西交通史学科名称的确定,以及中西交通史体系的建立都有赖于这一著作的问世②。1933年,他完成首部系统论述中西交通史的著作——《中西交通史》。同年,完成成名作《唐代长安与西域文明》。

《中西交通史》是向达写给中学生的中学教材,全书用五万字的篇幅大致勾勒出中西交流的历史脉络。上起先秦以前中国文化的孕育,下至鸦片战争,中间

---

① 张星烺. 中西交通史料汇篇自序. 辅大校刊,1931,2(20):2.
② 张维华,于化民. 略论中西交通史的研究. 文史哲,1983(1):3-9.

历经秦汉以后印度佛教思想传入中国,元以后欧洲文化逐渐向东方传布,元朝的中西交通之盛,因突厥人兴起的中西交通一时中断以及明以后中西交通的复活。每章一个题目,于每一个题目中提示事迹的梗概。《中西交通史》虽然与《中外交通小史》在题目与性质上相仿,但两者所取的材料和编纂方法不同。《中西交通史》书末所附《中西交通大事年表摘要》,是《中外交通小史》没有的,该年表就二千来年间(公元前400至公元1844年)中国同欧洲诸国政治文化的交通情形,做了一个鸟瞰的叙述。

向达选取唐代传入中国的西域文明中与长安有关的材料,撰成《唐代长安与西域文明》,对长安、洛阳的"胡化"现象,在服饰、饮食、宫室、乐舞、绘画、宗教、游乐等方面做了详尽考察,虽然是在长安"取景",考察的却是西域的文化。《唐代长安与西域文明》是中西交通史不可多得的佳作,著者研究的角度和采用的研究方法,以及研究所涉及的面,仍为今天研究西域与中原文化交流者承用。常任侠1939年写成的《汉唐之间西域乐舞百戏东渐史稿》,受向达所著《唐代长安与西域文明》启发者不少[1]。荣新江评价《唐代长安与西域文明》是20世纪唐代中外关系史研究领域的力作,它不仅在内容所涉及的范围方面超过了前人,而且也有相当的深度,所阐释的六个方面(即六个子目:流寓长安的西域人、西市胡店与胡姬、开元前后长安的胡化、西域传来的画派与乐舞、长安的打球活动、西亚新宗教的传入),迄今仍不断地被地下层出不穷的考古资料所证明[2]。这部著作奠定了向达在西域史地研究的学术地位。

在其他史学领域,同人也有重要的研究成果。1935年,贺昌群发表唐代社会史研究的代表作——《唐代女子服饰考》,依据我国出土文物和日本法隆寺与正仓院所存的唐代文物,结合历史文献和唐代诗词的有关记载,对唐代社会生活做了生动而新颖的论述。文章所利用的出土文物,包括散见于内地的石刻雕塑及陕西河南一带古坟古墓的殉葬品和陶俑镜鉴之属;海内外公私家所藏唐人书画;敦煌及新疆各处发现的唐人写经壁画绢绣及其他关于佛事与日常生活的用具;

---

①　常任侠.汉唐间西域传入的杂技艺术品·附注.见:阎文儒,陈玉龙.向达先生纪念论文集.乌鲁木齐:新疆人民出版社,1986:144.

②　荣新江.向达《唐代长安与西域文明》前言.见:荣新江.敦煌学新论.兰州:甘肃教育出版社,2002:358.

日本法隆寺和正仓院所存唐代文物①。通过这些文物，贺昌群对唐代妇女的发饰、面部化妆和服饰作了考证和描述。文中还嵌有多幅唐代仕女画和照片，并伴有古诗词作为佐证，试图以实物和史册相互参证，还原唐代社会的风俗习尚。《唐代女子服饰考》是一篇很有分量的论文，著者采用西方科学实证方法，娴熟地运用地下发掘与文字记录的史料，生动地论证了唐代社会文化的命题，使这篇论文事隔数十年之后，仍然散发着鲜活的魅力，吸引着业内人士甚至普通大众的兴趣。

民国时期，同人的历史学研究开始充分重视新史料的运用，他们不再局限于四书五经、二十四史、《资治通鉴》一类的"正统"文献，把别史、杂史、杂传、杂记的史料价值等同于正史，并从甲骨、金石、简牍、绘画，甚至古诗文、唐宋笔记、小说中获取需要的新材料。同时他们突破传统，关注四裔史，并自觉地把中国传统学问与西方史学理论相结合，形成新的研究途径，从而重新编著中国历史。

五、简牍学

贺昌群是我国简牍学研究的早期开拓者之一。1907 年斯坦因在甘肃敦煌及其西北部长城故垒发掘了许多汉简，这批汉简被称为"流沙坠简"②。法国汉学家沙畹③最早对这批汉简做了诠释，并把手校本《斯坦因在新疆沙漠中发现的汉文文书》(1913 年出版)寄给罗振玉④，罗振玉就沙氏所录 991 片中，取 588 片，与王国维分别考证，撰成《流沙坠简》三卷，开中国简牍学的先河。

沙畹是欧洲杰出的汉学家，他依据以上各地出土"流沙坠简"，汇集并考释，有了突破性的进展。然而木简年代久远，字迹模糊，加上古语难以辨识，沙氏没

---

① 贺昌群. 唐代女子服饰考. 见：贺昌群. 贺昌群集. 北京：中国社会科学出版社,2006:71 –93.

② "流沙坠简"的"流沙"指发现古简的罗布泊、敦煌、居延海等地，"坠简"的"坠"有遗失、散落的意思。

③ 沙畹(1865—1918),法国汉学家，是欧洲研究中国学的泰斗级人物。他翻译注释《史记》,对佛、道、摩尼教，对于中国的碑帖、古文字、西域史、突厥史、地理等领域都有研究。他还是世界上最早整理研究敦煌与新疆文物的学者之一，法国研究敦煌学的先驱。

④ 荣新江. 沙畹著作在中国的接受. 见：国际汉学. 第十九辑. 郑州：大象出版社,2010:54 –56.

有能全部考释,释文也多有误解。

在罗振玉和王国维的《流沙坠简》中,罗氏整理了《小学术数方技书》和《简牍遗文》,王国维整理了《屯戍遗文》。《流沙坠简》于 1914 年出版,1934 年校正重印,重印的《流沙坠简》与初版比较,内容多所损益,其中以《屯戍丛残》更改最多,贺昌群推断是王国维生前重新改订的,于是将《流沙坠简》的初版、再版与沙氏书比对参照,撰成《流沙坠简校补》。

《流沙坠简校补》分"校记"和"补正"两章,"校记"部分把王国维所更改变动的地方著录下来,记述其校勘的概括情形。"补正"部分是对王国维考释流沙坠简的补充更正,另外,凡沙书误释,而《流沙坠简》已改正的,不著录,沙氏书没有错误,而《流沙坠简》误改的,则著录。比如王国维的考释云:"天田未详",贺昌群解释说,天田是指塞要下的工事,将沙子敷在地面上,来看胡人的足迹,以此判断匈奴是否来过。塞外沙地一望无垠,可以设置天田作为防御①。贺昌群的解释得到学术界的认同,考古人员发现简中凡提到与天田有关的字,有画、入、度、兰、越;记载天田上的痕迹则称为沙、迹,等等。戍卒的工作记录中,常有"画沙"若干的记载,当指管理这项工作而言②。

贺昌群在汉简研究过程中,重视释文的校订,强调简牍出土背景及简牍遗存形态,注意出土材料和文献的相互参证,他密切关注西北考古的动向,居延汉简被发现后,马上又投入这批汉简的释读中。贺昌群释读的手稿多达 16 册,最终写成《烽燧考》等重要文章和著作。不过,《烽燧考》发表时,他已离开北平图书馆了。

六、版本目录学

文津街新馆舍落成启用后,善本库重新做了调整,分为甲库、乙库和四库:原有宋、金、元及明代前期善本庋藏之库名为甲库;从普本古籍库中新提入善本庋藏之库名为乙库;庋藏《四库全书》之库名为四库。善本甲库专藏宋、元、明早期善本,多精刻名抄,不乏孤本。1928 年,赵万里(字斐云)到馆就职,在版本学家徐森玉的指导下，编成《国立北平图书馆善本书目》（甲编）四卷，著录了甲库的全部收藏，于 1933 年印行。

《国立北平图书馆善本书目》（甲编）四卷，按经、史、子、集四部分为四卷，收宋元明刊本及精校、名抄、稿本总计 3796 种，其中经部 200 种、史部 1256 种、子部 707 种、集部 1633 种，并详细著录各书书名、卷数、著者、版本、完缺及批校题跋者姓氏，供借阅善本的读者检索。关于善本编目，之前有缪荃孙的《清学部图书馆善本书目》八卷、江瀚的《京师图书馆善本简明书目》和夏曾佑的《京师图书馆善本简明书目》三部目录，之后北平图书馆搜采方志，明人诗文集、词、曲，及曾列禁书目之作，使馆藏善本书成为公私藏书家之冠，赵万里的《国立北平图书馆善本书目》（甲编）是首次对学部图书馆以来入藏的善本书所做的详细编目，以此与京师图书馆善本书目相比较，不仅可以了解北平图书馆二十余年来善本采集与整理的情况，也可以从中窥见晚清至近代学术的演变与趋向。

《国立北平图书馆善本书目》1959 年经改编，以《北京图书馆善本书目》为名重新出版，影响至今，凡要研究版本目录学的人都要取材于此。赵万里常为藏书家周叔弢代购善本古籍或提供信息，周叔弢评价他的版本目录之学，"既博且精，当代一人，当之无愧。我独重视斐云关于北京图书馆善本书库之建立和发展，厥功至伟"①。

赵万里自入职北平图书馆从未离职，先后在采访部和善本部工作，负责编辑《国立北平图书馆馆刊》和《大公报·图书副刊》，在图书馆外，兼任中央研究院历史语言研究所特约研究员和通讯研究员。几十年来他经手、过目的善本超过 30 万部，鉴别真伪、判定源流演变渐成一代名家，即便所做的校雠辨伪、辑佚等项学问也都是以研究版本为基础的。

1931 年，赵万里出版《校辑宋金元人词》，收录 70 家词人的 1500 余首词作。他所做的工作不只是辑佚词作，更是在校勘与版本上下足了工夫。在体例上，《校辑宋金元人词》全书每阕必注明出处，对所收入的各版本词作，又都钩稽比勘，将每首词各个版本的异文注出，从中比较各版本间的因袭痕迹，考校词作也极为审慎。如李清照的《易安词》已散佚，后人将她流传下来的词辑为《漱玉

---

① 周启乾.《周叔弢日记》中的祖父及其友人. 文汇报,2015 - 04 - 10.

词》,但多寡不一,真赝杂出,《校辑宋金元人词》辑录《漱玉词》的散佚词作六十首,并考订了真伪,对后人校订《漱玉词》意义重大。胡适为此书作序,总结了这部辑录五个长处:一为以辑佚书之方法用之于词,这部书是这方法有效的证明;二为所辑详举出处,使人可以复检原书,校勘文字,而且还可以使人从原书的可靠程度上判断所引文字的真伪;三为备举各本异同,在文学史料上的功用最大;四为于可疑之词列入附录,详加考校;五为别加句读,为读者增加不少便利①。《校辑宋金元人词》的问世,为中国文学史增添了大量前所未见的材料,所辑得的宋人散佚之词后来被唐圭璋《全宋词》收入,可见其重要的文献参考价值。

七、文学

中国通俗小说向来没有专门书目。我国学者治学的趋向,往往注重经传史籍、古诗文词,稗官小说只是拿来随便涉览,他们不屑或不愿把它作为一门学问,更不要说研究小说的目录了。历代史书中的艺文志,虽然也有小说目录一门,但著录的书很少,章回体笔记之类更是没有列入。明清以来,小说的门类如章回、传奇等等逐渐增多,作品层出不穷,小说一门走向创作的繁荣期,但是讨论小说的书籍仍然不多。民国初年,受到西学东渐的影响,我国文学的传统观念有了改变。1932 年,国立北平图书馆及中国大辞典编纂处出版孙楷第的《日本东京及大连图书馆所见中国小说书目提要》,成为中国文学研究史上第一部小说版本目录学专著,为中国小说史立下目录学的根基。

孙楷第 1928 年从北平高等师范学校国文系毕业,到北平图书馆任职,同时在"中国大辞典编纂处"任编辑。他发现小说戏曲方面的词条在过去的词书中很少列入,基本上是个空白,产生了以小说书目入手,辑录《中国小说书目》的想法。起初,他以北平图书馆有关藏书为根据开始辑录,后于 1931 年东渡日本,抄录东洋文库所藏各种中国小说版本,回国后又在大连图书馆将中国小说版本翻阅一过,集合东京、大连两地所抄录的笔记,编撰完成《日本东京及大连图书馆所见中国小说书目提要》。1933 年,孙楷第又把北平所见小说书目连同上书,编成《中

---

①　胡适.校辑宋金元人词·序言.见:赵万里.校辑宋金元人词.南京:中央研究院历史语言研究所,1931.

国通俗小说书目》。

孙楷第晚年回忆说,由于不曾南下去上海调查晚清部分小说书目,还算不得完全①。实际上,他已经阅览了相当多当时中日公、私所藏各种古本的中国小说:北平部分取材于国立北平图书馆、孔德学校图书馆、清华大学图书馆、燕京大学图书馆,以及私家如鄞县马氏、江安傅氏、绩溪胡氏、泰兴丁氏、长乐郑氏、通县王氏、歙县吴氏、嘉定徐氏等处;东京部分取材于宫内省图书寮、内阁文库、帝国图书馆,及私家如尊经阁、静嘉堂、成篑堂,学者如盐谷温、神山闰次、长泽规矩也等处;大连部分取材于满铁图书馆。据他查访,现存和已佚未见书的小说书目,均收罗在内。

更为难得的是,孙楷第每记载一种书,总要设法访求借观,依据亲身的观察,详细记载版刻的形式与内容的异同,有时也将原书的序言录出,并将它的本事撮述出来,使没有读过原书的人,也可以借此略知梗概。他所作的《关于儿女英雄传》《在日本东京所见之明本水浒传》《李笠翁著无声戏即连城璧解题》等文章,都有对古本小说的详细记载。不知道小说版本的变迁沿革,就无从了解一部小说的历史。胡适作序说:"孙先生本意不过是要编一部小说书目,而结果却是建立了科学的中国小说史学。"②孙楷第对古本小说的记载,至今仍是从事中国古典小说研究者的可靠参证。

在记录小说本事的基础上,孙楷第逐渐明确并提出了小说的源流问题。一般来说,好的小说大都有本事依据,从正史、笔记中来,移步换形,再加生发铺演,成了小说。孙楷第仿照刘向《七略》之学,发凡举例,逐一探讨小说的源流变迁,《三言二拍源流考》就是依循这一思路而出的成果,后来得到越来越多的印证。从1929年到1933年,他考证了一百多篇短篇小说,发现许多短篇小说源于四部群书中的故事,就对征引四部群书的短篇小说做了校勘、注解和考证,探究每一篇小说从肇源、萌生到成型的过程,累积成七卷,撰成《小说旁证》。我国古代学者讲究"读书要知道底本",《小说旁证》就是为通俗小说考证出底本,被现代学

---

①　孙楷第.我的《口述自传》与《业务自传》.见:学林漫录第十六辑,北京:中华书局,2007:17.

②　胡适.日本东京及大连图书馆所见中国小说书目提要·序.见:孙楷第.日本东京及大连图书馆所见中国小说书目提要.北平:国立北平图书馆,中国大辞典编纂处,1932:1-8.

者誉为"古代小说校勘领域的《校勘学释例》"①。

无论是为小说编纂书目,还是以版本目录学知识为基础,研究小说本事,孙楷第都是第一人。

八、戏曲

1932年,北平图书馆从北京大学教授朱希祖手中购得昇平署档案及抄本戏曲千余册,纳入馆藏。王芷章取材于这些资料,潜心研究清中末叶至民初戏曲文化,辑录伶人生平事迹、从艺历程等,先后撰述四种著作,分别是《腔调考原》《北平图书馆藏升平署曲本目录》《清代伶官传》和《清昇平署志略》。

民国时期,精于戏曲史研究的要数齐如山、周志辅、马隅卿、赵万里、孙楷第等人。齐如山注重技术上的记载,周志辅注重梨园掌故,马、赵、孙三人注重剧本的搜集,从而探讨戏曲情节上或词句上的流变。王芷章的《腔调考原》考订了清代流行的声腔,如西皮、二黄等的兴衰,并考订了清乾隆间13位京剧名伶的生平事迹。就性质来说,研究腔调的流变,也是戏曲史的一部分。中国传统戏曲所重者唱与做,而唱尤重于做,所谓腔调,就是唱法,《腔调考原》首次纠正了"二黄"出于黄冈、黄陂的旧说,证明二黄调曾有两度入京,一在乾隆五十五年,一在道光十八年,又证明这两种二黄调的唱法不同。正是由于这一新说,刘半农称《腔调考原》"可以列于齐周诸先生著作之林而独树一帜"②。

《清代伶官传》辑录当时在清内廷供奉的伶人、乐工、检场等人的小传,共295人。戏曲伶人的素材主要来源于清昇平署档案资料,为使内容翔实可靠,著者亲自调查访问戏曲艺人后代,他在"例言"中讲到:"其事略则多方征求,用期详实,于拣取材料,更几费斟酌,慎重去留,而后乃作定稿,或有未尽者,则尚待异日之加入。"③当时伶人的生平,要么没有记录,要么只录于宫廷内档,很多不为外人所知,随着时间的推移,这些伶人渐渐湮没于历史中,不为后人所知,因此著者收录拣取的史料显得弥足珍贵。同年,王芷章还根据馆藏昇平署档案编纂了一部目

---

① 苗怀明.探索符合古代小说实际的校勘之路——孙楷第古代小说校勘方法浅探.古籍整理研究学刊,2003(4):47－50,28.

② 刘半农.《腔调考原》序.人间世,1934(9):5－7.

③ 王芷章.《清代伶官传》例言.见:王芷章.清代伶官传.北平:中华印书局,1936.

录——《北平图书馆藏昇平署曲本目录》，将昇平署档案所涉及剧目，分成杂剧、传奇、乱弹三大类。

王芷章最重要的著述是《清昇平署志略》。该书对昇平署的沿革、成立、分制、署址、内部运作和历任职官太监，尤其是编排演员进署的具体情况做出详细的考证。在王芷章对清昇平署档案的所有研究中，《清昇平署志略》是水平最高的研究成果，其他三种著作都是前期所做的资料性准备。

九、语言学

仓洋嘉错（今多译为"仓央嘉措"）是康熙时期的达赖喇嘛，他生前创作了多首优美诗篇，在西藏、四川、青海、甘南等广大藏区流传，是藏族古典文学中非常重要的作品。

仓洋嘉错的诗歌以手抄本和木刻本的形式传承下来，其产生距今有三百多年的历史，被介绍到汉语世界却不到一百年。于道泉在 1930 年出版了汉、英对照本《第六代达赖喇嘛仓洋嘉错情歌》，第一次将仓洋嘉措诗歌翻译成藏文以外的文字，轰动世界。

仓洋嘉错的诗歌确切数量不详，以汉文发表的版本各异，于道泉根据拉萨本，用汉、英文移译 66 首。诗歌每句分八行并列，分别用藏、汉、英三种语言对照，词、文、音、意全译，使这部作品不仅以文学作品的面貌呈现，更可称得上是一部语言学著作。赵元任为《第六代达赖喇嘛仓洋嘉错情歌》记音，大大提升了该书的科学性。像汉语一样，不同方言的藏文读音不同，赵元任记录的是这些藏文诗歌的拉萨话读音[①]，并在书中列出藏语拉萨话辅音、元音和声调的语音系统，赋予诗歌更多的语言学意义，比起诗歌的文学价值来毫不逊色。

当时中外学者热衷于寻找中国四裔的文字材料，语言作为学术研究的一种工具受到格外重视，经赵元任推荐，这部书受到傅斯年的极大青睐，由中央研究院历史语言研究所以单刊的方式出版，反响很好。于道泉的翻译多采用直译的方法，用词简洁，句式完整，通俗易懂，这一特点符合仓洋嘉措诗歌在藏妇孺皆知

---

① 瞿霭堂，劲松.《第六代达赖喇嘛仓央嘉错情歌》赵元任藏语记音解读. 中国藏学，2010 (3)：146 – 149.

的状况。至今他的译本仍是研究藏语言文字的范本,受到学术界的高度评价:"此书形式上是藏语诗歌的翻译注释,本质上是藏学研究领域语言学、词汇学、语音学、藏语文学、对勘研究等方面综合研究的完美结合。堪称'中国藏学的第一部专著'"①。

仓洋嘉错的诗歌仅汉译本就有近十种,英译本也不下五种。于道泉是首位将仓洋嘉错诗歌译成汉文和英文的译者,他最早为学术界关注,也是因为《第六代达赖喇嘛仓洋嘉错情歌》的发表。于道泉翻译仓洋嘉错诗歌时只有二十几岁,他将仓洋嘉错的诗解读为"情歌",并被沿用下来。近年来,又有人将仓洋嘉错的诗翻译成中文,他们认为仓洋嘉错的诗是否为"情歌",值得商榷。

十、图书馆学

同人对于图书馆学的研究分为两大类,一是对图书馆事业的宏观概述,二是对图书馆业务的钻研。

袁同礼撰有《近十年来国际目录事业之组织》,对国际目录学的执行机关——国际学术研究会议(International Research Council)、国际学士院协会(Union Academique Internationale)与国际智育互助委员会(International Committee on Intellectual Co-operation)的成立经过做了叙述。文章对国际智育互助委员会下的目录委员会的职责做了具体介绍,包括专门杂志篇目提要的编纂、书目的编纂、国际交换出版品协约的增改等。袁同礼的另一篇文章《十年来国际图书馆博物院发展概况》,是他出访欧美归来在北洋工学院的演讲,在演讲中,他介绍了欧美图书馆的建筑、馆藏和图书馆专门人才。袁同礼还撰有《国立北平图书馆概况》《北平故宫博物院图书馆概况》《中华图书馆协会之过去现在与将来》,这些是对图书馆工作的总结,更是对公立图书馆整体事业发展的回顾与展望。

严文郁曾作为交换馆员前往哥伦比亚大学工作,在美国撰写了《美国图书馆概况》。该文内容很全面,包括美国图书馆的沿革、美国图书馆对学术研究的贡献、图书馆行业组织、馆员的培训和待遇等,其中对公立图书馆的数量、藏书、文

---

① 王启龙.民国时期的藏语言文字研究.西藏民族学院学报(哲学社会科学版),2003 (6):14 – 18.

献流通和经费做了着重介绍。文章结尾指出当时中国图书馆界存在的不良现象，如有些人对中华图书馆协会的工作漠不关心；各图书馆对图书分类法问题不沟通不合作，各行其是；图书馆员职业缺乏保障，图书馆学专业受教员、学生的轻视等。对图书馆工作提出批评，这在民国时期同人发表的著述中不多见。

关于学校图书馆事业，于震寰有两篇文章介绍了剑桥大学图书馆：《剑桥大学图书馆史略及其新筑》《剑桥大学图书馆之建筑与书藏》。严文郁撰有《北京大学图书馆新建筑概略》。

同人针对图书分类、编目等具体业务，有重要的著述发表，以分类法的研制最为突出。随着西学东渐浪潮的兴起，西方科学技术书籍被大量介绍到中国，图书馆内西学书籍激增，而传统的四库分类法只适用于中国旧籍，不适用于西学书籍。1909 年，孙毓修在《教育杂志》发表《图书馆》一文，介绍了杜威的《十进图书分类法》，杜威法在方法上运用简便，有伸缩，易记，但简单照搬不适合中国图书馆的需要，一部真正适用于我国图书的分类法被提到日程上来。在 1920 年前后的十年间出现了一大批新法，刘国钧在此期间编成《中国图书分类法》。

《中国图书分类法》的原则是以统一的分类法类分所有中国图书，分类标准以学科为主、体裁为辅。该法将图书分为九大类：总类、哲学、宗教、自然科学、应用科学、社会科学、史地、语文、美术，并将四部分类法下的类目融入新法中。比如，为经部设置专门类目，把通史、断代史、外交史、文化史等划入史部，政书归入社会科学，诏令奏议与文书档案归入"史料"，目录归入总类，金石改为古物，归入"古物学、考古学"，子部中的各书按学科性质归入各类，集部全部归入文学类等。当时一些图书馆编目书籍，旧籍使用四库分类法，新籍使用杜威十进分类法或自定的类表，刘法为业界类分图书提供了新的选择。这部分类法影响深远，据中央文化部文物局 1950 年"最近全国各大图书馆图书分类调查"①统计，在众多中外图书分类法中，刘法是使用最多最广的。北京图书馆、上海图书馆等具有全国中心图书馆地位的大图书馆，实际使用直到 20 世纪 70 年代。台湾大学赖永祥教授对刘法加以修订，只扩充类目，大类名称及次第不变，仍以《中国图书分类法》名称行世，现为台湾地区各类型图书馆所采用。

---

① 最近全国各大图书馆图书分类调查. 文物参考资料，1950（8）：158 – 161.

岳良木、王树伟、袁涌进等人在国立北平图书馆从事编目工作多年,他们将积累所得撰成文字,供编目人员参考使用。岳良木在《图书馆学季刊》第4卷第1期发表了《试拟图书登录条例》("登录"即"著录")。当时国内图书编目或者仅著录著者、书名,或者沿用古籍的做法,略加号码,没有统一严格的规定。岳良木拟订的图书登录条例对著者、书名、版本、书页、来源、价格、册数、装订情况、分类号码、备注、插图等各著录项都做了说明,是针对中文新书所拟的著录规则。

王树伟发表了《中文著者号码编制法的探讨》。国立北平图书馆所藏的中文普通书分新旧两种,新书洋式装,旧书线装,这仅是就装订方法简单的区分,同一作者所著之书有可能因装订方法不同而被分成新旧两种,图书馆进而采取不同的分类法为之分类编目,这是不科学的。王树伟的文章对新旧书区别、著者时代的推定、著者姓名号码的编制等问题提出了自己的主张。

袁涌进著有《现代中国作家笔名录》,共收录现代著者550余人,以著者真实姓名首字笔画排序,在真实姓名后一一附注别号。图书编目的著者款项,应当著录作者的真实姓名,而著者出于种种考虑,不愿署上真名,而以笔名加以代替,这无疑给图书馆编目工作带来很大不便,作者广搜博采各家笔名别署,对图书著录有很大帮助。民国时期的著者使用笔名的现象非常普遍,尤其是新体小说的著者,甚至有多个笔名。周作人为《现代中国作家笔名录》作序解释了这个现象[①],他认为受旧观念的影响,有的作者往往在小说、戏曲等俗文学作品上署别号,只在正经文字上才肯用真姓名,有的作者或者怕招怨,或者求变化,或者不求闻达,不一而足。署以笔名的各种著作散见于书报杂志,如果不及时搜集,很容易散佚,可见该书对现代文学史的意义也非常大。遗憾的是,这本书在现代文学史和图书馆史上都很少被提起。

同人对于国内图书馆事业的研究还有英文著述发表。1935年,中华图书馆协会为纪念协会成立10周年,特征集纪念文章,最后将收到的9篇英文论文结集《中国之图书馆》出版发行。其中严文郁撰写的"Co-operation Between Chinese Libraries",从

---

① 周作人.《现代中国作家笔名录》序. 见:袁涌进. 现代中国作家笔名录. 北平:中华图书馆协会,1936:7-9.

专业组织（中华图书馆协会、地方图书馆协会）、联合采购、馆际互借、联合目录和集中编目等五个方面介绍了中国图书馆界馆际协作的状况。吴光清的"Ten Years of Classification and Cataloguing in China"回顾了中国图书分类的发展历史，介绍了1925—1935年间中国图书馆采用的各种分类与编目方法。论文集的著者还有裴开明、蒋复璁、戴罗瑜丽等人，1935年第八届国际图联大会在西班牙召开，这部论文集作为中国图书馆的资料被分发宣传，同人的著述让更多国外同行了解到中国的图书馆。

第二节　庚子赔款与缴送制度

国立北平图书馆能够在1929—1937年间得享一段平稳的发展时期，先决条件必然是经济与制度的保障。

中华教育文化基金董事会曾经与北洋政府教育部协商共同创办图书馆，后因政局变化未能如愿，北伐成功后，南京国民政府教育部与中华教育文化基金董事会重谈合作办馆事宜。1929年9月，《合组国立北平图书馆办法》重新拟订并公布，北平图书馆的经费由中华教育文化基金董事会担负。按照规定，董事会只担负每年的经常费，分四期拨交图书馆委员会支用①。实际上，图书馆所需建筑费、购书费、临时费也都由董事会担负，董事会提供了北平图书馆所有的运行经费。

从1929年到1945年，中华教育文化基金董事会向国立北平图书馆提供资助前后达17年，共分四项，款目有500多万元。具体数目见下表：

表3-1　中华教育文化基金董事会历年补助国立北平图书馆经费一览表

年度	经常费(元)	购书费(元)	建筑费(元)	临时费(元)	合计(元)
1929	98 798	97 569	388 581		584 948
1930	115 399	136 119	593 957		845 475

---

① 1929年教育部与中华教育文化基金董事会合组国立北平图书馆办法及国立北平图书馆委员会组织大纲. 见:北京图书馆. 北京图书馆馆史资料汇编(1909—1949). 北京:书目文献出版社,1992:1051.

续表

年度	经常费(元)	购书费(元)	建筑费(元)	临时费(元)	合计(元)
1931	143 117	250 267	131 387		524 771
1932	153 065	249 939			403 004
1933	161 986	193 639			355 625
1934	149 561	159 317			308 878
1935	149 677	141 487			291 164
1936	154 117	164 450			318 567
1937	152 466	57 342			209 808
1938	145 000				145 000
1939	130 445				130 445
1940	135 000				135 000
1941	165 000			30 000	195 000
1942	120 195			20 910	141 105
1943	151 000				151 000
1944	294 000	12 000			306 000
1945	650 000				650 000
总计					5 695 790

　　文津街新馆建筑竣工,建筑费在 1931 年结清。北平图书馆其他费用均分期向董事会请领,领款之前,由图书馆委员会会计审核签字。领款后存于国立及稳妥的银行,随时支用,每年结账后由董事会派会计师查账一次。遇到特种文献,比如西夏文书及样式雷宫殿模型,款额超出预算,董事会会追加购书经费。

　　董事会对北平图书馆的资助截止到 1945 年。1943 年 1 月 11 日,中美签署《关于取消美国在华治外法权及处理有关问题之条约》(简称《中美新约》),美国在华不平等条约体系全面崩溃,其中包括美国放弃庚子赔款权利,中国对美庚子赔款终止支付。靠美国退还庚子赔款维持的中华教育文化基金董事会面临着有无必要继续存在的问题。1944 年底,经过多方协商,中华教育文化基金董事会得以保存下来,其他依赖中华教育文化基金董事会支撑的文化机构,比如清华基金及清华大学还得以按原来的方式继续运作,但是中华教育文化基金董事会逐渐减少了对北平图书馆的资助,直至 1945 年完全停止。虽然“中华教育文化基金董事会(是)在不平等条约体系的保护下得以从(中国)中央政府获得稳定的资金"①,是利用中国政府的钱财来维护在华的长远利益。而《中美新约》在一定程度上给中国文化事业带来不利影响,毕竟退还的庚子赔款客观上补助了中国文化事业,包括图书馆事业所需经费的不足。在中华教育文化基金董事会的资助下,国立北平图书馆成为当时东亚最大的图书馆。

除经费得到保障外,接受出版物缴送象征着"国家图书馆"地位的确立。1916 年 3 月,教育部通令"全国出版图书依据出版法报部立案者,均以一部送京师图书馆庋藏"②,4 月 1 日,教育部第 128 号饬令饬知京师图书馆,"嗣后,凡有文书图画,依据出版法应行禀报者,可饬由禀报人于按照出版法第四条应行禀送两份外,另外添送一份,以备图书馆庋藏之用。即由各该管官署随时转送京师图书馆,以重典策而供众览"③。京师图书馆开始接受样本缴送,标志着京师图书馆开始履行国家图书馆的职能。

此后,教育部又多次重申缴送法令。1926 年,教育部训令各县,凡书店出版及私人著述图书,应以四部送各省教育厅署,由厅分配,以一部呈部,转发国立京师图书馆,一部径寄国立编译馆,二部分存各省立图书馆及各该地方图书馆④。

随着政权的转换,缴送制度不断演变,国立北平图书馆接受出版物缴送的权利也是一波三折。北洋政府制定的缴送法令在南京国民政府成立后作废。1930 年,南京国民政府教育部颁布《新出图书呈缴规程》,规定凡缴送的图书,发交教育部图书馆、中央教育馆、中央图书馆各 1 份(中央教育馆及中央图书馆未成立前,暂由教育部图书馆代为保存)⑤。新规程把计划筹建于南京的国立中央图书馆列入缴送对象,没有提及国立北平图书馆接受缴送本的权利。为此,国立北平

---

① 费正清. 剑桥中华民国史. 北京:社会科学出版社,1993:469.

② 教育部总务厅文书科. 教育法规汇编. 北京:教育部总务厅文书科,1919:466.

③ 1916 年 4 月 1 日教育部饬令第 128 号饬知京师图书馆政事堂承准内务部立案出版图书分送京师图书馆收藏. 见:北京图书馆. 北京图书馆馆史资料汇编:1909—1949. 北京:书目文献出版社,1992:76 - 77.

④ 教育部中国教育年鉴编审委员会. 第一次中国教育年鉴·丙编. 上海:开明书店,1934:789.

⑤ 教育部公布新出图书呈缴规程(十九年三月二十八日). 见:北京图书馆. 北京图书馆馆史资料汇编:1909—1949. 北京:书目文献出版社,1992:1064.

图书馆委员会多次呈文教育部,申明本馆"旧藏卷帙尚称富有,新刊图籍尚待收罗"的实际情况,要求修改《新出图书呈缴规程》,增加"新出图书缴送国立北平图书馆"条款:

> 伏思出版机关呈缴图书既有法令规定,自必依据法令规定办理。北平图书馆虽系国立,但未经规定于《新出图书呈缴规程》之内,各出版机关自无呈缴之义务,北平图书馆即向征求,亦难必其缴送。现在修正《新出图书呈缴规程》公布既已逾年,而该馆新屋即将落成,规模日臻宏远,除搜罗旧版图书益求完备外,所有新出图书,自宜无所不备,方足以应学术界之要求。用敢仍申前请,将国立北平图书馆与中央图书馆一例规定于《新出图书呈缴规程》第三条之内,并恳于未经规定以前,特予通令全国出版机关,先行径行缴寄北平图书馆,或请将大部代为中央图书馆保存之一部,悉数先行拨借北平图书(馆)庋藏,以供阅览而应需要。[1]

国立北平图书馆还呈文内政部,请求在修正《出版法》时将国立北平图书馆列为接受新书缴送机关。

1933 年,教育部发布两个法令,第 6009 号训令《各书局呈缴新书除缴部一份并应分别改寄中央图书馆筹备处暨北平图书馆》,通令各省、市教育主管机关"案查本部前准国立北平图书馆委员会函,以北平图书馆瞬将成立,新出图书,自宜无所不备,请将该馆规定于新出图书呈缴规程第三条之内……除将应缴本部图书馆一份呈部外,其余两部,仰分别径寄国立中央图书馆筹备处暨国立北平图书馆查收"[2]。第 6011 号训令修正《新出图书呈缴规程》第三条,"为原寄于中央教育馆者,嗣后改直接寄交国立北平图书馆"[3]。虽然教育部没有修改新规程,明确

---

① 1929 年 10 月 14 日至 1931 年 4 月 28 日委员会与教育部间关于国立北平图书馆接受呈缴图书问题往来函件. 见:北京图书馆业务研究委员会. 北京图书馆馆史资料汇编:1909—1949. 北京:书目文献出版社,1992:314 – 315.

② 刘哲民. 近现代出版新闻法规汇编. 上海:学林出版社,1992:224 – 225.

③ 教育部公布新出图书呈缴规程(十九年三月二十八日). 见:北京图书馆. 北京图书馆馆史资料汇编:1909—1949. 北京:书目文献出版社,1992:1064.

增加缴送对象,不过国立北平图书馆因此享受了新书呈缴之实,也不失为一种策略。

国立北平图书馆之所以一再强调、坚持接受呈缴的权利,目的是固守国立图书馆的地位。国立北平图书馆的经费用度不是由政府统筹拨款,全赖中华教育文化基金董事会的支持,丧失接受呈缴的权利,意味着国立图书馆地位的失去,尤其是国立中央图书馆筹备处成立后,原来由国立北平图书馆承担的出版品国际交换业务,也被转移出去,为避免被边缘化,国立北平图书馆极力争取获得接受呈缴的权利。而事实上,在民国时期五个国立图书馆中,国立北平图书馆成立时间最久,无论建筑、藏书,还是组织规模,都是全国最大的图书馆,接受呈缴的权利,对于国立北平图书馆来说具有重大的象征意义。

第三节　地缘优势

国立北平图书馆地处"文化古城"——北平,占尽地缘优势。自从国民政府定都南京以后,北京结束历时五百年的首都地位,作为特别市,改称北平。随着中国政治、经济、外交等中心的南移,北平原有的政治、军事功能持续弱化,城市经济陷入低迷,只有文化功能得到凸显,在南京国民政府建立最初的十年间,北平凭借多元的高等教育体系、深厚的学术思想资源,在一种比较安宁的状态中孕育了独特而浓郁的文化氛围,全国文化中心的地位得以保持。

南京作为首都,虽然也是座古城,各种学校也设立不少,但是与北平还是无法比拟的,因为文化不是骤成的,必须有它的环境和悠久的历史。熟悉民国京华风情的邓云乡将1928—1937年的北平命名为"文化古城",因为留在这座古城的有明、清两代500多年的宫殿、陵墓和一大群教员、教授、文化人,另外就是许多所大、中、小学,以及公园、图书馆、名胜古迹、书店、古玩铺等等,这些对中外人士、全国学子,有强大的吸引力①。《大公报》刊发文章明确指出:"北平之特色,即在文化之价值,故最宜于设为教育区。"②官方也认同这一观点,北平市长何其

---

① 邓云乡.文化古城旧事.石家庄:河北教育出版社,2004:1.
② 今后之北平.大公报,1928-07-31.

巩表示,北平"原有学校,多属最高学府,讲艺之风,逾于邹鲁,加之故宫之文物,焕然杂陈,各图书馆之册籍,庋藏丰富,其足以裨益文化考证学术之资材,几于取之不尽,用之不竭……"①北平长期的文化积累不会在短期内消失,反而在政权南移、政治气氛宽松的环境中得到张扬。当时北平聚集了国内一流高校与国家级学术研究机构,对全国教育事业尤其是高等教育推动甚大的中华教育文化基金董事会一直设立于此,国立北平研究院②与国立北平图书馆是与南京的中央研究院和国立中央图书馆对等的国家级文化机构。由傅斯年任所长的中央研究院历史语言研究所 1929 年从广州迁至北平,国家级的古物保管委员会也设在北平。另有北平社会调查研究所、北平地质研究所等机构代表了国内同专业领域的最高水准。李文裿在《北平学术机关指南》中强调了地域上的优势:"北平一市,学术机关甲于全国,其原因固由于历代都会所在,实亦文化之中心区也。"③北平丰富的文化资源为国立北平图书馆构建了充裕的发展空间。

1931 年 6 月 25 日,北平图书馆举行文津街新馆落成典礼,约两千余人参加了盛典,各国驻华公使及国内外学术机关代表都"前来参加"。教育部代表蒋梦麟、中华教育文化基金董事会代表任鸿隽、北平党务指导委员会代表董为公、北平市市长胡若愚、北平研究院院长李石曾、协和医学院院长顾临、来宾代表陈衡哲分别致辞④。北平图书馆的学术地位受到社会肯定。作为文献收藏单位,其图书的典藏同样受惠于社会各界。

自清末建馆之日起,京师图书馆(国立北平图书馆)接受政府调拨、名人及社会各界的捐赠不胜枚举。1930 年,国立北平图书馆对图书寄存制订简章⑤,凡中

---

① 何其巩.今后北平之建设.益世报,1928 - 10 - 12.

② 国立北平研究院于 1929 年 9 月 9 日在北平成立,隶属于教育部,李石曾任院长。设物理、化学、镭学(后改称原子学)、药物、生理、动物、植物、地质、历史等 9 个研究所和测绘事务所,任职人员以留法学者为主体。抗战爆发后迁昆明,抗战胜利后迁回北平。1949 年 10 月,为中华人民共和国中国科学院接管。

③ 李文裿.北平学术机关指南·弁言.北平:北平图书馆协会,1933.

④ 国立北平图书馆.国立北平图书馆馆务报告(民国十九年七月至二十年六月).北平:国立北平图书馆,1931:2 - 3.

⑤ 收受寄存图书暂行规则.见:北京图书馆业务研究委员会.北京图书馆馆史史料汇编:1909—1949.北京:书目文献出版社,1992:1065 - 1069.

西人士愿将私人所藏书籍寄存于馆者，采编人员会为之整理编目，供众阅览。1929 年梁启超逝世，遗言将生平所藏书籍借与北平图书馆。1930 年梁氏亲属聘请律师发表关于履行梁启超遗嘱声明，将饮冰室全部藏书"永远寄存以供众览"①。北平图书馆在新馆特辟专室收藏，并称"梁氏之建议，在国中实为创举，匪特学术界之盛事，亦可供国人之模范者也"②。北平图书馆通过各种途径吸纳寄存图书，成果丰硕，《国立北平图书馆馆务报告》对各项寄存图书资料都有详细登记。

1930 年，营造学社的朱启钤将所购穆麟德遗书寄存北平图书馆。穆麟德（1847—1901）是德国著名汉学家和外交官，1869 年入江海关供职。1874 年入德国领事署服务，历任江海关帮办、海关造册处帮办及副税务司、浙海关税务司③。穆氏本人精通汉文，还懂朝鲜文和满蒙文，生前热衷于搜集东方文史类书籍，1914 年，其家人鬻其藏书，朱启钤与梁燕荪、周子廙集资购得 22 箱藏于古物陈列所，在北平图书馆新馆落成后仿效梁启超做法予以寄存。馆藏西文书，有不少来自国外汉学家的收藏，经驻华公使同意捐赠或寄存北平图书馆。1932 年，普意雅所藏遗书及地图由其夫人朱德容全数捐赠于北平图书馆。普意雅曾经任法国国立中央工艺学院工程师，1898 年来华，任平汉铁路北段总工程师，1906 年升任全路总工程师，曾受中国政府委托测绘沿铁路线详细地图，1930 年 9 月去世。普意雅遗书包括测绘地图及其生平购藏和自著各种书籍 2000 余册，地图 6000 余张，稿本、照片、小册子十余箱④。梁思庄为穆麟德和普意雅的藏书分类编目，辟为专藏，在每种书的索书号上加以标识，穆氏专藏以"M"标识，普氏专藏以"B"标识，又为穆麟德专藏编了一册书本目录。两位汉学家的捐赠，为北平图书馆的中国

① 1930 年 2 月 24 日，律师黄宗法致函平馆。见：北京图书馆业务研究委员会.北京图书馆馆史史料汇编：1909—1949.北京：书目文献出版社，1992：317 - 318.

② 国立北平图书馆.国立北平图书馆馆务报告（民国十八年七月至十九年六月）.北平：国立北平图书馆，1930：19 - 21.

③ Chu Chi-Chien. A classified catalogue of the Möllendorff collection deposited in the library. Peking：National Library of Peiping，1932：1

④ 国立北平图书馆.国立北平图书馆馆务报告（民国二十二年七月至二十三年六月）.北平：国立北平图书馆，1934：2 - 3.

学藏书打下基础①。

除了图书,还有其他文献形式的寄存。以收藏古物闻名的何遂②,于 1931 年、1932 年两次寄存金石瓦当、殷墟龟甲兽骨、汉唐铜镜、匈奴饰章、唐木造像以及匋器、石刻等古物。1935 年何氏与北平图书签订契约,将寄存古物全部永赠受赠人:"已赠物品,即为国家之公有物,由受赠人及嗣后继承受赠人从事同类事业国立团体,永远珍藏之。"③与梁氏亲属办理寄存事务一样,何氏签订契约时也请律师证明,并嘱托北平图书馆举办赠品展览会公布其事,以资信守。

北平图书馆受赠文献包括中文旧籍、中西文新书、杂志、金石及拓片、舆图、照片等,形式多样,品质珍贵,而且数量庞大,战前每年接受赠书以万册计,1935—1936 年度赠书甚至占到全年入藏量的 1/3,极大地丰富了馆藏。1933 年,沈祖荣奉中华图书馆协会执行委员会之命,调查国内图书馆及图书馆教育状况,在报告国立北平图书馆情形时说:"所藏中国书籍内,有三万余册精抄本,即所谓四库全书是也。此外宋元善本以及其他精抄精校之本,尤为丰富。近五年又致力于西文专门书籍及各种重要科学之整部杂志之收藏。凡作高深研究之工作者,皆不能舍是馆他求云。"④剧作家齐如山记述北平图书馆时,也说:只就该馆所藏善本图书、唐人写经、《四库全书》、工程模型、名人存书的情形,已经可以看出这个图书馆的价值了⑤。

第四节 组织与政策

蔡元培自 1929 年被教育部聘为国立北平图书馆馆长,一直担任到 1940 年去

---

① 刘东元.北京图书馆西文"中国学"图书专藏缘起.北京图书馆馆刊,1997(3):132 – 133.

② 何遂(1888—1968),字叙甫,福建闽侯人。辛亥革命元老,先后参加过辛亥革命、讨袁"二次革命"和护国、护法战争。担任过黄埔军校代校务、国民政府立法委员、立法院军事委员会委员长。酷爱收藏书画、文物,其收藏品曾分赠给故宫博物院、上海历史博物馆、南京博物馆和天津图书馆。

③ 国立北平图书馆.国立北平图书馆馆务报告(民国二十三年七月至民国二十四年六月).北平:国立北平图书馆,1930:附录五.

④ 沈祖荣.中国图书馆及图书馆教育调查报告.中华图书馆协会会报,1933,9(2):1 – 8.

⑤ 齐如山.北平杂记.北京:当代中国出版社,2015:117.

世。在任期间他是国立中央研究院院长，不常在北平，除重要工作向他报告外，一切馆务均由副馆长袁同礼主持。袁同礼从 1925 年入职北海图书馆（时称北京图书馆）图书部主任，到 1948 年离开北平，在馆效力长达 24 年之久。他注重图书馆学术条件的营造和人才培养，利用自身优势为北平图书馆建立了广泛的国际合作。文华图书馆学专科学校校长、图书馆学家沈祖荣有云："选择馆长，第一须有专门学识，第二须有坚定操守。诚以馆长职务，有指挥监督的全权，要设法使全馆能够改良，能够经营，并能监督经费，决定办事的方针，检选主要的书籍，调查办事的成绩，编制精好的目录，对董事部负责，考查社会上的情形，谋大众教育之普及等类，是即其职责也。"①袁同礼馆长对于以上各项堪称典范，以他为代表的图书馆决策层，具有现代化的管理理念，他们对学术的支持是这一时期北平图书馆学术繁盛的直接因素。

1930 年，北平图书馆在馆务报告中提到："国立北平图书馆虽归行政系统，但其事业实属专门科学。既为学术机关，自应与政治脱离关系。"②合组后的图书馆沿袭了北海图书馆的组织系统，在组织结构上弱化政治性。馆长之上设图书馆委员会，由教育界或学术界的名流担任委员。1929 年合组时，委员会委员长为陈垣，副委员长为马叙伦，委员有周诒春、任鸿隽、刘复、傅斯年、孙洪芬③，馆长、副馆长为当然委员，一共九人。其后，胡适、蒋梦麟先后担任过委员会委员长，傅斯年长期任副委员长。委员会的职权包括审议图书馆办理方针及进行计划，推荐馆长人选，审核图书馆之预算、决算，筹划经费，审定馆章等④，全馆组织也经委员会议定。原京师图书馆隶属于教育部，馆长由教育部任命，合组后，馆长、副馆长的产生由图书馆委员会推荐，经中华教育文化基金董事会同意，再由教育部聘任，图书馆委员会委员任期三年，委员的推补由委员会自行解决。此项规定，在当时特殊的政治情形之下实行，是有必要性的。

---

① 沈祖荣.民国十年之图书馆.新教育,1922,5(4):783 – 797.

② 国立北平图书馆.国立北平图书馆馆务报告(民国十八年七月至民国十九年六月).北平:国立北平图书馆,1930:3.

③ 本馆委员会之组织.国立北平图书馆月刊,1929,3(2):296.

④ 国立北平图书馆委员会组织大纲.见:李致忠.中国国家图书馆馆史资料长编:1909—2008.北京:国家图书馆出版社,2009:127 – 129.

　　袁同礼希望减少政治对图书馆行政的影响力,为馆内学人营造相对宽松的学术环境,这个理念反映在他撰写的书评和接受记者的访谈中。1928 年,袁同礼发表了对李小缘所著《中国图书馆计划书》的书评,著者主张国立图书馆当隶属于国民政府最高教育行政机关,省立图书馆隶属于省教育最高机关,公立图书馆隶属于地方教育局。袁同礼提出商榷:如果国立省立公立图书馆,完全隶属于教育机关之下,难免会受其支配,馆中行政既受政局影响,则馆中施政方针一定随政局而转移,外国尚且无法避免,更何况在中国①。在这篇书评中,他提出"如何使图书馆行政与中央或地方政治完全脱离关系"的问题,毫无疑问,这个问题时至今日仍然具有思考的价值。1934 年,袁同礼出访欧美考察文化教育归来,向同人陈述了赴国外考察的经过和今后改进馆务的意见,北平《华北日报》对此做了详细报道。他谈到美国纽约市立图书馆基金为五千万美金,此大笔款项,均由社会人士捐助,北平图书馆可以效法欧美图书馆的发展道路,通过增强图书馆的社会功效,获得社会人士的赞助②。

　　文津街新馆落成之时,万象更新,北平图书馆被期待成为"中国文化之宝库"和"中外学术之重镇"③。一方面,两馆旧有的藏书合而为一,图书馆藏书渊富,在国内首屈一指;另一方面,还必须大力搜进新书旧籍,让"受学之士"有观摩之所,不能再为查找资料而远渡异国。1929 年北平图书馆制订办馆政策,分购书、研究、阅览及行政四项,其中购书政策:"一为国家庋藏重籍之图书馆;二为供给科学(包括自然与人文科学)研究之图书馆。"④北平图书馆原本就对中国旧籍负有广为收存的责任,敦煌遗书、《四库全书》、大内档案等珍藏使该馆成为国内首屈一指的文化重地。该馆对于西文书籍,更是注重为科学研究提供方便,以期成为若干年后某些领域的研究中心。所以北平图书馆决定一种书是否入藏不以需要人数的多少为标准,而要看此项科目是否有人研究,或者此项书籍是否应当及早

---

　　① 　袁同礼.《中国图书馆计划书》书评.中华图书馆协会会报,1928,3(5):22.

　　② 　袁同礼.北平图书馆昨开茶会欢迎袁同礼,袁即席报告赴国外考察经过并略谈今后改进馆务之意见.华北日报(北平),1934 - 12 - 11.

　　③ 　袁同礼.国立北平图书馆之使命.北平晨报副刊,1931 - 06 - 24.

　　④ 　国立北平图书馆.国立北平图书馆馆务报告(民国十八年七月至民国十九年六月).北平:国立北平图书馆,1930:5 - 6.

收藏以备将来使用,购书政策最能体现图书馆的意图和定位。

强调北平图书馆的学术特性也反映在日常工作中。1929 年 9 月 2 日,国立北平图书馆召开第一次馆务会议,袁同礼作了如下讲话:在中央图书馆未成立之前,北平图书馆可算很好的图书馆。办图书馆,须注意学术化。徐鸿宝(森玉)主任对目录、版本考订,素有经验,可称难得之人才,希望大家与徐主任时常研讨。北海图书馆曾出一月刊,内容都由各馆员自己创作,以后本馆亦当加入合作。此外,组织一个专门委员会,以便与来馆诸名流共同研究参考①。讲话中提到的"专门委员会"指编纂委员会,当时中国学界优秀人才如向达、贺昌群、刘节、梁思庄、王庸等都以编纂委员的身份应聘到馆。

20 世纪二三十年代,北平图书馆汇集了众多以研究传统学问见长的学者。据张秀民回忆,他到馆时北平图书馆内有徐鸿宝(精于板本金石)、叶渭清(宋史)、向达(中西交通史、敦煌学)、王重民(目录学、敦煌学)、孙楷第(小说)、贺昌群(历史)、谢国桢(晚明史)、刘节(金石)、王庸(地理)、梁启雄(梁启超先生幼弟,荀子)、赵万里(板本)、谭其骧(历史沿革地理)、李德启(满文)、蒙古喇嘛彭色丹(蒙文、藏文)、于道泉(藏文)等先生②,极一时英才之盛。

袁同礼在人才的延揽与培植方面有全盘的考虑,"不独老辈学者推诚相与,即青年后进亦皆乐于追随"③。作为一门外来学科,图书馆学当时在国内刚刚起步,同人的研究相对较弱,教育背景是图书馆学的馆员也很少。由韦棣华等创办的武昌文华图书馆学专科学校(简称文华图专)是培养图书馆学专门人才的学校,也是当时中国唯一的一所图书馆学专科学校,中国的图书馆员因为该校的诞生而成为一个稳定且有信誉的职业④。袁同礼以中华图书馆协会的名义在该校

---

① 袁咏秋,曾季光.中国历代国家藏书机构及名家藏书叙传选.北京:北京大学出版社,1997:132 - 133.

② 张秀民.张秀民自传.文献,1985(3):140 - 153.

③ 傅安明.悼念袁守和先生.见:袁慧熙,袁澄.思忆录:袁守和先生纪念册.台北:台湾"商务印书馆",1968:21 - 24.

④ Wu,Kuang Tsing. The Development of Modern Libraries in China. Ten Years of Classification and Cataloging in China. Peiping:Library Association of China,1935:1 - 7.

设置奖学金学额一名,并定期向校长沈祖荣提供用人信息①,很多学生从文华图专毕业后选择到北平图书馆就业,如严文郁(图书科本科第四届)、曾宪三(图书科本科第四届)、汪长炳(图书科本科第五届)、岳良木(图书科本科第六届)、李芳馥(图书科本科第六届)、徐家璧(图书科本科第八届)等,馆内员工也有被选送到该校进修的,如李钟履、于震寰、童世纲和李永安,分别是该校图书科本科第九届、第十届、第十一届的学生,馆员丁浚被派到文华图专讲习班肄业一年②。

文华图专的课程按照美国纽约州公共图书馆学校及哥伦比亚大学图书馆学系的设置,结合我国实际酌予变通。1926 年纽约州公共图书馆学校并入哥伦比亚大学图书馆学学院,哥伦比亚大学的图书馆学院几乎成为中国早期图书馆学人就学的摇篮。国立北平图书馆在1930 年与美国哥伦比亚大学签订协议,双方交换馆员,北平图书馆每两年派一人到哥伦比亚大学图书馆研究院进修并兼管该校中文图书,为期 2 年,每 2 年更换一人。作为交换馆员,严文郁、汪长炳、岳良木、曾宪三先后轮替到美国哥伦比亚大学图书馆,王重民到法国巴黎图书馆。袁同礼还向美国洛克菲勒基金会和管理庚款的中华教育文化基金委员会推荐馆员到美国深造,蒋复璁、钱存训、李芳馥、童世纲、向达、吴光清、徐家璧等都曾获得资金补助赴美留学。自1930 年至1949 年,北平图书馆派往美国国会图书馆、美国哥伦比亚大学图书馆、德国国立图书馆、法国国立图书馆、英国牛津大学图书馆学习交流或半工半读者有 20 余人。

无论是学成归来留在图书馆内的同人,还是从图书馆走出去到其他机构任职的同人,很多在图书馆学、历史学、文学、地理学、文献学等多个学科上卓有建树,众所周知,这批学者群最终成为中国现代学术史和图书馆事业史上的杰出人物。北平图书馆为他们的学术积累提供了浓厚的学术氛围和宽松的环境,在此度过的岁月是他们一生都难以忘怀的。谭其骧在馆任职时,还在外兼课,又协助顾颉刚办刊物,占用了不少工作时间,袁同礼馆长并不苛责,晚年他回忆起在馆的那段时间说:“我没有为北平图书馆做多少事,北平图书馆却为我提供了最好

①　梁建洲. 文华图书馆学专科学校毕业生就业的优越条件. 图书情报知识,2007(11):108 - 110,85.

②　国立北平图书馆. 国立北平图书馆馆务报告(民国二十二年七月至二十三年六月). 北平:国立北平图书馆,1934:29.

的做学问的条件和环境。我之所以懂得一点学问的路子，在结束研究生生活后紧接着又在图书馆里呆上这三年，是起了很大的作用的。"①谢国桢回忆那时的情形也说："是时馆中供职者，有赵万里、向达、贺昌群、刘节、王重民诸君，朝夕共处，以编纂之名义，而能各治其所学，在当时以为旷职，而后各有所成，殆所谓百年树人者欤。"②抗战前，王庸在北平图书馆工作了五年，谭其骧说这是王庸一生最安心工作而成绩最多的一段时期，所有已发表的整部著作，都是这时期内的研究成果③。

---

① 谭其骧.值得怀念的三年图书馆生活.文献,1982(4):243－247.
② 谢国桢.记清华四同学.见:谢国桢.瓜蒂庵文集.沈阳:辽宁教育出版社,1996:274.
③ 谭其骧.悼念王庸先生(1900—1956年).地理学报,1956(3):261－266.

第四章 战时南迁及复员时期(1938—1949年)

国立北平图书馆在北平沦陷后,奉教育部令南迁,暂在长沙设办事处,与长沙临时大学图书馆合作经营,以图事业复兴。1938年春,又奉教育部令迁往昆明,设立昆明办事处,与国立西南联合大学联合办馆。到1939年底为止,另在昆明柿花巷21号租赁办公地点,自理馆务。1941年又将部分资料运至重庆沙坪坝南开大学经济研究所内,在此设立重庆办事处。馆藏珍本图书,早在七七事变前,已将善本书甲乙库约五千余种,六万余册,敦煌写经九千余卷,金石碑帖数百件等寄放上海公共租界仓库,全份西文科学及东学期刊三百余种,约一万余册,寄存法租界亚尔培路中国科学社,是为上海办事处。其中寄存在上海的甲库善本图书2720种,约三万余册,102箱,于1941年运往美国,寄存在美国国会图书馆。另有一部分图书,如西文参考书、外国官书,全份西文及日文工程期刊四五千册,还有旧藏内阁大库舆图及各省舆图七八千幅,寄存南京地质调查所新建所址,对外称工程参考图书馆,此为南京办事处的前身。此外,为与国外通讯方便,在香港般含道冯平山图书馆内设立临时通讯处,争取国际援助,补充后方备战的损失。1940年,蔡元培馆长在香港逝世,教育部聘袁同礼为国立北平图书馆代理馆长,1942年为馆长。

抗战期间,国立北平图书馆与国立西南联合大学共同组织"中日战争史料征辑会",大规模地搜集有关抗日战争的资料。昆明办事处在昆明设立西南文献室,在兰州设立西北文献室,与丽江国立师范学校合组设立边地文献室,立足于西南及西北文献的搜救及整理[1],所制订的工作大纲包括征购少数民族照片在内的西南文献、传拓石刻,编辑西南边疆图籍录、云南书目和云南研究参考资料等

---

[1] 1942年11月20日昆明办事处报表:国内学术机关抗战以来概况调查表. 见:北京图书馆业务研究委员会. 北京图书馆馆史史料汇编:1909—1949. 北京:书目文献出版社,1992:1101-1102.

书,发掘了当地不少孤本秘籍。南下同人在袁同礼的带领下,"虽在颠沛流离之中,而忠勤振奋之精神则迄未稍变,埋头苦干,勇往迈进,推进图书馆事业,不遗余力。此种精神与毅力,诚足为国内从事图书馆事业者之楷模,且亦我国图书馆界之幸也"①。

抗日战争胜利后,馆务回迁。北平图书馆奉行国民政府行政院发布的"收复地区政治设施纲要"草案②,致力于图书的清查与整理。在沦陷时期伪教育总署、伪新民会、伪东方文化协会及日寇曾先后掠运国立北平图书馆藏书甚多,所有这些散失图书于1946年陆续寻回,重新入藏。1948年12月袁同礼去南京述职,馆务暂由王重民代理。1949年1月31日,北平和平解放。2月,袁同礼携眷由沪乘轮赴美。与此同时,北平图书馆由中国人民解放军北平市军事管制委员会接管③,9月,更名为"国立北京图书馆"。

第一节 基于西南文献的研究

西南文献在抗战之前,很少为人注意。西南地区交通不便,实地搜访文献确实不易。但是西南文献就国防、宗教、地理学、民族学、语言学等各方面的重要性,并不亚于中国其他地区文献。1938年以后,抗战大规模展开,西南地区成为中国大后方,内地人口不断迁移进来,高等院校及其他学术机关也相继南迁,西南地区的人文地理开始引起人们的关注。国立北平图书馆西迁入滇后,着力于西南文献的发掘采访,在此期间组织编印的目录、史料集有相当一部分是在该工作基础上完成的,同人的个人研究也依托于此,这是北平图书馆南迁后学术研究的一大特点。

1938年3月,国立北平图书馆在香港九龙蔡元培住宅内召开馆务会议,研究

———————————

① 七七事变后平市图书馆状况调查.中华图书馆协会会报,1941(1/2):5.

② 中国第二历史档案馆.中华民国史档案资料汇编:第五辑第三编"政治(一)".南京:江苏古籍出版社,1999:54.

③ 1949年2月13日中国人民解放军北平市军事管制委员会令第112号,派尹达、王冶秋、马彦祥为代表前来北平图书馆商议并办理接管事宜。见:北京图书馆馆史资料汇编编辑委员会.北京图书馆馆史资料汇编(二).北京:北京图书馆出版社,1997:2.

决定将征购西南文献（包括各种民族照片）和传拓西南石刻定为昆明办事处的采访工作大纲；又决定编辑西南边疆图籍录、云南书目和云南研究参考资料等书①。1940 年，北平图书馆呈报教育部当年的工作计划，再一次将"西南文献"和"西南石刻拓本"作为购书重点："对于此项文献继续搜求，俾能成为有系统之收藏，以供学术界之研考"②。北平图书馆派万斯年、范腾端、邓衍林等人分别负责各项事务。

万斯年赴迤西一带负责访求传抄当地文献。1941 年 7 月他由昆明出发，月底抵达云南剑川，其间除访得城南所谓元代冲霄王墓外，并在河北村山头发掘元代火葬坟墓，得有骨瓶、尸骨及殉葬之瓦壶、花瓶、铜镯等器物。8 月抵达丽江，在丽江的文献搜集工作包括：地方文献之搜访传抄，金石之访察传拓，东巴经典之访购，东巴经典之整理，木土司遗踪之踏访，明人真迹之搜访照录，其他文献之入藏，喇嘛寺庙之踏访，滇中刻藏佛经之访察③。民国时期有一些西方学者活跃在滇西，志在搜寻云南的自然与人文的宝藏。英国植物学家福莱斯先后七次来此搜集植物标本，曾将 135 本东巴经书卖给英国曼彻斯特博物馆，美国人洛克和昆亭·罗斯福（美国老罗斯福总统长孙）等人带走大量文物和东巴经书④，万斯年抢救了这些外国人劫余的珍品，大概有 3000 余帙纳西族东巴文经卷。另外，他在云南武定、禄劝一带彝区搜集到大量彝文文献。其中重要的一批文献是从那安和卿土司家购得，计彝文写经 507 册、彝文写经卷子 1 轴、彝文刻经 15 册、彝文刻版 15 块、汉文档册 12 册⑤，经当时正在该处做调查研究的中央研究院历史语言研究所马学良的审订，这批文献具有重要的历史文献价值，如明代木刻本《劝善

①　1938 年 3 月 11 日委员会关于留平的业务与在滇临大有关工作的谈话记录. 见：北京图书馆业务研究委员会. 北京图书馆馆史史料汇编：1909—1949. 北京：书目文献出版社，1992：550 – 553.

②　1940 年 1 月 18 日呈教育部 1940 年工作计划及 1939 年馆务概况. 见：北京图书馆业务研究委员会. 北京图书馆馆史史料汇编：1909—1949. 北京：书目文献出版社，1992：697.

③　万斯年. 迤西采访工作报告. 图书季刊，1944，新 5（2 – 3）：112 – 125.

④　和自兴，郭大烈，白庚胜. 丽江第二届国际东巴艺术节学术研讨会论文集. 昆明：云南民族出版社，2005：587.

⑤　袁同礼文呈教育部，汇报采购云南武定县那土司家藏经典经过并呈用费单据：档采藏 8. 1. 1943 – 12 –11（国家图书馆档案）.

经》、明嘉靖年间抄本《彝文六部经书》等，均为稀有珍本。万斯年在武定当即写就《记武定土司那氏所藏雍乾间军务案稿》，详细记述了这批军务案稿的子目和内容，指出这批文献对于考察彝族人的姓名，清初土司所受粮饷、赏赐和武器以及相关军事史实的价值。

1944 年，万斯年撰写《迤西采访工作报告》（发表在《图书季刊》），详述了他在丽江驻扎的 15 个月里的工作实况，包括所搜访的丽江地方文献、东巴经典和滇中刻藏佛经的特殊价值。

在万斯年采访的地方文献中，有一部分方志、山志，如管学宣、万咸燕纂修的《乾隆丽江府志》三册，陈宗海纂修的《光绪丽江府志》八卷十册，杨和栋纂修的《贡山志略》一册，黄元治撰《荡山志略》二卷二册，冯骏纂修的《中甸县志》等，除《乾隆丽江府志》和《荡山志略》有刻本外，其余方志从未刊刻，而且贡山、中甸地区的方志是首次编纂。南迁后北平图书馆陆续采集了不少西南方志，截至 1940 年，入藏有 883 种，其中四川 309 种，西康 22 种，云南 123 种，贵州 45 种，广东 48 种[1]。万斯年根据自己采访到的以及馆藏已有的西南五省方志，编制了《国立北平图书馆藏西南各省方志目录》，1942 年在昆明出版。

国立北平图书馆原来编有两部方志目录，即《国立北平图书馆方志目录初编》四册和《国立北平图书馆方志目录二编》一册，著录的方志入藏时间截止到 1936 年 6 月。万氏此编所收方志包括四川、西康、广西、云南、贵州五省，此五省方志，除已著录于原方志目录正编、二编者仍然著录外，凡 1936 年 6 月以后至 1940 年 12 月止陆续入藏者一并著录，共收志书 400 余种[2]。1945 年，万斯年又编纂了《国立北平图书馆近年入藏方志简目》，收录 1942 年以后陆续入藏的 25 个省的方志约 530 余种，5000 余册。

西南文献搜访的第二项工作，是传拓滇省石刻。北平图书馆的金石拓片多是由刘节、范腾端二人编辑。抗战前，已编完福山王氏旧藏拓本目，洛阳各村所存墓志拓本目，所购六朝墓志目、唐墓志目等多种，馆藏魏齐以来的墓志 4000 余

---

① 国立北平图书馆工作近况. 图书季刊,1940,新 2(2):262.
② 国立北平图书馆藏西南各省方志目录. 图书季刊,1941,新 3(3-4):107-108.

种在战前已编成四分之三①。南迁昆明后,范腾端仍在馆中负责该项工作。鉴于滇南金石拓片流传不广,1939 年起,北平图书馆委派范腾端传拓云南各地元、明、清代的石刻,并约集国内各学术机关共同参加。仅一年时间,就已传拓一百余种。传拓最多的要数明碑,如《李威候名宦记》《具足禅院记》《濠梁慎庵耿公墓碑》《晋宁州乡贤祠记》《太守张清常住田记》《明翼斋先生救命碑》《马哈只墓碑》等,从各碑文字中,可见滇南佛教的流传,历史事迹的探讨,或者有关人物的描述,有助于滇南文化的研究②。

1946 年,范腾端编纂完成《国立北平图书馆藏云南碑目初编》,收录汉碑 1 种,晋碑 2 种,宋碑 1 种,唐碑 4 种,宋碑 2 种,元碑 24 种,明碑 92 种,清碑 147 种,近刻碑 76 种,共 351 种,均为海内罕见之品。抗战期间,范腾端还整理出版《国立北平图书馆馆藏碑目(墓志类)》一种,著录历朝墓志目 3407 通,附释氏塔铭目 74 通,都是北平图书馆历年征集购置所得,其中包含福山王氏所藏的拓本和前京师图书馆所藏旧拓,二者约占总数的十分之一。碑目所载元魏宗子多至百数十通,唐季宰相世家也有数十通,可作为引证旧史的重要依据。

我国历来重视传记之作,自《史记》以来,史书中列传部分占有极大篇幅。而碑传"上足以见先哲之功烈,下足以正旧文之缺失",蕴藏着非常有价值的史料。北平图书馆对西南碑传的出版大力扶助,以彰显其价值。

云南学人方树梅仿钱仪吉、缪荃孙《碑传集》的体裁,在 1939 年编纂了一部《滇南碑传集》,将云南先贤之碑传搜访无遗,排比成书,人物取自明、清两代兼及民国时期。当时顾颉刚任教云南大学,听说此书完稿,特介绍北平图书馆交开明书局印行。万斯年为该书作序,详细论述了碑传的史料价值。他总结了五点:一、移民的史迹,二、社会制度的记述,三、姓氏的变更,四、习俗的记载,五、文献的著录。他说:

> 以碑传为中心来说:传主事迹的延长,是为"专传";将详细的事迹,按年

---

① 国立北平图书馆.国立北平图书馆馆务报告(民国二十四年七月至二十五年六月).北平:国立北平图书馆,1936:9.

② 国立北平图书馆传拓滇南石刻.图书季刊,1940,新 2(1):130.

谱录,是为"年谱";将传志累积起来,加以编次,则成"族谱"或"家乘"。仅以滇南碑传集为例,碑传之史的价值,已如上文所言。晚近以来,国人极努力于史料文献的搜集整理,方志档案,已为人所注意,谱牒之学,入清亦盛。倘将碑传、年谱、专传、族谱(或家乘)诸作,关于吾国氏族传志研究之一系列的文献,有系统的、大规模的搜集,作精密的研究,则所获之多,当不仅在氏族史方面。倘读者以为根据碑传,且可研究墓志传记之体例,而仿清代梁玉绳、吴镐等所为,则碑传之研究价值,且超越于史学范围之外了。①

1939 年,邓衍林编纂完成《中国边疆图籍录》,将关于东北、蒙古、新疆、西藏、云南、广西的中文图籍编成分类书目,书中所指边疆范围,包括我国的边疆区域及各少数民族地区。这是一部融边疆文献和舆图资料于一体的综合性目录,凡有关边疆史地资料及各少数民族的文献记载,都在收录之列,所收历代专著及舆图达到上万种(包括一部分佚书存目)。该书在体例上先依据地区,再以作者所处年代先后为序著录,各民族地区的区划体系,与 1954 年中央民族学院图书馆编的《少数民族研究资料索引》的地域范围和划分近似。所选舆图仅以有关史地者为限,府县镇市舆图概不著录。书目各条款顺序为书名卷数、编撰人姓名、版刻和附注事项。此外,书末附有"书名索引"和"著者索引",便于读者检索。由于西夏史料、契丹及辽代史料、金源史料、元代史料、明代边墙史料和明倭寇史料等,向来是研究边疆问题和中国民族史的必备资料,所以也列为专目,和划分的区域如辽宁、吉林、黑龙江、热河、察哈尔、绥远等同,以便研考。

作为我国学术界第一部较为系统的边疆学目录著作,《中国边疆图籍录》为我国边疆学、边疆史地研究提供了重要的参考书目。邓衍林编纂此书长达十年,出版情形因战事而遭受重大波折。北平沦陷后,他携带书稿流亡至昆明,编纂完成后交付商务印书馆排印发行②,却因太平洋战争爆发而搁浅。1956 年邓衍林回国,偶然在南京图书馆见到这部书的抄本,是他的初稿,但已不到四分之一。

---

① 万斯年.以滇南碑传为例略论碑传之史料价值.责善半月刊,1941,1(22):2 - 8.

② 本馆二十八年度馆务概况.见:北京图书馆业务研究委员会.北京图书馆馆史资料汇编:1909—1949.北京:书目文献出版社,1992:697 - 707.

1957年,他到琉璃厂访问商务印书馆编辑部,寻问书稿的下落,得知书稿的清样保存完好,连纸型都完整无损,对商务印书馆珍护稿件的精神倍感敬佩,在校对过后,决定仍以旧稿付梓。1958年,这部记载我国边疆图籍的目录在历经近20年的颠沛流离之后,终于完整地呈现给读者。邓衍林在抗战时期还就此书写过提要,补充了部分外文论著,不幸的是,全部稿片连同外文书卡四千多张在日军轰炸昆明时,毁于战火。

国立北平图书馆在昆明还编辑有《西南文献丛刊》,所收入的著作,或为本馆馆员自编,或为馆外人士著述。有前文所述方树海纂辑的《滇南碑传集》,全书约五十万字,末附人名索引。陈垣的《明季滇黔佛教考》六卷,十八篇,附一篇,共十二万余字,专论明代云南、贵州佛教的情况;凌惕安的《郑子尹年谱》八卷和《清代贵州名贤像传》四卷。《郑子尹年谱》约十二万字,郑氏为清代朴学大师,治经学、小学,著有《仪礼私笺》《说文逸字》《说文新附考》,为西南巨儒;《清代贵州名贤像传》择取贵州一地乡邦贤达48人,每个人物传记前附一幅画像。《西南文献丛刊》收入的著作均作为单行本委托商务印书馆排印发行①。

第二节　古籍辑佚、金石和越南史研究

抗日战争爆发后,王访渔、顾子刚、赵万里、杨殿珣、张秀民等一部分人员没有随部南迁,而在北平沦陷后留下来坚守馆产。北平总馆表面上设立了行政委员会,但一切措施仍按袁同礼馆长要求行事。1941年底太平洋战争爆发,中华教育文化基金会停止向馆里支付经费,负责维护北平图书馆馆务的中华教育文化基金会驻北平代表司徒雷登也被日军囚禁,北平的图书馆被敌伪教育总署接管,留守人员最终陷于敌伪势力的压迫之下。他们在极其困厄的境况下仍然勤耕不辍,监守馆产,国立北平图书馆复员后给予他们的评定是:"顾念该员等,伏处于敌伪势力压迫之下八年,举步荆榛,备尝艰苦,不辱使命,幸始终保全馆产,达到

---

① 国立北平图书馆工作近况.图书季刊,1940,新2(2):262-264.

留守之目的。"①

一、古籍辑佚

如果说北平图书馆昆明本部的工作侧重采访及出版,北平留守人员则侧重编纂及整理。赵万里主持《永乐大典》辑佚工作 6 年,辑佚史部、子部、集部与方志等文献达二百多种。这一工作从战前持续到战后,他们通过编制《永乐大典》引用书卡片索引,从而开展辑佚工作,先后完成《元一统志》《析津志》等志书的辑佚。

《元一统志》的辑佚从 1944 年开始,原书成书于元成宗大德七年,原名《大元大一统志》,由元代札马剌丁、虞应龙、孛兰盻、岳铉等人编撰,是元代官修全国性地理总志,明中叶以后散佚。赵万里汇辑内阁大库所藏元至正刻本七卷、常熟瞿氏旧藏抄本九卷、吴县袁廷梼家抄本三十五卷等旧帙,又根据《永乐大典》《寰宇通志》《明一统志》《日下旧闻考》《热河志》等书所引用《元一统志》的部分,以《元史·地理志》为纲,辑为《元一统志》。《元一统志》按建制沿革、坊郭乡镇、里至、山川、土产、风俗形态、古迹、宦绩、人物和仙释等部门记述,所引资料,凡大江以南各行省,大半取材于《舆地纪胜》和宋、元旧志,北方等省,则取材于《元和郡县图志》《太平寰宇记》和金、元旧志居多。由于宋、元旧志,十亡八九,金志全佚,而《元和郡县图志》《太平寰宇记》《舆地纪胜》等书,传本大都缺页缺卷,所以全赖此书得以订补。"此书存,则无数宋、金、元旧志俱随之而存,此书亡,则宋、金、元旧志亦随之而亡。"②其学术上的重要性,于此可见一斑。《元一统志》共十卷,分上下两册,1966 年由中华书局出版。

《析津志》是元代熊梦祥所著。析津原本是古冀州之地,五代后晋高祖石敬瑭割让燕云十六州给契丹,使析津成为辽的属地,辽在析津宛平(今北京西南)设立治所。《析津志》被认为是专门记述北京历史、地理的最早的一部专门志书,它

① 1947 年 6 月 5 日教育部训令第 30811 号及 7 月 4 日国立北平图书馆复原情形报告.见:北京图书馆业务研究委员会.北京图书馆馆史史料汇编:1909—1949.北京:书目文献出版社,1992:883 - 894.

② 《元一统志》前言.见:(元)孛兰盻等著;赵万里校辑.元一统志.北京:中华书局,1966.

保存了北京的沿革、属县、城垣宫宇、河闸桥梁、名胜古迹、人物名宦、山川风物、物产矿藏、名宦学校等丰富的资料。该书散佚于明代成化年以后,赵万里任善本组组长的时候开始《析津志》的辑佚,从战前持续到战后。

二、金石学研究

杨殿珣以整理和研究金石文献为主,陆续发表《石经论著目录》《佛教石经目》《宋代金石书目考》《宋代金石佚书考》《石刻题跋索引》等多部论著。金石文字作为订正史籍的工具,向来为人们所重视,因为多是当时人所作,与当时的人、事最为接近,相对于誊写的文籍讹妄较少。论石刻的书籍自宋代以来,著述繁多,检索起来十分不易,为便于学人检索,杨殿珣编纂了《石刻题跋索引》,以通行本为限,收录有关石刻题跋目录 134 种,石刻条目 4 万余条。共分为七类:一为墓碑,二为墓志,三为刻经(包括石经、释道经幢),四为造像(附画像),五为题名题字,六为诗词,七为杂刻(附砖瓦、法帖)。各类下再依刻立石年代顺序排列,时代不详的则分别附于某朝或某一时期之后,一种石刻而累经各家著录的,依照著录人的先后顺序排列。共收宋代欧阳修、赵明诚等著述 9 种,明代陶宗仪、杨慎等著述 5 种,清代顾炎武、朱彝尊等著述 88 种,近人杨守敬等著述 31 种。由于前有国人王国维所著《宋代金文著录表》《国朝金文著录表》(两表作于 1914 年,后收入《海宁王忠悫公遗书》)和美国人福开森的《历代著录吉金录》(长沙商务印书馆 1939 年版),《石刻题跋索引》只收录考释石刻的书籍,专论金文的书籍没有录入,并且以考证者为主,评定书法艺术的也没有录入。这部书收罗宏富,层次井然,学人可以省去翻检众书的时间,初学者可以借此窥探金石学的门径,所以一经出版就成为学人案头的必备工具书,一直到今天仍是专业人士整理、研究和利用我国古代石刻资料的重要参考书。该书于 1941 年由商务印书馆初版,1957 年出版了增订本,1990 年商务印书馆又影印出版了 1957 年的增订本。

三、越南史研究

张秀民在厦门大学读书时即爱好版本目录之学,1931 年毕业后进入国立北平图书馆从事古籍采编和目录编纂工作。抗战爆发后,张秀民深感国家危亡,昔日所从事的版本目录只是书皮之学,对国家兴亡没有实际用处,转而研究安南

(越南)史,在他看来,这门学问,关乎领土问题。

越南古称安南,自汉武帝开发百越以来就一直与我国保持着密切的联系。20世纪二三十年代,受四裔史研究趋势的影响,越南史一度成为我国学术界关注的焦点,有不少越南史研究论文发表,但是一直没有研究越南古史及民族文化的专书出现,论及越南历史民族的,错误还很多①。而在日本的史学界,东洋史的研究范围不仅包括汉学领域的中国,还扩展到东南亚、南亚、中亚和中东,到二战之前,形成以中国史为核心的历史研究体系。日本学者在研究东南亚、南亚历史的时候,为迎合日本侵略扩张的企图而有所倾斜,他们的研究对象与着眼点都在某种程度上与日本"南进"政策②达成一致。战前日本对越南史地的研究,重点放在中越关系上,《安南史研究》(东京大学山本达郎著)是最典型的代表作。著者的立场决定了叙事的倾向性,该书着重强调古代越南的独立性,把古越南摆脱中国控制的历程刻意放大,而忽略中国元、明两朝对越南经济、文化起到的积极作用③。在这种情况下,抗战八年,无论多么艰苦,张秀民从没放弃过对越南史的研究。

鉴于国人较少了解越南史,张秀民从馆藏中辑录成《安南内属时期职官表》《安南内属时期名宦传》两稿。《安南内属时期名宦传》对自汉唐至明永乐年间,凡在安南有拓土开疆、平定动乱、发展生产、提倡文化之功的历朝能官贤吏的功绩做了专门论述。据1985年张秀民自述:

> 解放前,余有感于国人对越南史地多不了解,曾以十余年之力就北图藏书辑录成《安南内属时期职官表》与《安南内属时期名宦传》两稿。蒙史学界前辈张星烺(亮尘)、王桐龄(峄山)先生赐序,张先生称后者"可作一剂爱

---

① 陈修和.越南古史及其民族文化之研究.昆明:国立云南大学西南文化研究室,1943:109-110.

② "南进"政策是日本帝国主义的一种侵略政策,主张通过中国向南洋一带扩张。1941年,随着日、美矛盾激化,日本统治集团发动了太平洋战争,向东南亚进军,推行其所谓的"南进"政策,以便获得更多资源和扭转不利战局,更重要的是独霸西南太平洋地区。

③ 瞿亮,毕世鸿.近代日本对越南的史地研究——以《安南史研究》为中心.外国问题研究,2015(2):32-38.

国药",这两部书稿均未付梓。①

1990 年,《安南内属时期名宦传》以《立功安南伟人传》为题,由台北王朝出版社出版。

1948 年,张秀民撰有两篇论文《占城人 Chams 移入中国考》和《明代交阯人在中国之贡献》,发表在《学原》上。占城位于东南亚中南半岛的东南部,北起今越南河静省的横山关,南至平顺省潘郎、潘里地区。中国古籍称其为象林邑,简称林邑,从 8 世纪下半叶至唐末,改称环王国。五代又称占城。在明代,占城与中国保持着友好的宗藩关系,占城向明朝朝贡,明朝把占城列为"不征之国",两国间贸易与文化交流频繁。1471 年,其大部分领土被越南后黎王朝所并,17 世纪末亡于广南阮氏。交阯,又名交趾,古地区名,泛指五岭以南。明成祖时期在此设立郡县,1428 年结束对交阯的统治。张秀民通过考察中南半岛古国与明朝的政治、文化和经济交流,以及占城人、交阯人的迁徙、经商、入仕等活动,得出"我中华民族包罗各种外来民族……经过数千年的同化融和,遂成今日之洋洋大观"的结论②。

中华人民共和国成立后,张秀民仍然没有放弃对越南史的研究,相继发表了《所谓〈永乐大典本交州记〉》《越南的医学名著——〈懒翁心领〉》《蒲寿庚为占城人非阿拉伯人说》《永乐〈交阯总志〉的发现》《越南古币述略》等一系列专论文章,1992 年由台北文史哲出版社合编为《中越关系史论文集》出版。

当然,凝结张秀民一生心血的还是他的代表作《中国印刷史》。印刷史因承载了许多中西交通的内容,而成为中外学者的研究热点,张秀民早期就对印刷术有所关注,抗战期间改弦易辙,投身于越南史的研究,后来又回归到印刷术的研究上。他从国家图书馆退休后完成了《中国印刷史》的写作。这本书是一部关于中国印刷术发展历史的综合之作,包含了张秀民前期的研究成果。钱存训作序说:"本书作者在国家图书馆工作多年,经眼的善本很多,掌握的资料丰富,具有

---

① 张秀民. 张秀民自传. 文献,1985(3):140-153.

② 张秀民. 占城人 Chams 移入中国考. 学原,1948,2(7):41-59.

写作这样一部全面性通史的优越条件。"①2006 年,《中国印刷史》插图珍藏增订版出版,此时张秀民已是百岁高龄。他为印刷版本学、安南史研究做出了突出贡献。

第三节　敦煌俗文学研究

敦煌文献最大的价值在于写本,写本之中大多数为中译的抄本佛经,间有梵文书,吐蕃文书等,而在文学上最值得注意的是俚曲、小说及词赋,古代文学的抄本等。自 1920 年王国维发表《敦煌发见唐朝之通俗诗及通俗小说》以来,俗文学一直是敦煌学研究的热点。郑振铎指出敦煌文献在文学上价值:第一,它使我们知道许多已佚的杰作,如韦庄的《秦妇吟》,王梵志的诗集之类。第二,它将中古文学的一个绝大的秘密对我们公开了,告诉我们小说、弹词、宝卷以及好些民间小曲的来源。它使我们知道中国近代的许多未为人所注意的杰作,其产生的情形与来历究竟是怎样的。这是中国文学史上的一个绝大的消息,可以因这个发现而推翻了古来无数的传统见解②。

敦煌俗文学研究初期,先是围绕敦煌俗文学的命名、分类,变文的文体来源、形成与发展展开讨论,国立北平图书馆同人的见解和论证独树一帜,甚至在某些方面具有开创之功。

敦煌写本本身大多数没有标题,一些原有标题的卷子题名有变文、变、因缘、缘起、讲经文、赋、话、诗、词文、传等多种形式,所以这些文学作品最初没有统一的称呼。1924 年,罗振玉的《敦煌零拾》一书将其中收入的三篇通俗文学作品命名为"佛曲"③,1929 年,郑振铎的《中国俗文学史》将这些文学作品定名为"变文"④,也有的学者只把标有"变文"或"变"的称为"变文",把讲经文、赋、话、词文等作为俗文学的其他形式。由于写本的文学创作手法界限比较模糊,在很长时间里,学者们对"变文"采用了较为广泛的外延,几乎涉及敦煌俗文学(自郑振铎

---

①　钱存训.张秀民著《中国印刷史》序.文献,1987(2):209 – 212.

②　郑振铎.敦煌俗文学的价值及影响.文学期刊,1929(1):44 – 53.

③　罗振玉.敦煌零拾.上虞罗氏铅印本,1924.

④　郑振铎.中国俗文学史(上册).长沙:湖南大学出版社,2014:156.

《中国俗文学史》问世,"俗文学"之名称为世人认同)的各个方面,至少民国时期的研究者一般都倾向于用"变文"作为敦煌所出讲唱文学作品的统称。

罗振玉最先称之为"佛曲",影响很大,然而这个称呼并不准确。1929 年向达撰《论唐代佛曲》一文,首先搞清楚了佛曲的性质,指出唐代真正的"佛曲",与敦煌所出通俗文学中的变文没有任何关系,《敦煌零拾》所收的三篇佛曲,是民间流行的一种通俗文学,而不是音乐,变文一类的通俗文学是唐代通行的一种讲唱文学即俗讲文学的话本。向达的考证纠正了罗振玉的失误,把敦煌俗文学作品的研究引入正确的轨道。

向达在郑振铎提出"变文"一词的同时,把敦煌俗文学称为"俗讲",虽然多数学者习惯使用"变文"一词,但"俗讲"一名,仍然受到充分重视,傅芸子、孙楷第都采用了这一名称。1934 年向达撰写了《唐代俗讲考》,系统讨论了俗讲的命名、俗讲的分类、俗讲的仪式、俗讲的话本、俗讲文学的演变和对后世文学的影响,等等。这些都是当时困扰敦煌文学研究的关键性问题。关于"俗讲是什么",向达从《高僧传》《入唐求法巡礼行记》《因话录》等书籍中钩稽出有关唐代寺院俗讲的材料,证明俗讲源于佛教,为佛家化俗讲法之用,唐代盛行于长安诸寺院中,俗讲之名早就存在,"尼讲"和"唱导"虽然与俗讲叫法不同,本旨是一致的;关于"俗讲的分类和命名",文章把敦煌所出俗讲文学作品分成三类:标题为"押座文"的是第一类,以"缘起"为名的可归入此类;标题为"变文"者为第二类;俗讲话本为第三类①。向达的分类在当时敦煌文学研究粗疏、分类笼统的情况下,有力地推动了敦煌变文研究向更细致、更深入的方向发展。关于"俗讲文学的起源",他认为"不外乎两途:转读唱导,一也;清商旧乐,二也"。并推论:"唐代俗讲话本,似以讲经文为正宗,而变文之属,则其支裔。换言之,俗讲始兴,只有讲经文一类之话本,浸假而采取民间流行之说唱体如变文之类,以增强其化俗之作用。故变文一类作品,盖自有其渊源,与讲经文不同,其体制亦各异也。"②而敦煌俗文学统以"变文"命名,他认为是以偏概全,这为他不使用"变文"而采用"俗讲"一词,做了解释。关于"俗讲文学的演变",他认为宋代说话人、宋词小序、弹词宝卷都可溯源于此。

---

①②　　向达.唐代俗讲考.国学季刊,1946,6(4):1-42.

　　《唐代俗讲考》是向达研究敦煌俗文学的一部重要著作，初稿刊于《燕京学报》第 16 期，1944 年他又结合藏在英、法等国的敦煌资料，特别是巴黎所藏 P. 3849 背面俗讲仪式文，将旧稿重新整理，发表于《文史杂志》1944 年第 3 卷 9/10 期。初稿所附录的《变文及唱经文目录》，是他收集的藏于伦敦、巴黎、北平三处，以及私家收藏的俗文学作品，主要是变文和唱经文，著录有 26 种。二稿附录增加了《长兴四年中兴殿应圣节讲经文》，从中可见唐代俗讲仪式和"讲经文"的概念。二稿另一附录是《现存敦煌所出俗讲文学作品目录》，在初稿《变文及唱经文目录》的基础上又增加了 29 种俗讲文学作品，共 55 种。向达反复研究俗文学作品的各种题材和演唱形式，论证确凿，严密周全，周一良评价说："向觉明先生《唐代俗讲考》贯串旧闻，辅以新知，源源本本，对于唐代俗讲问题，可称阐发无遗。"①

　　向达注重敦煌俗文学作品的辑录。早在 1931 年，就将北平图书馆藏敦煌通俗文学作品辑为《敦煌丛抄》，内容包含变文、唱文、小曲，共 61 篇。然而北平图书馆所藏敦煌文献毕竟以佛经居多，释藏以外的材料都被劫去收藏在伦敦、巴黎，后来向达在英、法、德等国调查敦煌写本和汉文典籍时，有意识地抄录了不少俗文学作品。1937 年，他把在伦敦收集敦煌俗讲资料的记录整理成文发表出来，即《记伦敦的敦煌俗文学》。这是敦煌文学研究史上第一个专门目录，前半部分列出伦敦所藏敦煌俗文学作品的简目，简目之后，是对这些文学材料的概括性分析和评述。向达谈到敦煌俗文学对于中国俗文学的贡献，列举了两点，一是题材方面，"为宋以后写小说杂剧传奇的人，预先展开一片广漠的新土"；二是敦煌俗文学作品中"活的辞汇"，为后来小说戏曲的语言使用做了铺垫②。有人称《记伦敦的敦煌俗文学》为"最早利用敦煌文书研究俗文学的拓荒之作"③。向达在文章中还抄录了《汉将王陵变》《秋胡戏妻》《叹百岁诗》等文学作品的全文或片段，

---

① 周一良. 读《唐代俗讲考》. 见：周绍良，白化文. 敦煌变文论文录. 上海：上海古籍出版社，1982：157.

② 向达. 记伦敦的敦煌俗文学. 新中华，1937，5(13)：123 – 128.

③ 樊锦诗. 缅怀前贤，激励来者——向达先生对敦煌学研究的贡献. 见：樊锦诗，荣新江，林世田. 敦煌文献·考古·艺术综合研究：纪念向达先生诞辰 110 周年国际学术研讨会论文集. 北京：中华书局，2011：1 – 5.

这在国内无法见到敦煌俗文学文献原件的情况下,显得尤其珍贵。

向达在国外所抄录的资料基础上,还撰写了《伦敦所藏敦煌卷子经眼目录》,并把英、法所藏敦煌遗书的一些零篇断简及有价值的东西,无论经史还是小说,共100多种辑录成《敦煌别录》,为我国敦煌俗文学研究提供了丰富资料。

关于"变"字之义,也就是变文的渊源,也是当时敦煌学人共同探讨的关键性问题。其释义主要集中于两种说法:一是由梵文转译,一是为汉名所固有。周一良评价了各种解释:郑振铎在《中国俗文学史》认为的所谓"变文"之"变",是指"变更"了佛经的本文,而成为"俗讲"之意,近似于假设;日本学者长泽规矩也①认为"变文"原来是指"曼荼罗的铭文",也没有根据;向达在《唐代俗讲考》第五节《俗讲文学起源试探》里想在南朝清商旧乐里找出变文的渊源,也没有发现什么连锁,周一良认为变文之"变",与变歌之"变"没有关系②。总之,"变"字从何而来,又如何解释,学界没有一致看法。

孙楷第作有《读变文杂识》,从汉语释义解释了"变文"的命名。他根据佛经、高僧传的记载和佛道二家的图像加以考证,指出"变文"的"变"字,是神通变化之"变",当"奇异、非常"解。非常之事属于妖异者,叫"怪变""妖变";非常之事属于灵异者,叫"神变""灵变",单言则只作"变"。变文得名,"当由于其文述佛诸菩萨神变及经中所载变异之事,亦犹唐人撰著小说,后人因其所载者系新奇之事,而目其文曰传奇;元以后人作戏曲,因其所谱者新奇之事,亦自目其文曰传奇也"③。由于主张"变"字从梵文转译的,还没有找出译文或对音的梵文,而在汉语内"变"字却是具有相适应的意义的,所以孙楷第的解释被学者所接受,王重民认为从汉语释义来说,孙楷第的解释是最好的④。

向达的《唐代俗讲考》只是论证了唐代有俗讲之事,对俗讲的讲经仪式没有展开讨论。孙楷第针对俗讲仪式以及俗讲本的体裁撰有《唐代俗讲之科范与体

①　长泽规矩也(1902—1980),字士伦,号静庵,神奈川人,日本著名文献学家。精于识书、购书,长期在华为静嘉堂文库等机构采购书籍。著有《书目学论考》。

②　周一良.读《唐代俗讲考》.见:周绍良,白化文.敦煌变文论录.上海:上海古籍出版社,1982:161.

③　孙楷第.读变文杂识.现代佛学,1951,1(10):3－6.

④　王重民.敦煌变文研究.见:王重民.敦煌遗书论文集.北京:中华书局,1984:285.

裁》,论述了俗讲的格范、轨仪、部党、门类,以及与后世之散乐杂伎的关系。关于"俗讲本的体例",他认为有两种:一是引用经文者,其本先录经文数句或一小节,标为"经云",然后加以说解,接着辅以歌赞,也就是讲唱经文之本;二是当时称为"变文"或"变"的本子,这一体裁虽然也是讲经但不录经文,而是解说与歌赞相间,也有的变文不是讲经的,是变文的别支。所谓的"唱导",没有标注讲经之名,但所引事类,或取自经文,或举世间传闻之事,目的也是宣扬教义,与变文可等量齐观①。

孙楷第《唐代俗讲之科范与体裁》写于1933年,本是作为北京大学小说史的讲义(后发表于北京大学《国学季刊》第6卷第2期),当看到向达正在撰写《唐代俗讲考》时,孙楷第就把这篇文章拿给向达做参考。两人对唐代俗讲及俗讲仪式提出的假设,在1938年被证实,王重民把巴黎国家图书馆所藏伯希和劫走的P.3849号敦煌卷子示于向达,卷子纸背有两段文字,一是《佛说诸经杂缘喻因由记》,一是俗讲仪式,后附虔斋及讲维摩经仪式,唐代俗讲的情状和仪式得以见到,即如两人所述。为此,向达十分看重两人的研究,有惺惺相惜之感:"一个人在那里暗中摸索,又写《唐代俗讲考》(初稿)一文,以证成个人的假设。孙子书先生也赞成我的说法,彼此互相讨论,其所著《唐代俗讲之科范与体裁》,体大思精,发明甚多。俗讲的研究至是始逐渐露出一线光明。"②

同人当中,对敦煌俗文学研究有突出表现的还有傅芸子和王重民。傅芸子,北京人,曾在日本京都大学及东方文化研究所,讲授中国语言文学。1942年4月至1945年9月任"国立北京图书馆"编目组主任,同时执教于北京大学文学院。他的《俗讲新考》对俗讲地方的情状和变文讲唱的方式作了详细阐述。他对"俗讲"的解释是:"六朝以来,由转读、赞呗、唱导三种混合而成的佛教宣传教义的新方法,便是根据经论,不作高深原理的探讨,将经文敷演出来,用通俗的言语,使民众易于了解。而说经的时候,并且夹杂着音乐,说唱兼施。"③关于变文由来,他说,根据《入唐求法巡礼行记》的记载,在长安市里,道教也有俗讲,和佛寺同时举

---

① 孙楷第.唐代俗讲之科范与体裁.国学季刊,1936,6(2):1-52.
② 向达.补说唐代俗讲二三事兼答周一良、关德栋两先生.大公报·图书周刊,1947-05-09.
③ 傅芸子.俗讲新考.燕京学报,1934(16):39-41.

行,佛教各寺院俗讲所依据的蓝本就是"变文",此为变文的渊源。

他在"国立北京图书馆"任职期间发表过两篇关于敦煌学综述的文章,一是《敦煌俗文学之发见及其展开》,一是《三十年来中国之敦煌学》,出于某种原因,现在很少有人提及了。《敦煌俗文学之发见及其展开》其实是一篇敦煌俗文学作品分类目录,它将北京、伦敦、巴黎所藏各卷,分为三类:一是变文,包括关于佛教故事的和非佛教故事的;二是诗歌(附词赋),包括民间杂曲、叙事诗之长歌、白话诗、杂曲子和民间之赋;三是小说,只有《唐太宗入冥记》和《秋胡戏妻》两篇,均藏于伦敦①。至于敦煌俗文学的衍生过程,他认为"变文"的名称虽然在宋代就已消失,但它特有的体裁得到自然发展,一方面直接演变成为宗教性讲唱的宝卷,此种宝卷与变文体制完全相同;一方面间接演变成为非宗教性讲唱的弹词,弹词又继续发展,在北方演变成鼓词,在南方演变成南词;小说方面,也有受到变文体裁的影响②。这篇文章把三十年来学者们研究敦煌俗文学的成绩作了一篇总结,以便引导学者向没有研讨过的方面开展专题研究。

《三十年来中国之敦煌学》将敦煌千佛洞发现敦煌古卷以来三十多年里,国内敦煌学发展的状况分校勘研究、影印整理两部分进行了概述。文章提纲挈领,切中要义,指出东西各国学人所研究的范围大致分为四类:汉文典籍、古代语文、宗教经典和美术文物,国人的研究以古代语文和宗教经典两方面为最发达,尤其是经史文学的校勘取得了很大成绩,宗教方面也可与东西学人相媲美,美术方面由于缺乏资料,远逊于国外。文章还指出国人研究敦煌学的出路:"敦煌发见的古卷子,就其内容价值言之,约可分为二点:(一)即古佚籍的发见,可补现存历史文献之不足者;(二)即据新发见的古本,对于今本可加以考订者。国人之致力于斯学者,即沿此二点,发挥光大,在世界著作之林,争一位置焉。"③事实证明,我国早期敦煌学研究正是沿着这条路进入世界学术之林的。

傅芸子早年在燕京华文学校图书馆任职,又为《京报》记者,曾主编《北京画报》和《国剧画报》,作品散见于《国闻周报》《益世报》《故都文物》。他自幼酷爱国学,博识旧京名物掌故,前期治学主要以北京风土掌故之学为主,主要著作有

①②　傅芸子. 敦煌俗文学之发见及其展开. 中央亚细亚,1942,1(2):36 – 42.
③　傅芸子. 三十年来中国之敦煌学. 中央亚细亚,1943,2(4):50 – 59.

《旧京闲话》《春明鳞爪录》等。按其弟傅惜华的说法，傅芸子一生治学分为两个时期，前十五年致力于北平风土掌故之学，后十五年专治俗文学研究①。他在北京大学文学院授课时，编有《俗文学研究大纲》讲义油印出版②。1947 年，傅芸子与傅惜华联合北平的俗文学研究者创办了《华北日报》的《俗文学周刊》，后来被称为"平字号"俗文学周刊，由傅芸子与傅惜华任主编。《俗文学周刊》是北方俗文学研究发表的园地（20 世纪 40 年代，香港、上海、北京的报刊均有"俗文学"副刊定期出版），执笔者大多是研究小说、戏曲、曲艺的专家，有孙楷第、郑振铎、赵景深、朱自清、王重民、赵万里、俞平伯、刘修业等，刊载的文章具有极高的学术价值，部分论文至今仍保持着作为开拓性论著的学术价值③。

1948 年，傅芸子去世后，《俗文学周刊》推出纪念专版，王重民发表《傅芸子先生与敦煌俗文学》，列举傅芸子敦煌俗文学的成就。在研究俗文学的潮流中，傅芸子"努力搜访明代以来的俗文学作品，已经很有成绩。再拿所得的成绩，去研究敦煌俗文学，方容易明白他的源委，更要搜罗宋元两代和敦煌时代以前的俗文学作品，方更能说明某一个文体或某一个小调的递嬗"④。他在敦煌俗文学宏观上的阐述与微观上的考证，都是非常成功的。除了上述两篇敦煌学综述性文章，他还著有《关于〈破魔变文〉——伦敦足本之发见》《丑女缘起与贤愚经金刚品》《敦煌本〈温室经讲唱押座文〉跋》《〈五更调〉的演变——从敦煌的叹五更到明代的闹五更》。

王重民研究敦煌学遍及文史哲各学科而偏重文学和敦煌俗文学，其中尤以变文研究最具中国文学发展史上的重要意义。他把敦煌变文区分成两大类：第一类讲唱佛经和佛家故事，按内容下分讲经文、讲释迦牟尼出家成佛的故事、讲佛弟子和佛教的故事三种，后两种都是有说有唱。第二类讲唱我国历史故事，按体裁下分有说有唱、有说无唱和对话体三种。由于可以亲赴英法，目验原卷，并有机会接触伯希来和斯坦因的收藏，他结合敦煌卷子做过许多考证历史故事的文章。

---

①．傅惜华.傅芸子俗文学论著要目.华北日报,1948 – 11 – 26.

②　肖彤.正白旗下的掌故.上海书评,2012 – 07 – 15.

③　关家铮.二十世纪四十年代北平《华北日报》的《俗文学》周刊.中国文哲研究通讯,2002(2):145 – 183.

④　王重民.傅芸子先生与敦煌俗文学.华北日报,1948 – 11 – 26.

　　王重民在巴黎法国国家图书馆发现敦煌本《汉八年楚灭汉兴王陵变》三份残卷，袖珍蝴蝶装，末有"天福四年八月十六日孔目官阎物成写记"一行字样，分别著录在 Pelliot 3627a、3867、3627b 三号①。他详加校阅，得知这三份残卷互相衔接，同为一书，只是卷端残缺一小部分，但已是万幸，便根据这一残卷，参照《史记》记载的"项羽捉陵母以招王陵事"，对这一历史故事的演变历史做了一番考证，写成《敦煌本〈王陵变文〉》，发表在《国立北平图书馆馆刊》第 10 卷第 6 号。其后他又见到斯坦因 5437 号抄本，也是《王陵变文》，前三叶可以补充巴黎法国国家图书馆残卷之缺，后七叶可以校正文字异同，于是撰写了《敦煌本〈王陵变文〉跋》，将后续书中关于此变文演化的史料补充进来，发表在傅芸子主编的《俗文学周刊》。像这样的考证文章还有很多，均发表在《俗文学周刊》，如：《敦煌本董永变文跋》刊载于第 3 期、《干将的故事》刊载于第 55 期、《许由的故事》刊载于第 57 期、《荆轲刺秦的故事》刊载于第 59 期、《孔子与采桑娘的故事》刊载于第 65 期、《汉光武的故事》刊载于第 69 期、《"二桃杀三士"的故事》刊载于第 71 期、《"鸿门宴"的故事》刊载于第 72 期。这些文章，博稽详考，深入全面地考证了在中国广为流传的历史故事的经过缘由，补充了国内研究人员考证的不足。

　　根据新发现的"古本"来考订"今本"，一向是我国学者最擅长的。王重民在伯希和劫去的卷子中发现了韦庄的《秦妇吟》卷子四种，将文献抄录下来寄回国内，刘修业据此撰写成《秦妇吟校勘续记》。孙楷第在 1937 年先后发表《敦煌写本张怀深变文跋》和《敦煌写本张义潮变文跋》，受到胡适的称许，认为这两篇文章不是一般的跋语，而是对唐代历史的考证②。

　　我国古代的通俗文学，包括歌、谣、曲子、讲史、话本、宋元以来南北戏曲及地方戏、变文、弹词、鼓词、宝卷等讲唱文学和民间传说等等，这些文学形式向来为士大夫所不齿，认为鄙陋卑俗，登不了大雅之堂，直到敦煌遗书中唐代通俗诗词、小说发现以来，通俗文学才引起世人的关注，发展到今天已成为中国文学史的主要组成部分。京师图书馆(国立北平图书馆)同人对于敦煌俗文学的研究集中围

　　①　王重民.敦煌本《王陵变文》.见:周绍良,白化文.敦煌变文论文录.上海:上海古籍出版社,1982:591.
　　②　孙楷第.我的《口述自传》与《业务自传》.见:学林漫录第十六辑.北京:中华书局,2007:17.

绕变文如何得名、变文的渊源而作,向达的《唐代俗讲考》、孙楷第的《读变文杂识》、傅芸子的《俗讲新考》、王重民的《敦煌变文研究》无不如此,他们所做的研究是利用新材料研究新问题,与当时学术的新潮流呼应,预示着敦煌研究和中国通俗文学研究的重要方向。

第四节　戏曲、小说的考证与古籍书录

一、戏曲考证与研究

民国时期,一些私人藏书流于市面。1938 年,郑振铎发现了曾由明代脉望馆主人赵琦美和清代也是园主人钱曾等人收藏过的杂剧剧本,均属海内珍本,价值不可估量,郑振铎把它们与敦煌千佛洞藏书的发现相提并论。

明代民间所藏的剧本,以山阴祁氏和海虞赵氏最为丰富。赵氏所藏,除少量为刻本外,其余大半都出自内府传录,这些传写本每种后有"万历某年月日清常道人校写"字样,清常道人,就是赵琦美的号,但赵氏收藏的剧本种数,已经无法考证。赵琦美死后,赵氏藏书多归于钱谦益的绛云楼,绛云楼失火,剧本幸免于难,钱谦益就把剧本转给族孙钱曾。钱曾字遵王,也以藏书闻名于世,撰有《读书敏求记》和《述古堂书目》,钱曾把这部分剧本著录在《也是园书目》中。从清朝雍正年间起,钱曾所藏在藏书者之间辗转流传,到民国初期,收在同乡丁初我手中。1937 年"七七事变"后,丁氏藏书散失殆尽,被上海古董商囤积居奇,"也是园旧藏"由此出现于世人眼前。在郑振铎的协调下,国立北平图书馆以重资购得,计 64 册,242 种,有刊本和抄本两种,刊本占十分之三,抄本占十分之七。据《也是园书目》卷十著录,钱曾藏有 343 种,而此次发现的元明杂剧剧本计有 242 种,占钱氏所藏戏曲的三分之二还多,"足称近二十年来戏曲界之一巨大发见!"[①]学者、收藏家、戏曲爱好者将其视为瑰宝,都想一睹为快。1939 年,国立北平图书馆将"也是园旧藏"元明杂剧,交由商务印书馆影印发行,以广流传。

孙楷第 1939 年 8 月在上海见到这批珍本,用了三周时间全部读完,回到北平后撰写了《述也是园旧藏〈古今杂剧〉》,共 20 万字,1940 年由图书季刊社出版。

---

① 傅惜华.也是园所藏珍本元明杂剧之发见(下).朔风,1939(3):122-124.

这部著作是戏剧研究方面的一部杰作。全书分上、下二篇。上篇叙述剧本的收藏经过。这些刊本、抄本中有赵琦美题跋，可知北平图书馆所收剧本十之七八来自赵琦美录校的脉望馆本。钱曾以后收藏者众多，除钱谦益外，各家收藏本书都有文字图章可考，自赵琦美起，之后有钱谦益、董其昌、钱曾、季振宜、何煌、顾氏试饮堂、黄丕烈、汪士钟、顾瑞清、赵宗建、丁祖荫等十余家。下篇叙述今本，包括：今本的历史，今存抄本曲；赵琦美所录内府本，赵琦美录于小穀本，其他抄本等；今存刊本曲；明息机子刊元人杂剧选本，明新安徐氏刊古名家杂剧本；赵琦美校曲与何煌校曲，以及编次沿革和今本的价值。下篇虽然是从赵琦美所藏剧本谈起，但实际上已涉及今存元剧剧本的版本源流问题。另外这部著作对元剧中的细枝末节都有详尽的论述。

孙楷第早在 1934 年底，就开始为《续修四库全书总目》撰写小说戏曲类提要了，他像考证小说源流一样考证元明杂剧剧本的源流，像编纂中国通俗小说书目，撰写通俗小说提要一样论述元剧的各种属性特征，如元剧中的专名：折、楔子、开、砌末、竹马、路岐、书会、捷讯引戏，都是当世人不了解不熟悉的。他曾经考证过元剧的常用语"兀的"，人们通常认为是蒙古语，孙楷第提出质疑：元人杂剧是用汉语写的中国文学，并非以蒙古语写的蒙古文学，既然是用汉语写的中国文学，那么无论作者是胡人还是汉人，绝无应用大批胡语的可能①。他用两个月的时间，从《元人百种曲》中辑出所有用"兀的"二字的句子，以文法分类，"兀的"有用作名词的，有用作形容词的，有用作副词的，也有用作叹词的，孙楷第一一加以解释，指出"兀的"本是宋元习语，而非蒙古语。

他还从元人集中广搜博采元曲家的生平和创作资料，作有《元曲家考略》。元曲作者声名并不显达，在史书中也不见记载，他们的名字往往出现在诗文集中。以元人集为史料的研究，有订正《元史》的，有考察西域文化的，有记述河北道教文化的。通过元人著述来辨析考证元曲家的，孙楷第是第一人。

二、古典小说的考证

刘修业于 1936 年赴法国巴黎，襄助王重民整理伯希和劫去的敦煌遗书卷

---

① 　孙楷第. 释"兀的". 国语周刊，1932（21）.

子。1937 年 4 月,两人在巴黎完婚。1939 年受欧洲战争影响,夫妇二人同赴美国,共同为华盛顿美国国会图书馆鉴定整理中国古籍,直到 1947 年抗战胜利后回国。在此期间,两人分工研究美国国会图书馆所藏中文图书,王重民以考察中文善本书为主,刘修业的研究重点是古代小说戏曲。

早在留欧期间,刘修业就对法国国家图书馆及英国博物院所藏中国戏曲小说感兴趣,课余经常到图书馆阅读,曾撰有《海外所藏中国小说戏曲阅后记》寄于国内《图书季刊》发表,对《醒世恒言》《今古奇观》《觉世雅言》《觉世名言》等流于海外的珍本残编做了考证。在美国又有机会接触大量稀见文献,回国前完成了一部考证吴承恩的著作——《吴承恩事迹交游考证》。

之前,胡适、鲁迅等人对中国白话传统小说做过一系列考证,胡适从 1920 年起,十几年间以“序言”“导论”等不同方式,为 12 部传统小说大致写了 30 万字的考证文章①。1923 年,胡适作《西游记》的考证,考证出《西游记》的作者是淮安嘉靖中岁贡生吴承恩②。鲁迅根据宋祖舜的《天启淮安府志》的记载,并参考清人钱大昕、纪昀、丁晏、阮葵生、吴玉搢等人的论著,也断定《西游记》是吴承恩所作③,至此吴承恩作《西游记》的事大白于世,吴承恩这个名字也越来越响亮。刘修业的《吴承恩事迹交游考证》的新意在于通过考证吴承恩师友的名号,来考察吴承恩的交游状况及一生的事迹。

前人研究吴承恩多从地方志上找材料,刘修业则是利用吴承恩本人的文集展开研究。吴承恩曾撰有一部诗文集,名为《射阳先生存稿》。吴承恩号射阳山人,集子所录的正是他与师友们的唱和之作。这部诗文集大约在明万历十七年(1589)由吴承恩的外侄孙丘度(其母亲是吴承恩的外甥女)整理刻印行世,前有曾任淮安知府的“五岳山人”陈文烛万历十八年的序,后有自称“通家晚生”的吴国荣万历十七年的跋,此为初刻本,在天启《淮安府志》中有记载,但流传不广,世所罕见。万历四十年(1612)左右,丘度再次增补重刻,又约请当时文坛名家李维桢题序,此为重订本。明末至清初的一段时间内,《射阳先生存稿》的流播还算广

① 唐德刚. 胡适口述自传. 桂林:广西师范大学出版社,2005:187.
② 胡适. 西游记考证. 读书杂志,1936(6):1-4.
③ 鲁迅. 西游记. 见:鲁迅. 小说旧闻钞. 济南:齐鲁书社,1997:36.

泛,曹溶的《明人小传》、陈田的《明诗纪事》、朱彝尊的《明诗综》中均有介绍或收录。但进入清中叶以后,就难见到其书了。1921 年,冒广生所刻《楚州丛书》中的《射阳先生文存》辑录了 16 篇古文,是个残本。直到 1929 年万历年原刻《射阳先生存稿》四卷本才在故宫博物院发现(现存台北故宫)。故宫博物院在藏书中发现这部集子后,相当重视,从当年的 12 月开始到次年即 1930 年的 11 月,连续在《故宫周刊》①上选载书中若干各体诗文,随即又刊出了完整的铅排本,以应付各方的研究所需。刘修业根据这部《射阳先生存稿》,把诗文集中所记录的人物别号一一考证出来。

虽然故宫博物院重印出版《射阳先生存稿》,被人们视为一个重大发现,但其他研究者在继续讨论吴承恩的问题时,并没有根据这部集子写成文章,原因在于:第一,在这部集子里,找不到吴承恩作《西游记》的材料,连吴承恩的事迹,看得出的也很少。第二,这部集子里出现的人名,都是别号、雅号,甚而有号无姓,人物真实面目隐藏在这些别号之后。刘修业通过查阅大量明清方志,正德、嘉靖、隆庆、万历间的文人集子,比照辨析,鉴定出他们的真实身份,知道某一号属于某一人,成了重要的史料,使原本沉寂不为人知的吴承恩事迹,因为了解他的师友渊源之故,也就有所了解了。《吴承恩事迹交游考证》这部书最得力的地方即在于此。

全书分三部分:一是吴承恩的年谱,包括吴承恩一生的事迹;二是吴承恩的交游和文学思想,特别留意了和吴承恩关系深的几个人;三是吴承恩的著作,也牵涉到人的关系,例如《花草新编》和陈耀文《花草粹编》的关系。吴承恩曾经以《花间集》和《草堂诗余》为底本,编纂过一本唐宋金元词选集《花草新编》,刘修业在论吴承恩著作这一章时,讨论了他的《花草新编》和陈耀文②所著的《花草粹编》是同一部书的可能性。大概是陈耀文根据吴承恩的选本,稍稍增删了一下,便刻成了现在的《花草粹编》③。《射阳先生存稿》卷二有《〈花草新编〉自序》一文,陈述了《花草新编》的编纂缘起、经过和义例,刘修业先以这篇自序与陈耀文

---

①　《故宫周刊》于故宫博物院成立四周年时(1929 年)创刊,吴瀛任首任主编,刊登故宫藏历代艺术珍品,至 1936 年停刊,共出 510 期。

②　陈耀文,生卒年不详。字晦伯,号笔山,确山县人,明嘉隆年间学人。主纂《嘉靖确山县志》二卷,有词选集《花草粹编》十二卷传世。

③　刘修业.考花草粹编和吴承恩的关系.华北日报,1947－11－14.

的《花草粹编》自序作对比，比较出二者的异同，陈序虽增添了一些掌故，但是以吴序作底稿这一点还是很明显的，然后再研究陈耀文增添的他自己的几个事迹，最后看两个序的义例，猜想陈氏以吴氏稿为底稿编成《花草粹编》。只是今本保存原稿多少，因为吴氏原稿不可见，也就无从推测了。书成之后，孙楷第为之作序称：这部书是继胡适《红楼梦考证》之后最重要的一部小说史著作，《射阳先生存稿》是不容易利用的，但是刘修业居然用它做成功一部最好的书，这是奇迹①。

《吴承恩事迹交游考证》在民国时期未见出版，它的各章分散见于刘修业的《古典小说戏曲丛考》（作家出版社，1958 年）。该书收集了刘修业早期关于中国古典小说与戏曲的研究文章，除了有关吴承恩的研究外，还有她对《拍案惊奇》《三国志》《封神演义》等小说各种版本的研究成果，其中多是英法图书馆藏本。《吴承恩年谱》，1950 年最先发表于《周叔弢先生六十生日纪念论文集》，后来与《吴承恩交游考》《吴承恩著作考》和《吴承恩论著杂事考》一起收入《古典小说戏曲丛考》，后又一并收入刘修业的《吴承恩诗文集·附录》（古典文学出版社，1958 年），以上各篇是刘修业发表的《吴承恩事迹交游考证》里的所有成果。

刘修业出国前，在国立北平图书馆索引组工作。《国学论文索引》初编和续编的编纂，她都没有赶上，三编、四编都是由她编纂的，两编分别于 1934 年和 1936 年由中华图书馆协会出版。1955 年，北京图书馆出版油印本《国学论文索引》第五编，分上、下册，署名为北京图书馆参考研究组，其实是刘修业主编的。她还主编了中华图书馆协会出版的《文学论文索引》续、三两编，分别于 1933 年和 1936 年出版。在晚年，她全力整理王重民的遗作，先后完成《中国善本书提要》及其补编、《敦煌遗书论文集》《中国目录学史论丛》《冷庐文薮》等多种专书的整理与出版。

三、古籍书录

抗战前王重民与刘修业夫妇在美国国会图书馆钻研古籍，王重民遍览了美国国会图书馆收藏的中国善本书。他将所见的中国古代文献拍摄成显微胶卷或撰写叙录，完成《美国国会图书馆藏中国善本书录》的手稿。回国后他结合在北

---

① 孙楷第.吴承恩事迹交游考证序.华北日报，1947 - 10 - 31.

平图书馆与北京大学图书馆阅读善本书写下的提要,初步编撰成《中国善本书提要》(1949 年后续有整理,但未能完功就去世了)。

《中国善本书提要》是一部规模大、学术价值高的古籍书录。包含王重民在 1939 年至 1949 年写成宋元明刻本及校抄本等善本书提要约 4000 余篇,计有北平图书馆的 2100 多种,北京大学图书馆藏的近 600 种,美国国会图书馆藏中国善本书录约 1600 余篇。提要对每书的版本、著者、编者、刻工等,都详加考订,纠正了《四库全书总目提要》的多处错误。在写每部书的提要时,都把该书的序跋一一著录出来,有时还抄录全文,弥补国内空缺。卷末附有书名索引及人名索引。《中国善本书提要》具有极高的学术性,傅振伦说它能"达到目录学'辨章学术,考镜源流'的要求""是一部最有参考价值的善本书录",又引清人洪亮吉《北江诗话》将藏书家分为考订家、校雠家、收藏家、赏鉴家、掠贩家五等之说,评价王重民是合钱大昕、戴震、卢文绍、翁方纲为一的考订家与校雠家①。

不仅如此,《中国善本书提要》还蕴涵着一些新思想和新方法。比如在收录善本时,王重民兼顾了过去不重视,但对于研究经济学、社会学、民俗学等有价值的文献,比如民间通俗实用的书籍、词曲、蒙童读本等,与传统的《四库提要》形成鲜明的对比。关于书本作者、版本本身以外的学术问题,提要中也时有探讨,发表了不少有见地的议论,给予读者很大的启发。白化文曾说,王重民所写的提要给后来人无数的提示,这些提示中的一部分思路和想法还十分现代化,"一句提示,几乎就可以让后来人作出一篇小论文"②。王重民在美国收录的中国善本书稿以及撰写的提要,为国内学者开展学术研究提供了极大的帮助。顾廷龙对王重民的学术成就和精神给予了高度评价:"君学贯中西,尤邃于目录版本之业,早岁曾在北平图书馆从事编纂之役,潜研群籍,辑著多种。暨乃远涉重洋,历访法、英、德、意、美诸国,遍读中国善本、敦煌遗书,见闻益广。平日尤勤于笔札,翻帘所及,辄为提要。其探赜索隐、钩深致远之功,名山传布,久为学术界所赞扬。"③

---

① 傅振伦.《中国善本书提要》序.见:王重民.中国善本书提要.上海:上海古籍出版社,1983.

② 白化文.读王重民先生的《中国善本书提要》.博览群书,2003(12):30-34.

③ 顾廷龙.《中国目录学史论丛》跋.见:王重民.中国目录学史论丛.北京:中华书局,1984:341.

第五章　学术特征

民国时期,中国学术在 1927—1937 年间达到最黄金的时期,也是在这一时期,国家图书馆同人在学术上的成就达到鼎盛。时代的良好际遇与个人努力成就了一批杰出的学人,其学术成就构成中国学术的重要组成部分,所呈现的学术特征与当时整个学术界的特征非常吻合。

同时期的陈寅恪发表过一段非常有名的论说。他在结束欧美多年游学生涯后,应清华国学院之聘,回国任教,受到欧美东方学界利用新材料来从事研究的影响,1930 年他在给陈垣《敦煌劫余录》写序时谈到对于学术的看法,他说:"一时代之学术,必有其新材料与新问题。取用此材料,以研求问题,则为此时代之新学术。治学之士得预于此潮流者,谓之预流(借用佛教初果之名)。其未得预者,谓之未入流。此古今学术史之通义,非彼闭门造车之徒所能同喻者也。"[1]在那个时代,一部分中国知识分子企求将传统的治学格局与西方近代文明相结合,以开拓一条新的学术途径,希望建立一种新的思维模式。也就是说,在中华民族危亡之际,中国要跟上时代,预世界之潮流,在欧美与日本的研究领域里掌握话语权,站在世界学术的最前沿。要做到这一点,中国得研究自己的学问,创造出解释中国历史的学术体系,建立学术的民族自信[2]。同人在学术上的建树正是以新材料与新问题作为支撑,采用新材料研究新问题,特别是在中国自己擅长的领域,与西方学者拥有共同的研究潮流,他们的学术研究与当时的中国学术紧紧维系在一起,这一群体是"预世界之潮流",建立学术自信的重要参与者。

第一节　依托新材料的大发现

晚清至民国,是新材料大发现的时代。如果说殷墟甲骨是被金石学家意外

---

① 陈寅恪. 敦煌劫余录序. 图书馆学季刊,1933,7(1):114—115.
② 葛兆光. 预流的学问:重返学术史看陈寅恪的意义. 文史哲,2015(5):5－17.

发现的话,那么自19世纪中叶至20世纪初叶,列国纷纷组织所谓探险队到中国的西北边疆探险或调查,就是有组织有意识的活动了。其中,著名的有俄国人普尔热瓦尔斯基自蒙古经黄河上游而至西藏高原,出罗布泊,经和阗,越天山,返西伯利亚之行,瑞典人斯文赫定在帕米尔、新疆、西藏、甘肃西部的七次探险旅行,英国人斯坦因在上述地区的三次探险活动,日本人橘瑞超在库车、吐鲁番、罗布泊的三次探险考察,德国人勒柯克在上述地区的两次探察,以及法国人伯希和的甘肃和库车、吐鲁番之行。探险活动令尘封经年的古代废寺壁画、汉晋木简及各种语言的佛经残卷被发现,令中国乃至世界的学术发生翻天覆地的变化。

在发现殷墟甲骨及敦煌藏经洞等中国近现代重大文化事件中,还包括抢救"大内档案"。"大内档案"即清代内阁大库及军机处档案,多为明清(主要是清)两朝五百多年间留下的总量约900多万件历史档案,内容涉及政治、经济、军事、文化等。帝制被废除后,储藏于内阁大库等机构中的档案,或流散民间,或处于失管状态。张之洞、罗振玉、傅增湘等一批有识之士采取各种方法予以抢救,从中整理出大量非常珍贵的明清史料,后来汇编成集。如同敦煌遗书、殷墟甲骨、汉晋简牍一样,这些明清时期的宫中"秘档"也被称为近世古文献四大发现之一,成为显学。

一、新材料为同人的学术研究带来机遇

王国维在清华研究院一次演讲时总结了近世发现的古器物图籍等材料,共有五项:殷墟甲骨文字,敦煌塞上及西域各地之简牍,敦煌千佛洞之六朝唐人所书卷轴,内阁大库之书籍档案,中国境内之古外族遗文[①]。无论是新发现的西域文献还是宫廷秘藏的档案,有一部分在20世纪初因缘际会被国家图书馆收藏,同人就此编纂了新目录供众阅览并展开专题研究,在某些领域不仅填补了学术界的空白,甚至走在学术研究的最前端,包括敦煌学、西夏学、古建筑学和戏曲史等等。

在新材料的"大发现"中,清末敦煌石室藏书的出现举世震惊,石室中最重要的部分被斯坦因和伯希和运走,分藏于英、法两国。1909年,精通汉学的伯希和

---

① 王国维.最近二三十年中中国新发见之学问.清华周刊,1925,24(1):8-10.

携部分敦煌珍本,如《尚书释文》《沙州图经》《慧超往五天竺国传》《敦煌碑赞合集》等到京,出示给中国学者,中国学术界才知道敦煌遗书这份文化瑰宝。当时学者鸿儒纷纷前来参观,罗振玉、蒋黼等前往其寓所抄录敦煌文献。同人王仁俊是其中之一,他用四天时间,将有关历史、地理、宗教、文学者抄出,并参照伯希和敦煌考察报告,详加考订,辑录成《敦煌石室真迹录》,分为甲、乙、丙、丁、戊五录。1911 年,他又据新见《唐律疏议》编成己集,以《故唐开元律名例疏案证》为题单独刊行。敦煌学发展的初期以公布资料为主,无论是王仁俊的《敦煌石室真迹录》,还是后期许国霖辑录的《敦煌石室写经题记与敦煌杂录》,走的都是文献辑录刊布的路子,不过同人以跋、按语和提要等形式在许多方面进行了开拓性研究。30 年代,向达和王重民赴巴黎、伦敦调查、抄录敦煌文献,并因个人兴趣和治学侧重的不同,各有收获。

除敦煌遗书外,新发现的西域文献还包括重见天日的西夏典籍。《元史·耶律楚材传》记载,元军攻西夏,破灵武时,将领们都争着掠取人口钱财,唯独耶律楚材专门收集失落的书籍。据此可以猜想,西夏一代的文献典籍在元初还保留有不少。不过,这批文献在元以后的几百年中几乎亡佚殆尽,王仁俊所辑《西夏艺文志》仅著录八种。在 19、20 世纪之交的探险大潮中,法国毛利瑟、伯希和分别得到几册西夏文佛经,书目由黄任恒采入《补辽史艺文志》中,但也为数不多。1908 年,俄国探险家科兹洛夫率地理考察队进入我国内蒙古额济纳旗,在原西夏黑水城遗址城掘获了大批西夏文献,全部载归彼得堡,黑水城被西方誉为继敦煌藏经洞之后的又一宏富宝库,"西夏学"也由科兹洛夫的"盗掘"揭开序幕①。

1929 年,北平图书馆购得一批西夏文书,在购入之前,曾请陈寅恪和钢和泰两名教授详细审查,内中最宝贵的是佛曲,为稀世之珍,此外还有佛像数帧、我国古书数册,价值一万元。北平图书馆与中央研究院商定,由研究院设定奖学金,鼓励国内学者从事研究。1931 年,北平图书馆因有一部分旧存唐人写经,还没有经过审定,约请精通佛典的周叔迦②来馆襄助,而新购的西夏文书,也趁机请他过

---

① 聂鸿音. 西夏文献研究小史. 北京师范大学学报,1990(3):44 − 52.

② 周叔迦(1899—1970),字志和,生于世宦之家,祖父是清代两广总督周馥,父亲是北洋政府财政总长周学熙。于同济大学学工科,后转向佛学,曾在北京大学、清华大学讲授中国佛学。

目。周叔迦最初也不认识西夏文字，但他以多年来涉猎佛经的底蕴，逐字比文，梳篇栉目，不到一个月就标出名号，最后整理出《馆藏西夏文经典目录》，"都凡经论十三种，为册一百云尔"①。周叔迦在《辅仁学志》上发表《北平图书馆藏西夏文佛经小记》，首次披露了这批西夏文献的大概，人们才知道此为何经。1932 年，《国立北平图书馆馆刊》第 4 卷第 3 期《西夏文专号》，集中展示了西夏一代的考古成果，也包括这部分西夏文佛经目录。

随着帝制的消亡，一些宫廷密档流出宫外，为世人所见。国立北平图书馆斥资购入大量档案，以样式雷图档和昇平署档案最为有名。

样式雷图档指以雷氏家族为主的清代宫廷建筑师绘制的建筑设计施工图样和相关档案文献。明清两代各项官方工程虽然名义上由工部掌管，习惯上则是由样房②承办。每逢大的工程，先由样房根据工程绘制出图样，图样由样房保存，秘不示人。雷氏家族世代以皇家工程为业，清廷败亡，雷氏家道也随之迅速败落，雷氏后人将家中所藏图档取出求售。1930 年，北平图书馆在营造学社朱启钤的斡旋及中华教育文化基金会的同意下，购入圆明园、三海及近代陵工模型 27 箱，尚有各项工程图样数百种。此后北平图书馆又连续购入长春园全部图样、万寿山三海等处工程图 1000 余幅、工程做法册 48 种。

样式雷图档是我国古代建筑史上唯一留存下来的原始建筑图档，北平图书馆非常重视，"圆明园早被焚毁，得此可以考求遗迹；三海模型并可与实物互相印证；陵寝地宫向守秘密，今可借此公开研究，实于学术上有重要之价值"③。1934—1935 年度，国立北平图书馆编制了《圆明园史料汇编》三部分，第一部分汇录汉籍中关于圆明园事件的记录文字，第二部分将关于圆明园之地样缩写模型为之摄影，第三部分将东西人士论述及于圆明园之文献广为搜罗加以移译，在

---

① 周叔迦.北平图书馆藏西夏文佛经小记.辅仁学志,1931,2(2):55 - 63.

② 样房，又称样式房。负责宫室、苑囿、陵墓等修造，属清廷内务府。中国古代，凡制造器物的模型、绘图的稿本都称作"样"或"样式""样子"，样房的职责是制作建筑设计图即"画样"、建筑模型即"烫样"以及设计说明即"工程做法"，钦准后支取工料银两，招商承修。

③ 国立北平图书馆.国立北平图书馆馆务报告(民国十八年七月至十九年六月).北平:国立北平图书馆,1930:19.

馆刊分期登载①。同人金勋专门从事样式雷图档的编目和圆明园的研究，1933年他编辑了《北平图书馆藏样式雷制圆明园及其他各处烫样》《北平图书馆藏样式雷藏圆明园及内庭陵寝府第图籍总目》和《圆明园四园详细地名表》三篇目录，这是最早整理样式雷图档的记录。

昇平署档案是反映清代宫廷演剧情况的重要材料，清帝逊位前一直保存在负责宫廷戏曲管理的机构——昇平署。昇平署隶属于内务府，帝制废除后，末代皇帝溥仪仍住在宫中，一切封禁如故，直到1924年昇平署署址被袁世凯占用，昇平署档案才从宫中流出，被迁至景山、北海等处，后来部分资料被太监私自卖给了书商。北京大学教授朱希祖在1924年12月10日，从北京宣武门大街汇文书局买到昇平署档案及抄本戏曲一千多册，在1931年《燕京学报》上发表《整理昇平署档案记》，记载了这批档案的情况："为第一次售出者，其中档案较全，戏曲惟清廷自制大戏曲亦较全，其它皆为昇平署演习曲本，有六七百种，不全者多。"②至于档案部分，自嘉庆至道光七年的南府档案，"仅有十余册"，道光七年至宣统三年的，"共计五百七十七册"。朱希祖所得并非全部，其后散出的部分，为多家藏书机构和个人所购藏，未散出的部分则保存在故宫博物院。由于昇平署档案涉及文学、史学、民俗学、戏曲和美术，范围极广，史料价值极为珍贵，当时学人纷纷渴求一睹为快。1932年，朱希祖将一应档案出让于国立北平图书馆，供公开阅览研究。馆长袁同礼对这批档案评价很高："当时帝王物力之充裕、岁月之闲逸，实可于此窥其大凡，亦近代戏曲史中重要资料也。"③不久，这批戏曲文献就被收入善本目录，王芷章据此撰写了《清昇平署志略》《腔调考原》《清代伶官传》等戏曲史著作。

二、新材料促进同人学术研究的深入

新材料的发掘和运用一直贯穿着近代学术发展的整个过程。王国维说，"古

---

①　国立北平图书馆.国立北平图书馆馆务报告(民国十九年七月至二十年六月).北平：国立北平图书馆，1931：23.

②　朱希祖.整理昇平署档案记.燕京学报，1931，12(10)：2083－2122.

③　袁同礼.国立北平图书馆善本书目乙编序.见：国立北平图书馆善本书目乙编.北平：国立北平图书馆，1935.

来新学问起大都由于新发现"①,就中国而言,先秦史的重新解释、中西交通成为热点、明清社会史的巨大发展,以及宗教研究范围的扩大,都与这些新发现有关。新材料的发现带动学术的探索和更新,直接推动了建立在实证及文献基础上的中国学术的进步,这就不单纯是某个图书馆、大学、研究院等个别场域内的事了。

首先,新材料的发现,激发出各研究领域的新问题,原本属于域外汉学研究的重心和领域,随着西方学术思潮"东渐",成为中国学术的共同取向。比如,敦煌石室藏书有不少是久已佚失或从未为人所知的古书,重现人间,对于中国中古史和四裔史的研究凭空增添了一万余卷的材料,敦煌卷子中的抄本时代、图像证史、中外关系、外来宗教、俗文学等等问题都有待探索和考查;在考古学领域,早期中国城市、国家形成的历史成为人们的关注点;在艺术史中,对于古代建筑、石窟、雕塑、图像的研究成为人们追逐的目标;史学领域兴起古史辨伪的浪潮和从明清档案中重新书写明清史的趋势。

西方学者研究中国学术的论题、方法和宗旨为中国学者打开新的视野。20世纪初,域外汉学已经引起国内学界的普遍关注,其汉学成果在国内学界往往会得到迅速的回应。时人谓:"外人之致力汉学,为期虽短,而进步惊人。即如欧美汉学家能以科学方法处理史料,其研究之精细,立论之精辟,多为国人所不及;又如日本学者之研究中国学术,其精密处虽不如西人,然取材之赅博,刻苦不苟之精神,殊足供国人所借镜。"②最初,域外汉学在中国学术界扮演了"路标"的角色③。

当时国内学界在研究热点上积极吸取国外领先的研究成果。比如中西交通史,欧美、日本从事中西交通史研究,比中国早近半个世纪,就整体水平而言,虽然西北地理对于中国历史的重要性早在秦汉以前就已显现,在汉武帝交通西域之后更加深化,但是中国传统学人对于西北史地的研究,所做的大部分工作都是根据历代史籍,钩稽厘定而已,始终没有溢出这个范围。西方学者实地考察西北地理,全面了解绘画、雕刻、佛教、商贸等诸多文明的输入与输出,比起国人仅仅

---

① 王国维. 最近二三十年中中国新发见之学问. 清华周刊,1925,24(1):8–10.

② 本刊下年度编辑计划. 史学消息,1937,1(8).

③ 李孝迁."他人入室":民国史坛对域外汉学的回应. 华东师范大学学报(哲学社会科学版),2012(6):76–83.

停留在某某地望的考释上要先进得多。所以,移译欧美、日本汉学者的佳作成为沟通中外学术的重要途径,而大量翻译介绍国外汉学家在中西交通史方面的成就,也是民国时期中西交通史研究的特点之一①。

中国学者如张星烺、冯承钧翻译了很多外国学者的著作,同人也参与其中,仅印刷术西传,就有向达翻译的美国卡特著《中国印刷术之发明及其西传》,万斯年翻译的日本藤田丰八著《中国印刷起源:剑峰遗草首篇》,刘修业翻译的美国恒慕义著《中国活字印刷术之检讨》。他们的翻译成果对中西交通史上的民族、宗教、文化、交通、政治等问题都有涉及。不仅如此,同人在中西交通史上也有自己的创作。汉唐间,佛教刚刚传入中国,有关佛教的典籍稀少,不少高僧远涉重洋到异地求取佛经,他们对出行之举、游历之地都有撰述。此时,南海一带海上交通十分发达,安息②、大秦③的商贾常常往来于古印度与中国广州,汉唐时期的典籍对此记载较多,向达发表了《汉唐间西域及海南诸国古地理书叙录》,将汉唐间古地理书汇为一集。1934 年,向达出版了《中西交通史》,该书在中西交通史研究上具有里程碑的意义。《西域闻见录》是反映 18 世纪中叶我国新疆和中亚史地的一部通志,由于年代久远,该书的书名、版本和著者生平都没有统一认识,万斯年考证了《西域闻见录》的多个版本,如《新疆纪略》《异域琐谈》《西域总志》《西域记》《新疆外藩纪略》等,并分析了著者七十一④的生平履历。

其次,随着中外学术沟通日益密切,中西方学者研究问题的方法也趋于一致,本土学术出现用新观点新方法考察中国的大趋势,利用新材料、新方法研究新的历史论题,同时突破中原地域的局限,兼顾西域等周边地区,成为中国学术界的话题。

以史学为例。20 世纪以来,欧美、日本学者研究中国历史文化,基于科学的方法、新史料的挖掘利用、多种语言的应用,在汉学研究方面进步迅速,中国史学

① 李孝迁.民国时期中西交通史译著述评.中国图书评论,2012(6):84 – 91.

② 安息(公元前 247 年—公元 226 年),古帝国名。位于罗马帝国与汉朝中国之间的丝绸之路上(今亚洲西部伊朗地区),是当时的商贸中心。

③ 大秦,古代中国对罗马帝国的称谓。东汉和帝永元九年(97),西域都护班超派属官甘英出使大秦,至条支,临海而回。桓帝延熹九年(166),大秦皇帝安敦遣使来中国。晋武帝太康年间也有大秦使者前来。

④ 七十一,字椿园,满洲正蓝旗人,乾隆十九年(1754)进士,著有《西域闻见录》八卷。

的发展,尤其在中国古史、中西交通史、蒙元史、语言学等领域,均受域外汉学的影响。中国传统史学一向是以帝王将相和王朝为中心,记载他们的循环和兴衰,其历史叙述以政治、道德和伦理鉴戒为主要内容,甲骨文、西北汉晋简牍、敦煌写本、明清内阁大库和军机档案的发现,为历史学界提供了新的研究线索,新材料进入研究者的视野后,传统治史观念渐渐被新的历史研究理念取代,中国学者的研究兴趣转到四裔历史、中外关系、生活史、文化史、经济史等传统史学并不发达的领域,历史论题选择方向发生转变,旧史学逐渐过渡到新史学上来。

刘节主张通过古代文字去发现古史的真实材料。1934 年,他为顾颉刚的《古史辨》第五册写了序言,认为中国的上古史一方面要整理旧史中的系统,另一方面要从新得的材料中做出新史的骨干①。说到材料,他感到上古史的材料最麻烦的是其中夹杂传说成分太多,主张应下决心把那些传说加以考证、甄别和提炼,然后发现正确的上古史材料。因此,他不满足于在几部有限的史书中翻来覆去,认为向殷墟书契和两周金文去开拓新境地才是研究上古史唯一的办法。他说:"三十年来,吾国考古学界有两大发现:即殷虚书契及流沙坠简是也。前者为吾国人所发现。后者则匈牙利人斯坦因博士所得,而考校训释之功,法人沙畹博士开其端,吾国人总其成。"②刘节根据安徽寿县出土的九件铜器,辨释考订写成《寿县出土楚器考释》等文,对诸器的铭文、形制与纹样作了深入研究,订正了《史记·六国年表》等书的谬误。

学者们于新兴的社会史研究倾注了极大的热情。王国维撰写的《胡服考》,通过征引大量史料,论述了赵武灵王时期的上褶下裤并配冠、具带、履靴的军服,以及其历代变革情况,虽然没有引用图像,但这是第一次明确把服饰研究与社会变化结合在一起的著作,具有开山之功。后来敦煌壁画与出土文物的纹饰吸引了人们的目光,一些学者开始结合图像史料来探讨古代服饰,如童书业的《唐代妇女的围巾"帔帛"考》《唐代妇女的西装——胡服式半袖裙襦考》,同人贺昌群的《唐代之服饰》《唐代女子服饰考》等,对唐代服饰作了微观考证。向达在《唐代长安与西域文明》中,指出西域文化对唐的影响表现之一是唐朝女服的胡化现

---

① 刘节.古史辨序.见:顾颉刚.古史辨(五).上海:上海古籍出版社,1982:9.
② 刘节.中国金石学绪言.图书季刊,1934,1(2):59 – 73.

象。近代学者通过服饰实物、壁画资料与史籍记载结合，研究古代服饰的问题，开拓了史学界的视野。另外，王重民用他从巴黎抄回的敦煌资料，撰写了《敦煌本历日之研究》《敦煌本董永变文跋》《干将的故事》《记敦煌新出的菩萨蛮》《说五更传》，运用敦煌新史料质疑现存历史述说和添补文学内容。

王国维面对层出不穷的新史料，提出"二重证据法"，这是在新材料大发现的背景下，中国学者受西方史学观念冲击而创造的较为"本土化"的史学研究方法。王国维在《古史新证》中说：

> 吾辈生于今日，幸于纸上之材料外更得地下之新材料。由此种材料，我辈固得据以补正纸上之材料，亦得证明古书之某部分全为实录，即百家不雅驯之言，亦不无表示一面之事实。此二重证据法惟在今日始得为之，虽古书之未得证明者不能加以否定，而其已得证明者不能不加以肯定，可断言也。①

王国维运用这种新的研究方法去整理、研究大量新发现的史料，并与原有的文献资料相互参验和勘证，在中国古史研究（主要包括殷商世系的考证、殷商制度的考释、古代地理学的研究、甲骨文和金文及简牍等古文字的考释、蒙古史和辽金史的研究等）中取得开创性的成就。陈寅恪在《王静安先生遗书序》中对王国维的史学方法旨趣及其贡献又做了进一步的阐述，他说王氏为学的内容和方法殆可举三曰来概括：

> 一曰取地下之实物与纸上之遗文互相释证。……二曰取异族之故书与吾国之旧籍互相补证。……三曰取外来之观念，与固有之材料互相参证。……此三类之著作，其学术性质固有异同，所用方法亦不尽符会，要皆足以转移一时之风气，而示来者以轨则。吾国他日文史考据之学，范围纵广，途径纵多，恐亦无以远出三类之外。此先生之书所以为吾国近代学术界最重要之产物也。②

---

① 王国维.古史新证.见：顾颉刚.古史辨.北平：朴社，1933：265.

② 陈寅恪.王静安先生遗书序.见：陈寅恪.金明馆丛稿二编.上海：上海古籍出版社，1980：219.

　　此"三曰"虽然是在说史学的研究方法,但也总结了当时中国学术的新方向,"取地下之实物与纸上之遗文互相释证",就是用地下考古发现的各种实物跟现在传世文献上的文字材料来相互证明;"取异族之故书与吾国之旧籍互相补证",就是用外族的文献跟本民族的史书互相补证,研究辽、金、元代历史和西北史地就要通过这个方法;"取外来之观念与固有之材料互相参证",就是用外来的新观念、新理论和中国原有的材料互相证明,在旧的话题中注入新思想。

　　王国维的"二重证据法"是以乾嘉学派治经史之法参酌新发现的甲骨文、金文、简帛资料而提出的,讲究材料与正史经载互相印证,即出土文献与传世文献的比较研究,很容易为中国学者接受。在同人中,无论是向达、孙楷第对于"俗讲"的解释,刘节对于铜器的考察,还是傅芸子、王重民对于敦煌俗文学的研究,都自觉或不自觉地沿用了这种方法,贺昌群在出土汉简与文献的相互参证上的研究表现得尤其突出。

　　1930 年,中瑞西北科学考察团在今甘肃境内额济纳河(古称居延海)附近的汉代遗址中,发掘汉代木质简牍(其中有少量竹简)一万余枚,这批汉简被称为"居延汉简"。居延汉简是继敦煌汉简之后发现的最重要的汉代边塞屯戍文书,在内容和数量上都大大超过了敦煌汉简,为汉代历史的研究开辟了新的研究领域。1931 年 5 月,居延汉简运到北京,贺昌群、向达、劳幹①、余逊②等人分工合作,对汉简作了部分整理和释读。贺昌群把简文逐条誊抄下来并写出释文,然后根据文献中的记载对简中的字、词及反映的名物制度做了详细考释,写成《汉简释文初稿》(手写稿)。重要的是,他还把汉简作为"论据"来论述汉代的社会性质、政治和经济结构等论题。在论"烽隧制度"和"两汉土地占有形态"时,他列举了居延汉简的材料,对汉代的屯戍制度以及屯戍的士卒生活做了深入、生动的解释。

---

　　①　劳幹(1907—2003),湖南善化县(今长沙)人。北京大学历史系毕业,后入中央研究院历史语言研究所,累升研究员。主攻汉代历史。著有《秦汉史》《魏晋南北朝史》《居延汉简考释·释文之部》等。

　　②　余逊(1905—1974),字让之,湖南常德人,文献学家余嘉锡之子。北京大学历史系毕业,留校任教,后入中央研究院历史语言研究所。抗战期间,曾在辅仁大学历史系讲授秦汉史。抗战后,任北京大学历史系教授。

　　1940 年贺昌群发表的《烽燧考》,是应用"二重证据法"的又一篇力作。烽燧二字,历来注家众说不一。唐张守节《史记·正义》曰"昼日燃烽以望火烟,夜举燧以望火光",张晏注引《汉书·贾谊传》,也说"昼举烽,夜燔燧",但颜师古不赞同这种说法,认为应该是"昼则燔燧,夜则举烽"。王国维在《流沙坠简考释》中,力赞颜师古之说,谓"其识甚卓"。贺昌群据汉简考释,认为以上二说"皆有不然"。盖烽燧之义,不是同一作用的两个事物,实指"烽火亭燧"而言,"烽者烽火,燧者亭燧,凡亭燧所在,即有烽火"。他详细考释了汉简中的"表""桓""苣火"和"积薪",指出"表言信号,桓指柴笼,昼焚柴笼可望烟,夜燃苣苣可望火"。边塞示警,日间举桔槔上所悬之表(帜),或燔积薪施烟;夜间则燔积薪与束苣照以火光。二者统谓之烽火①。20 世纪 70 年代居延新发现的汉简《塞上烽火品约》载:"匈奴人昼入甲渠河南道出塞,举二烽,坞上大表一,燔一积薪。夜入,燔一积薪,毋绝至明。殄北、三十井塞上和如品。""匈奴人昼入三十井降虏隧以东,举一烽,燔一积薪。夜入,燔一积薪,举坞上一苣火,毋绝至明。甲渠、殄北塞上和如品。"②证实了贺昌群关于烽燧制度的考释是正确的。

　　傅斯年说:"凡一种学问能扩张它研究的材料便进步,不能的便退步"③,可见材料对于学术研究的重要性。中国学者在民国时期开始将目光转移到发掘出的地下遗物,比如敦煌石藏、西夏文书,还注意到匈奴、鲜卑、突厥、回纥、契丹、女真、蒙古等问题,研究范围不断扩大,治学理念不断更新,学问也越来越进步。他们审慎地运用新材料,探索学术研究的宗旨和论题,无论是考订史实还是解释现象,都尝试采用科学的方法,客观地观察与归纳,利用新材料证成新学说或补充旧史文,在汉学的诸多领域取得话语权。20 世纪 40 年代,周一良总结现代史学特征,他认为中国现代史学,无论是科学方法的应用、史料的范围,还是观点与资料是否入时(即指陈寅恪所谓的"预流"),已经与西方史学的精神、原则和方法一致了,只有现代化与不现代化的区别,没有东西地域的区别④。

---

①　贺昌群.烽燧考.国立中央大学文史哲季刊,1943,1(2):63-92.
②　甘肃省居延考古队简册整理小组."塞上烽火品约"释文.考古,1979(4):360.
③　傅斯年.历史语言研究所工作之旨趣.中央研究院历史语言研究所集刊,1928(1).
④　周一良.现代史学的特征.见:梁方仲等.现代学术文化概论.上海:华夏图书出版公司,1948:9-14.

第二节　以训诂、校勘之学治新兴学术

中国传统的学术重视义理、考据和辞章之学。训诂、校勘、考证是同人熟悉的治学方法,很自然地运用到新兴学术的研究,他们普遍注意文献的搜集、整理和考辨,偏重实证式研究,这一学术个性的培养与他们所接受的学术训练是互为因果的。

孙楷第在北平高等师范就读时,在老师杨树达的指导下,阅读了清代乾嘉学派的主要著作,并接触了传统学问的思维方法与考据方法[①],毕业后到北平图书馆工作,每天可浏览大量典籍,在《中国通俗小说书目》序中,他对治学缘由做过详细阐述:

> 楷第幼耽异闻,长嗜说部。及入北平师范大学,学目录学于守和先生,习而悦之,遂有志于撰作。于时劲西先生亦在师大讲贯,间以谈燕,语及斯旨。先生因谓:清修《四库提要》,去取未公。其存目之中,即多佳著;正书所录,亦有具臣。又不收南北曲,仅以《顾曲杂言》《钦定曲谱》《中原音韵》三书附诸集部。小说则贵古而贱今,唐以后俗文概不甄录。虚争阀阅,只示褊窄。今欲补其缺略,宜增通俗小说及戏曲二部。戏曲如静安《曲录》,搜采略备,唯通俗小说仍无人过问,此可为也。当时悦怿,深味斯言。惜下[不]久离平,未及着手。及民国十八年,服务中国大辞典编纂处,遂奉命纂辑。……十九年秋,入北平图书馆服务,遂得专心从事于此,因旧目而扩充之。[②]

此时,中国传统文学观念受"西学"影响发生转变,"小说"这一文学载体从"不登大雅之堂"开始步入文学研究的主流,孙楷第把乾嘉学派重视版本、目录的方法,引入小说研究的领域,从 20 世纪 30 年代开始,通读了北平公私所藏古典小说,从版本目录学入手,建立了自己的研究体系。他不但研究小说的版本,还注

---

① 杨镰.孙楷第传略.文献,1988(2):160 – 170.
② 孙楷第.中国通俗小说书目.北平:中国大辞典编纂处,国立北平图书馆,1933:6 – 7.

重小说人物的考证。如《关于儿女英雄传》,对小说的版本、作者文康及其家世做了阐述;《三言二拍源流考》包含两方面的内容:一是对小说版本源流的考辨,一是对小说本事的探索,搜辑小说故事在历史演进中的不同形态。还有《夏二铭与野叟曝言》《李笠翁与〈十二楼〉》《水浒传人物考》等文,都是非常精彩的考释文章。他的《小说专名考释》对"小说"的不同名称分别做了考证,指出"说话""评话""说书"等名称古今不同,但意思是一致的,都是指故事而言。另一名称"词话"出自正史,本来是元人称呼话本的词语,明代人沿用下来。但考证元人"词话"又需注意元之"词话"与宋之"说话"的区别,"词话"之解及其体制。

　　孙楷第学术研究的个性,用郑振铎在《俗讲、说话与白话小说》序中一段话来概括十分恰当:孙先生由"目录之学而更深入的研究小说的流变与发展。他从古代的许多文献材料里,细心而正确的找出有关小说的资料来,而加以整理、研究①"。以考据方法来研究中国古典小说,这种研究路数,孙楷第自称为小说"旁证"。1935 年,他在《国立北平图书馆馆刊》第 9 卷第 1 号刊出《小说旁证序》和 8 篇话本小说的本事渊源材料,正式提出以"旁证"方式研究中国古典小说。本着这种研究方式,他的小说"旁证"或讨论版刻源流,或探析名物制度,或征其故实,或考其原委,或辑录与小说可以相互参证的故事,都是以考据为主并将考据、辞章、义理三者结合,来稽考小说本事来源及与小说史相关的问题,这是孙楷第做学问的显著特征。

　　与孙楷第一样,同人的教育背景与传统文化积淀决定了他们的治学之路,胡鸣盛 1913 年考入北京大学文科研究所哲学门(北京大学研究所国学门前身)②,师从章太炎,研习经学、史学及诸子百家。1929 年 8 月,他应聘于国立北平图书馆,为该馆编纂委员会委员,兼写经组组长。写经组在胡鸣盛主持下,重编敦煌遗书目录,名为《敦煌石室写经详目》及《敦煌石室写经详目续编》。他的个人著述丰富,研究范围广泛,涉及诗词、音韵、历史、典籍、哲学、医学、农业、军事诸方面,但是无论研究对象是什么,始终依循着版本、目录、校订等传统治学方法,如

①　郑振铎.《俗讲、说话与白话小说》序. 见:孙楷第. 俗讲、说话与白话小说. 北京:作家出版社,1956:2.

②　郭建荣.北京大学研究所国学门的变迁(上). 文史知识,1999(4):114 – 119.

《故宫杂钞》《应城先正经籍考》《四库荟要目录索引》《诸史经籍艺文著录表》《校注史料丛钞》等①。

王重民 1924 年考入北京高等师范学校（后改为师范大学），陈垣、高步瀛、黎锦熙、钱玄同都曾是他的老师，当时陈垣有北方及门弟子三人，号"河北三雄"，他是其中之一。王重民来北海图书馆后接触到大量藏书，开始编纂各种专门索引，同时从事目录学的研究，编《老子考》时，曾就版本问题向陈垣、杨树达、傅增湘等先生和一些藏书家请教。1926 年他与孙楷第同受业于杨树达，研习诸子校勘训诂之学②，奠定了儒家四门传统知识的基础。他的早期研究在图书与版本、著者与其著述的考证居多，除《老子考》外，还撰有《刀笔考》《道德经碑幢刻石考》《史记版本及参考书》《苍颉篇辑本述评》《李清著述考》《李越缦先生著述考》《杨惺吾先生著述考》等。在敦煌俗文学研究中，他结合敦煌遗书考证了历史事件或古文献的叙事，包括中国特有的历法。1935 年他写成《金山国坠事拾零》，在我国文献中，关于金山国事的记载不多，《旧五代史·吐蕃传》云："沙州梁开平中，有节度使张奉自号金山白衣天子"，有关记载只此一处。王重民在巴黎国家图书馆翻阅敦煌遗书，搜得金山坠简《白雀歌》《龙泉神剑歌》各一首，《沙洲百姓上回鹘天可汗书》一件，《曹义金上回鹘众宰相状》一件，又有其他五篇杂文，他整理录出并加以考证，金山国事从而有了纪年与纪事。在斯坦因、伯希和劫去的敦煌卷中，写本历日为数很多，其中《七曜历日》一种，东西学者都有相关撰述，王重民遍读了伯希和所劫去的历日部分，于 1937 年写成《敦煌本历日之研究》，收集其所见英藏、法藏和罗振玉旧藏的历书，并做了初步定名和定年。

近代中国处在新材料大发现的时代，敦煌文献、流沙坠简、金石古物、俗文学文本等新旧材料无一不成为训读对象。由于种种原因，敦煌写本本身大多数没有标题，非佛经的卷子要么没有标题，要么题名有变文、变、因缘、缘起、讲经文、赋、话、诗、词文、传等多种，关于非佛经卷的敦煌写本如何定名成为最初学术界讨论的话题，有"变文"说，"俗讲"说，还有人称为"佛曲"，早期研究者一般倾向

① 胡鸣盛著作一览表.考古,1934（1）:58－63.

② 刘修业.王重民教授生平及学术活动年表——附著述目录.图书馆学研究,1985（5）:28－59.

于用"变文"作为敦煌俗文学作品的统称,而后变文的鉴定和变文辨体成为学术界又一个话题。敦煌俗文学来自民间,字里行间充塞着大量方言俗语,而写本又保留了大量的俗字、别字、讹、舛、衍、脱等情况较多,并且还有着许多殊异于今日的书写特点①。不仅是敦煌俗文学,从《毛诗》《楚辞》到汉魏六朝的各种体式的俗文学作品,下而至于从各种敦煌文献(包括大量的俗文学作品)、宋元明清历代的话本、戏曲、章回小说到民间流行的弹词、宝卷等,存在着各种问题,如文字的校勘、词语的训释、成语典故的诠释、方言方音的辨识以及语法结构的分析等等,都有待解决。而解决上述问题,依靠前人留下来的训诂、校勘之学成为当时学人的自然选择。

同样,赵万里在辑佚学方面的成果,王庸的地理学史研究,孙楷第的古典小说研究,谢国桢、贺昌群、向达的史学研究,刘节的金石器物研究,王芷章的戏曲研究,王重民的敦煌变文研究,张秀民的印刷史研究等,莫不遵循着从版本、目录、校勘入手的可靠途径。民国时期中国学术界虽然在现代学科上形成初步的规模,然而国人包括馆内同人的学术研究不会在短时期内摆脱传统治学的习惯,在他们个人学术研究过程中,虽然带有某种偶然性,比如说从工作的需要出发,但从全局上看,他们的治学道路正适应了历史的需要,也就是说,适应了我国学术界发生的以训诂、校勘之学用于新学科这一转折的新潮流。

目录学、版本学与校勘学在中国由来已久,人们普遍认为起自西汉末刘向、刘歆编撰的《别录》《七略》,也有从春秋时期孔子整理古籍,作《周易》"序卦传"或《诗》《书》小序算起的说法②,清代章学诚归纳为"辨章学术,考镜源流",他在《校雠通义·序》中曰:"校雠之义,盖自刘向父子,部次条别,将以辨章学术,考镜源流,非深明于道术精微、群言得失之故者,不足与此。后世部次甲乙,纪录经史者,代有其人,而求能推阐大义,条别学术异同,使人由委溯源,以想见于坟籍之初者,千百之中不十一焉。"③意思是通过编修目录,达到辨别学术,考订学术源流,使学术(及其源流)彰显、明晰的目的,为了达到这个目的,在编修目录的过程

---

① 之言.七十年来的敦煌变文研究.古籍整理研究学刊,1990(4):1-4.

② 余嘉锡.目录学发微　古书通例.北京:中华书局,2009:7.

③ (清)章学诚.《校雠通义》序.见:章学诚.校雠通义,南海伍崇曜粤雅堂.清咸丰元年刻本.

中,需要"深明于道术精微、群言得失之故",这是中国古代学人治学的境界。近人郭嵩焘总结考据有三途:"曰训诂,研审文学,辨析毫芒;曰考证,循求典册,穷极流别;曰雠校,搜罗古籍,参差离合。"①之后,章炳麟、马准把目录学、校勘学统称为"广义的校雠学",校雠学的意义"不仅以比核文字,审正讹脱为限。此外,尚须考订篇章,辨次部类,乃至整齐杂话,考订传说,辨别真伪,搜辑逸佚"②等等,这些都是中国传统目录学的价值所在。正如王国维评价的:中国人之所长"在于实践之方面,而于理论之方面,则以具体的知识为满足。至分类之事,则除迫于实际之需要外,殆不欲穷究之也"③。

然而在近代中国,随着西方图书馆学的输入,在中国古代作为一种治学方法的目录学、版本学与校勘学被纳入广义的图书馆学。

西方所谓的目录学与中国原有的"目录之学"不相一致。英国爱丁堡目录学会会长福开森认为的目录学(Bibliography),从广义上讲,是指"书的记载",书的内容是好是坏,与目录学家无关。他在《目录学概论》里说:

目录学家应当研究书的版次,特点,出版地,印刷人,印刷时代,字体,图解,版之大小,校勘,装订,藏者,分类,收入何丛书,及见于何目录,他所注意的是书的客观的对象,而不是书的内容的道理,目录学是记述书籍的科学,或艺术,或科学艺术兼备的学术。④

刘国钧曾经解释过中西方目录学的不同,他说:

夫目录原以纪载书籍为目的,而郑、章诸人所提倡者,乃以书中所表现之思想为对象;其所重在学术,而不在书籍之本身,特因书籍为学术所寄托,乃欲以保存书籍者保存学术,编次学术者编次书籍。此观于郑氏屡言人守

① (清)郭嵩焘.王氏校定衢本《郡斋读书志》序.见:郭嵩焘.郭嵩焘诗文集.长沙:岳麓书社,1984:28.
② 马准.校雠学之意义及其历史.中华图书馆协会会报,1935,10(6):1-2.
③ 王国维.论新学语之输入.教育世界,1905(96):1-5.
④ (英)福开森.目录学概论.武昌:文华图书馆学专科学校,1934:1-2.

其学,学守其书,书守其类,而章氏且以官守学业皆出于一为校雠之出发点,而可知也。然则郑、章诸人所提倡之目录与以记录书籍为目的之目录其间固自不同。前者为学术史之一部分,殆西人所谓著述史乎;后者乃所谓目录也。①

而在中国传统学人的思维中,目录是治学的一种手段,目录因考辨学术的目的而存在,如果目录达不到考辨学术的目的,也就失去了存在的价值。与西方目录学比较,中国古代的目录事业更接近于著述史,是一门学问。然而在近代中西学术衔接的过程中,西学分类体系被接受,中学在分类上适应西学,中国的目录学成为图书馆学的一部分。

从清末办新学开始到民国初期大学里设置学科,大概只用了二三十年的时间,西方学科在中国就完成了定型。1912 年 7 月 10 日,教育部举行第一次临时教育会议。蔡元培作为教育总长,对民国教育改革的基本宗旨做了详细论述,第一次提出废除中国原有的最具正统地位的经学科,而将其归入哲学、史学、文学的学科改革思想②。1913 年 1 月 12 日,教育部在 1912 年 10 月发布的《大学令》基础上,公布《大学规程》,正式将文学、历史、哲学作为各自独立的学科门类③。大学以学科名称设立学系促进了学科的制度化④,20 世纪二三十年代中国学术界在现代学科上形成初步的规模,相关的学术机构与学科共同体建立起来。

西方图书馆学自辛亥革命前后被引入中国,各大高校逐渐建立图书馆学专业。1913 年美国图书馆学家克乃文(Harry Clemens)在金陵大学开设了图书馆学课程⑤,1920 年 3 月,韦棣华在武昌文华大学创办图书科,1921 年广州市立师范学校增设图书管理科(杜定友为主任),1925 年上海的国民大学创设了图书馆学

---

① 刘国钧.图书目录略说.图书馆学季刊,1928,2(2):197－208.

② 璩鑫圭,唐良炎.中国近代教育史资料汇编·学制演变.上海:上海教育出版社,2007:647.

③ 璩鑫圭,唐良炎.中国近代教育史资料汇编·学制演变.上海:上海教育出版社,2007:708－709.

④ 复旦大学历史学系,复旦大学中外现代化时程研究中心.中国现代学科的形成.上海:上海古籍出版社,2007:1.

⑤ 郑锦怀.中国图书馆学教育的肇始者——克乃文生平略考.图书馆,2013(1):93－95.

系(杜定友为主任),1926 年成都的四川图书馆专科学校成立(穆耀枢主事),1927 年南京金陵大学建立了图书馆学系(李小缘为主任)等。图书馆学教育课程体系的出现,标志着图书馆学在中国正式纳入教育系统。图书馆学教育从一开始就加入了传统目录学的内容,这被称为图书馆学专业教育的"中国化"①。文华大学图书科的课程有中国目录学、中文参考书举要、西文参考书举要、西文书籍选读、西文书籍编目学、西文书籍分类法、近代史料、图书馆经营学、中文书籍选读、中文书籍编目学、中文书籍分类法、中国图书馆史略等②,把中国目录学作为主要课程。严文郁说:"由于西方图书馆学的输入,中国古代研究图书馆学术的目录学、校雠学、版本学,成为图书馆学的一部分。"③而金敏甫认为图书馆学术在中国古代就已经有了,"目录学、校雠学、版本学等,实际上即为图书馆学之一部分耳。民国以来,乃有完全之图书馆学术发现,至于图书馆学名词之产生,则仅十余年耳。"④在民国时期的图书馆人眼里,中国古代原有的学问,与新的图书馆学可以归为一体,新的图书馆学可以理解为狭义的图书管理学,与中国原有的目录学、校雠学一起称为广义的图书馆学。从此,中国自古流传下来的目录、校勘、版本等知识以"学科"的面目列为图书馆学科的分支。

中国古代没有西方近代意义上的学术分科,也反对将学术分而治之,钱穆曾说:"中国古人并不曾把文学、史学、宗教、哲学各别分类独立起来,毋宁是看重其相互关系,及其可相通合一处。因此中国人看学问,常认为其是一整体,多主张会通各方面而作为一种综合性的研究。"⑤近代西方分科概念传入中国之前,读书人对各种学问大多兼而治之,并且以经学为主,离开经学专门研究其他"学"的,非常少见。至于经学的三个分支科目:章句、义理和训诂,或者明清乾嘉时人即戴震、章学诚分成的义理、考据和辞章,是古代学人易于接受的一种学术分类。但是与其说这是一种学术分类,不如说是研究学问的途径。章句之学是解释儒

---

① 王子舟.中国图书馆学教育九十年回望与反思.中国图书馆学报,2009(6):70 - 78,96.

② 梁建洲,梁如.我国图书馆学、档案学专业教育的摇篮——记武昌文华图书馆学专科学校.四川图书馆学报,1996(5):64 - 81.

③ 严文郁.中国图书馆发展史:自清末至抗战胜利.新竹:枫城出版社,1983:197.

④ 金敏甫.中国现代图书馆概况.广州:广州图书馆协会,1929:29.

⑤ 钱穆.中国学术通义·四部概论.见:罗联添.国学论文选.台北:学生书局,1985:4.

家经典篇章字句的一门学问,所谓训诂,是指解释字词的本意,而义理是指经籍包含的意义和道理。这种学术划分方法不以研究对象为标准划分,而以研究方法、研究视角及研究门径分类。

西方学科与中国的传统学术分属不同体系,在中国的建立只是一个被接受的过程[①],而不是一个学科分化的过程,所以过程很短,只用了二三十年的时间,在以"变"著称的近代中国,现代学科的建立是变化极为显著的。有人把西方学科引入中国称为"移植",可见引入的方式是直接而迅速的,中间遗留下很多问题,现已成为近代中国研究及各学科研究关注的热点。时隔近百年,今天的中国早已习惯用西方现代学科的范畴和标准来衡量学术问题,采纳包括物理学、社会学、哲学等一系列统称为自然科学、社会科学及人文学科的西方学科体系,然而,中国学者在探索事物本源时秉持的方法和思维还带有浓厚的传统色彩,并没有随之摒弃。

第三节 发展中国的图书馆学

一、西方图书馆学遭中国学人质疑

中国近代图书馆创建于 20 世纪初,1904 年,浙江绍兴徐树兰筹建的古越藏书楼正式向公众开放,人们普遍认为这是中国近代最早对公众开放、第一家具有近代公共图书馆特征的藏书楼,揭开了中国近代图书馆的序幕[②]。同年创建的还有湖南图书馆兼教育博物馆,其办馆宗旨是"以输入文明、开通智识、使藏书不多者得资博览、创兴学校者得所考证为第一主义"[③],被认为是"中国最早的官办公共图书馆"[④]。京师图书馆是 1909 年筹设的,在此之前,各省已经纷纷设立图书馆。针对这种情况,清学部专门颁布《京师图书馆及各省图书馆通行章程》,确立

---

① (法)阿梅龙.建构中国近代学科的分析框架——西方学科史理论的借鉴.史学月刊, 2012(9):19-22.

② 韩小蕙.我国图书馆发展史上第一家公共图书馆绍兴图书馆喜庆百年华诞.光明日报,2002-10-31.

③ 湖南图书馆兼教育博物馆规则.湖南官报,第 823 号,1904-11-06.

④ 易世美编译.湖南图书馆史之研究:中国近代公立图书馆的成立和日本.高校图书馆工作,1988(1):55-60.

图书馆的宗旨为："保存国粹,造就通才,以备硕学专家研究学艺、学生士人检阅考证之用。以广征博采,供人浏览。"①同时对图书馆的各项事宜做了规定。

图书馆实体的创建并不代表中国图书馆学的创立。刘国钧说：

> 清末始知图书馆为异于昔之藏书楼,始知图书馆为开通民智之具,于是次第置设于各地。然事属创始,率多简陋。其上者不过省立府立之藏书库。珍籍虽多,要皆什袭而藏之秘阁,阅览不易。其普通者乃为阅报所之流。当是时需要未宏,自无图书馆学之足言。②

作为一门外来学科,早期图书馆学来源于国人对西方图书馆学的翻译与宣传。辛亥革命前后,一批西方图书馆学专著被翻译至中国,国人开始系统地了解日本、欧美近代图书馆制度,包括图书馆学的方法和技术。康有为、梁启超分别编制了《日本书目表》《西学书目表》两部目录著作,打破中国传统的四部分类,提出新的图书分类体系,以容纳更多类型的图书。1907 年,孙毓修著文《图书馆》,连载于《教育杂志》第 1、2 卷各期,将西方图书馆所使用的杜威十进分类法介绍到中国,国内开始仿照杜威法编制图书分类法。除孙毓修的《图书馆》外,译自日本的近代早期图书馆学专著还有《图书馆小识》和《图书馆指南》。《图书馆小识》被称为"我国图书馆学书籍之滥觞"③。早期国人对西方近代图书馆的考察与认识,并不仅仅局限于藏书数量,图书的齐全程度和藏书中的善本珍本,他们也重视图书的使用和流通所体现的图书馆的公共性④,也就是与我国古代藏书楼形成鲜明对比的公共、开放、共享、服务的西方图书馆新观念。近代图书馆的建立,结束了传统藏书楼藏而不用或藏而难用的保守状况,取而代之的是以"开放性"为特征的新模式。

尽管如此,西方图书馆学并不能满足中国图书馆的实际需要,很多译自西文

---

① 京师图书馆及各省图书馆通行章程折. 见:李希泌,张椒华. 中国古代藏书与近代图书馆史料(春秋至五四前后). 北京:中华书局,1982:129 – 131.

② 刘国钧. 现时中文图书馆学书籍评. 图书馆学季刊,1926,1(2):346 – 349.

③ 严文郁. 中国图书馆发展史:自清末至抗战胜利. 新竹:枫城出版社,1983:197.

④ 邹振环. 晚清中国人对西方近代图书馆的考察和认识. 图书馆杂志,1987(5):56 – 58.

或日文的图书馆学资料都是用来宣传的,通常情况下都是照搬照抄,《图书馆学指南》就是杨昭悊为了北京高等师范学校举办的图书馆讲习会所编译的教材①。同时,人们发现西方图书馆管理方法也不适用于中国国情,如金敏甫评价杨昭悊的《图书馆学》:"惟考其内容,尚属介绍东西洋学术之性质,未具创造规模,如其论选购,竟未及中国书籍之鉴别与购求;其论分类,则仅列举中外各种方法,虽或论其长短,但绝未述及最适用于中国者为何法,徒使阅者盲然无所适从。"②图书馆在中国建立,最初与社会改良紧密联系在一起,被视为教育民众的机构和设施。至于图书馆该怎么办,才能发挥它的社会教育功能,不只是停留在一种观念范畴内,国人没有太多经验,而梁启超对此有独到见识,他对公共图书馆的理解,为中国图书馆事业指出发展方向。

梁启超与图书馆的渊源,要追溯到戊戌变法时期。当时的维新派明确提出创办公共藏书楼的思想,呼吁中国向西方各国学习,建立供广大民众"以广见闻"的藏书楼,以启迪民智。1899 年,梁启超在《清议报》译载《论图书馆为开进文化一大机关》,列举图书馆八项功用:"图书馆使现在学校受教育之青年学子,得补助其智识之利也";"图书馆使凡青年志士,有不受学校教育者,得知识之利也";"图书馆储藏宏富,学者欲查故事,得备参考之利也";"图书馆有使阅览者随意研究事物之利也";"图书馆有使阅览者于顷刻间,得查数事物之利也";"图书馆凡使人皆得用贵重图书之利也;图书馆有使阅览图书者得速知地球各国近况之利也;图书馆有不知不觉便养成人才之利也"③。梁启超认为图书馆的教育功能,可与学校相辅并行,学校是文化教育之源,这是众所周知的,在学校之外,图书馆是另一个履行文化教育职能的机关。

这篇文章是在戊戌变法失败后,梁启超流亡海外,实地考察过西方近代图书馆后发表的,阐述的是图书馆的各种功能,其中不无宣传西学、开启民智的目的。1920 年,他游欧归国后,对图书馆学理论上的认识更加成熟,对当时图书馆界急于学习欧美的风潮保持了冷静客观的态度。

---

① 郑锦怀. 民国图书馆学家杨昭悊生平活动考辨. 大学图书馆学报,2013(2):119 - 127.
② 金敏甫. 中国现代图书馆概况. 广州:广州图书馆协会,1929:30 - 31.
③ 梁启超. 论图书馆为开进文化一大机关. 清议报,1899 - 06 - 10(17). 见:清议报. 北京:中华书局,1991:1073 - 1078.

1925 年,美国图书馆学专家鲍士伟博士①来华,在中国各地作了多次演讲,极力提倡推广公共图书馆事业,很受业界人士的欢迎。但这个倡议遭到梁启超的否定,梁启超认为,普及公共图书馆并非中国的当务之急,中国处于过渡时期,亟需大量的菁英人才来领导人民,因此应发展以造就人才为目的的学术性图书馆。在中华图书馆协会成立大会上,作为董事部部长,他公开指出鲍士伟博士所提倡的公共图书馆事业及其管理方法并不适合中国国情,中国首先要建设"供给少数对于学术有研究兴味的人"的图书馆,因为中国民众文化素质低,文盲较多,能利用图书馆的人较少,况且资金也极其缺乏。作为一个图书馆,其基本要素就是"读者"和"读物"两条,从中国的实际情况出发,就读者方面,只是供少数对于学术研究有兴味的人去利用,在过渡时期只能如此;就读物方面,主要是收集外文和中文的名著和古籍,重在文献的思想和学术研究价值②。

梁启超认为 20 世纪二三十年代的中国还处于图书馆事业的过渡时期,中国的图书馆学应适应这种过渡时期的特点,中国的当务之急是要创办带有研究性和综合性的图书馆,不办或少办群众性图书馆。他将 1926 年国立京师图书馆定位为研究性图书馆,从通俗图书馆中剥离出来。身为国立京师图书馆馆长,他对这一办馆理念身体力行,随后长期主持国立北平图书馆馆务的袁同礼也秉持同样的理念。

梁启超对中国公共图书馆的认识并不是孤立的,当时有些社会人士也对鲍士伟的观点持怀疑的态度,如北京大学教授高仁山指出,公共图书馆对于教育普及的国家必须有极大的供给,而在文盲占 75% 以上的中国没有必要,中国更需要提倡高深和纯粹的学术。进而指出,中国图书馆事业必须创自中国人之手,方可根深蒂固③。总之,中国图书馆事业与中国图书馆学的发展,不可能脱离中国国情,脱离中国的经济、教育、文化基础。

---

① 鲍士伟(1860—1942),美国图书馆学家。1883 年获哈佛大学哲学博士学位。曾任纽约流动图书馆馆长、布鲁克林公共图书馆馆长、纽约公共图书馆流通部主任、纽约图书馆协会会长、美国图书馆协会会长,时任圣路易公共图书馆馆长。

② 梁启超. 中华图书馆协会成立会演说辞. 中华图书馆协会会报,1925,1(1):11 – 15.

③ 高仁山. 对于鲍士伟先生来京之感想. 晨报副刊,1925 – 05 – 28.

二、"中国的图书馆学"学说

什么样的图书馆学才是中国的图书馆学呢？也是在中华图书馆协会成立大会上，梁启超提出"中国的图书馆学"的学说。他说：

> 图书馆学的原则是世界共通的，中国诚不能有所立异，但中国书籍的历史甚长，书籍的性质极复杂，和近世欧美书籍有许多不相同之点，我们应用现代图书馆学的原则去整理他，也要很费心裁，决不是一件容易的事。从事整理之人，须要对于中国的目录学（广义的）和现代的图书馆学都有充分的智识，且能神明变化之，庶几有功。这种学问，非经许多专门家继续的研究不可，研究的结果，一定能在图书馆学里头成为一独立学科无疑，所以我们可以叫他做"中国的图书馆学"。①

1926 年 1 月 1 日，《图书馆学季刊》创刊，梁启超受邀撰写《发刊辞》，再次阐发了他的"中国的图书馆学"思想。他说：

> 学问天下公器，原不以国为界，但各国因其国情不同，有所特别研究贡献。以求一科学中支派内容之充实，此则凡文化的国民所宜有事也。图书馆学之原理、原则，虽各国所从同，然中国以文字自有特色故，以学术发展之方向有特殊情形故，书籍之种类及编度方法，皆不能悉与他国从同。如何而能应用公共之原则，斟酌损益，求美求便，成一"中国图书馆学"之系统，使全体图书馆学之价值缘而增重？此国人所宜努力者又一也。②

梁启超反复强调的"中国的图书馆学"，是以现代西方图书馆学的理论施于中国传统目录学的改造，换言之，就是目录学的科学化。他认为通往"科学化"的道路有两条：一是通过分类与编目的研究，拟订中国图书的分类表及编目规则；

---

① 梁启超. 中华图书馆协会成立会演说辞. 中华图书馆协会会报,1925,1(1):11-15.
② 梁启超.《图书馆学季刊》发刊辞. 图书馆学季刊,1926,1(1):1.

二是编纂新式类书及专题文献目录,这也是西方图书馆学本土化的基本途径。为实现这一理想,他寄希望于中华图书馆协会,通过不断的讨论,集合全国图书馆员的智能,解决中国图书分类法与编目的问题。总的来说,所谓"中国的图书馆学"就是认为中国近代的图书馆学不应完全照搬西方,而是应与中国文化相融合,来发展中国近代图书馆学。

纵览中华图书馆协会历届年会的提案,其围绕的中心议题几乎都是"建立中国的图书馆学",无论是宏观调控层面还是微观编目层面。1929 年 1 月 28 日至 2 月 1 日,中华图书馆协会第一次年会在南京召开,与会者共计个人会员 113 人,机关委员 62 人,所占省份遍及 15 省以上,是中国图书馆界空前的盛会。会议分组讨论,有图书馆行政组、分类编目组、建筑组、图书馆教育组、索引检字组、编纂组等六组。关于编纂事宜的提案 31 件,如"订定中国图书馆学名词案"(李继先)、"审定图书馆学名辞案"(金敏甫)、"统一图书馆学专门名辞案"(李小缘)、"统一图书馆学术语案"(万国鼎)、"编制中国图书总目案"(陶述先)、"编纂古书索引案"(金陵大学图书馆)、"请本会编制全国地志目录案"(柳诒徵)、"编制杂志总索引案"(李小缘)、"请由本会编译海外现存中国古逸典籍录及域外研究中国学术论列中国问题著作目案"(中央大学图书馆)等①。关于分类编目的提案 30 件,全部都是关于制定全国图书分类法、分类表和编目规则的,由此可以想见当时图书馆界对于适合中国图书分类与编目法则需求之迫切。这次会议各种提案共有一百六七十件之多,除少数保留及并案外,大体都获通过。

但是,中华图书馆协会只是一个行业组织,要想将如上提案付诸实施,还得落实在图书馆或者其他机构等实体上。国立北平图书馆与该协会的关系极为密切,1931 年文津街新馆建成后,特辟一室作为中华图书馆协会总事务所的办公室,协会所藏"定期刊物,以限于地址,则寄存国立北平图书馆"②。袁同礼馆长是中华图书馆协会的发起人之一,并长期担任协会执行部部长、执行委员会主席、理事会理事长等职,实际主持协会的各项工作,协会的日常事务也由该馆人

---

① 中华图书馆协会年会提案总目.中山大学图书馆周刊,1929,6(5-6):17-37.

② 中华图书馆协会执行委员会.中华图书馆协会概况.北平:中华图书馆协会事务所,1933:10.

员主持,中华图书馆协会主张的索引编纂事业,即委托该馆具体执行,双方共同出版。事实上,北平图书馆同人在分类与编纂专题目录上的实践,使西方图书馆学本土化得到最大程度的实现。

三、同人对"中国的图书馆学"学说的践行

首先,同人在中国图书分类与编目上的研究成果,被图书馆界奉为圭臬。传统的目录学自汉代刘向以来源远流长,但清末西学大量输入后,学术门类的增广与分科的细密,使得千百年来万变不离其宗的四部分类不能适应中国图书馆的应用,若勉强使用西方的分类又不免互相抵触,无法变通,因此一种既能兼顾中外学术又适合图书馆实用的分类法,成为清末民初图书馆界共同追求的目标。由于缺乏统一规范,图书馆最初都是各凭己意创造使用自己的种种分类法,比如浙江公立图书馆将旧籍按经、史、子、集四大类划分,新书则按杜威法分类。戴志骞将清华学校图书馆的书籍也分成新旧二部分,新书按稍加变通后的杜威法分类,旧书按经、史、子、集、丛五类划分,各类之中,再按杜威十进分类法分类。由于书籍的新旧界限难以区分,这种新旧并行的分类法使用不久就废弃了。

刘国钧是结合中国国情增改杜威法的佼佼者,他的《中国图书分类法》粗看好像与《杜威十进分类法》无异,但还是有所不同,最大的区别在于"杜威以十进为主,每类几皆十分,其弊流于强类目以就数字,而成机械的分类。今虽仍以数号为号码,且用层累之原则,然每类不必十分,而同等序之数字亦不必用以表同等序之类目。"①这是刘国钧对杜威法的改进,突出体现在文学、史地等的分类上。至于中国原有的四库部类在《中国图书分类法》都被安排在相应位置,如经部六艺,分属各部,历代以来通论群经的著作归为总部,六经被看作为一部丛书加以分类。史部"分通史断代史两类。而于每类之下,再依体分之。其专记一类史事如文化外交等,亦均别立一类。时令改入农业。政书分隶社会科学。诏令奏议则与文书档案合为史料。至于目录则入总类。金石改称古物,与传记同列于史

---

① 刘国钧. 中国图书分类法自序. 见:刘国钧. 中国图书分类法. 南京:金陵大学图书馆,1936.

地部之末"①。子部所收书籍最为庞杂，以学术性质一一分入各类，集部全入文学。刘国钧对中国四库部类的分解实际上是以"中学"适应"西学"，以研究对象为标准划分，更加注重实用价值。

刘法在 1929 年一经推出就广受好评，为多馆试用，1936 年增订再版，更为多种类型的大型图书馆采用。继《中国图书分类法》出版之后，刘国钧于 1929 年 12 月发表《中文图书编目条例草案》，这是他对中国近代图书馆事业做出的另一个重要贡献，其意义不在出版一部分类法之下。分类、编目原本就是近代图书馆诞生以来的两大难事，不同的是，至 20 世纪 20 年代后期，中国已有 10 余部名称各异的图书分类法可供各类型图书馆选择使用，而中文图书编目条例、规则之类却付诸阙如。刘国钧早在编制分类法之前，就已着手中文图书编目条例的编订工作，但难度极大，因为编制分类法有多种分类法可供参考，而编订中文图书编目条例，没有成例可循。刘国钧根据英美的编目理论，结合我国目录学的传统，拟出《中文图书编目条例草案》，在《图书馆学季刊》第 3 卷第 4 期刊出，随后又由中华图书馆协会以《中文图书编目条例》名称出版单行本，发行全国。

国立北平图书馆编印的卡片采用刘国钧的《中文图书编目条例》，从 1936 年 10 月开始发售印刷卡片，为便于订购寻检，又将印行的卡片编印成书本目录，附赠各订户，刘国钧的著录方法得到推广。

编纂新式类书及专题文献目录是西方图书馆学本土化的另一大途径，它比给图书馆藏书分类、编目要复杂和艰巨得多。中国整理图书形成的校雠学与西方的文献整理方法不同，西方图书馆学方法要与中国校雠学方法融会贯通，才能解决好新式类书和文献目录的编纂问题，把这个问题解决了，才能形成"中国的图书馆学"。中国古代先贤们总结出来的文献分类方法、编目方法、提要方法、搜求方法、校雠方法、训诂方法、注疏与章句方法、类书编纂方法、版本考辨方法等等，形成一系列独具中国特色的文献整理方法体系。所以梁启超说："这种事业是要中国人做的，外国学者无论学问如何渊博，决不能代庖。"②

---

① 刘国钧.中国图书分类法导言.见:刘国钧.中国图书分类法.南京:金陵大学图书馆,1936.

② 梁启超.中华图书馆协会成立会演说辞.中华图书馆协会会报,1925,1(1):11-15.

在赋予传统目录新的意义上,梁启超身先士卒。1926 年,他在《图书馆学季刊》创刊号上发表《佛家经录在中国目录学之位置》,论述元代以前经录之分类、组织、体例。佛经目录一向被摒于中国正统目录学的门外,其实佛家抄集结藏,著撰目录,其造诣并不逊于正统四部目录,所以梁启超有感于"刘《略》、班《志》、荀《簿》、阮《录》之太简单,太朴素,且痛惜于后此踵作者之无进步也"①,撰成《佛家经录在中国目录学之位置》,对《安录》《出三藏记集》《大唐内典录》《开元释教录》等佛家目录一一提其旨要,评其优劣,并指出佛家经录优于普通目录的特点。这篇佛教目录研究的文章探究索隐,引导后学,拓宽了目录学的视野。姚名达评论说:"自尔(《佛家经录在中国目录学之位置》)以还,恍如敦煌经洞之发露,殷虚卜辞之出土焉,目录学宫黑暗之一角,重幕骤揭而大放光明。"②

1927 年,梁启超启动《中国图书大辞典》的编撰,发动清华学校研究院国学门的学生参与其事,他自述计划的大要为:"将中国数千年来曾有书籍若干种,现存若干种,悉数网罗,分别说明,以近世最精密简要之表示,做古今典册总汇之簿录。"③梁启超亲自撰拟这个别名为"群籍考"的计划时,准备分编两部书:《中国图书大辞典》与《中国图书索引》,后来二者合并为一。依照《中国图书大辞典》编纂内容概要与编辑计划可知,该辞典以经、史、子、集四部为经,以存、残、佚、未见四类为纬,凡"中国古今书籍(除坊刻猥滥无学问价值者不收外)全部簿录",还包括"日本朝鲜安南……等人各项著作,或全用华文体例者,或全属中国文化范围以内者""外人著述用我国华文翻译者",以及"我国人著作间用外国文字发表者",此为正编。正编之外的附编分"统计表"与"索引"两种附录。这个相当于古今图书总志的计划,不仅内容空前庞大,在体例及方法上也前所未有,具有百科全书的性质。

在《中国图书大辞典》编撰计划中,图表题目有 16 项之多,涉及的内容也非常广泛,如"古今大丛书一览表""古今大刊家一览表""古今大藏家一览表""个人著作一览表""书籍异名一览表""古今伪书一览表",这是关于图书本身及流

---

①　梁启超.佛家经录在中国目录学之位置.图书馆学季刊,1926,1(1):3–29.

②　姚名达.中国目录学史.北京:商务印书馆,2014:190.

③　梁启超.致北京图书馆委员会请津贴编纂《图书大辞典》原函.中华图书馆协会会报,1927,2(6):13.

传的；"经史子集及各类细目书记籍多少比较表""历代著作多少比较表""古今目录家书籍分类举例表""各种学派著作多少比较表"，已经涉及目录学史、图书史和文化史领域了。梁启超在给友人的信中表达了编撰《中国图书大辞典》的目标："意欲使此书成后，凡承学之士，欲研治某科之学，一展卷即能应其顾问……一般涉览者，亦如读一部有新系统的《四库提要》，诸学之门径可得而窥也。"①

梁启超认为图书馆最大的任务，是使阅览人对于要研究的问题，立刻能在图书馆中找到资料，中国浩如烟海的古籍，需要有一部博大而适用的类书，才能令图书馆的应用效率增高。但是《中国图书大辞典》的编撰最终没能完成，以后的学者也都没有继续这一事业的意愿，《中国图书馆大辞典》所出的成果有梁启超执笔的《图书馆大辞典簿录之部——官录及史志》和谢国桢的《晚明史籍考·流寇》篇②，但这两个成果更接近于目录的性质，谈不上"新式类书"。同人在"中国的图书馆学"上的履践，是编纂出了一系列地志、舆图、水利、金石、民族、文学、医学、敦煌学、音乐、戏曲、官书等领域的专题目录和索引，这些专题目录和索引最能体现中国图书馆学的特点，为中国目录学打开新纪元。

西文书书末多附索引或引用书刊目录，我国传统古籍甚至民国初期的印本书从未设置过。在中国出现索引，可追溯到明末西方传教士翻译出版的《圣经》文献里，如 1642 年葡萄牙人阳玛诺《圣经直解》中的《圣经直解杂事之目录》，但在当时并没有引起国人的重视和仿效③。直到五四运动以后，在提倡科学文化的氛围下，国内学界认为旧的治学方法有碍科学文化的发展，纷纷寻求新的治学途径，索引才被提到议程上来，《新青年》杂志曾围绕索引编纂方法展开过激烈的讨论，林语堂、胡适、刘复、袁同礼、万国鼎、钱亚新、郑振铎等人，是这一时期索引运动的倡导者和索引理论的探索者。胡适主张对图书进行"索引式的整理"，把一切大部的书或不容易检查的书，一概编成索引，使人人都能用古书。他认为这是系统整理古书的最低而最不可少的一步，它能节省学者的功力，使学者省出精力

---

① 梁启超.致胡适函(1928 年 6 月 18 日).见：丁文江，赵丰田.梁启超年谱长编.上海：上海人民出版社，1983：1181.

② 《图书大辞典簿录之部——官录及史志》刊于 1930 年《图书馆学季刊》4 卷 3/4 期；《晚明史籍考·流寇》刊于 1930 年《国立北平图书馆刊》4 卷 1、2、4 号。

③ 张秀民.古籍题跋索引序.图书馆学通讯，1987(3)：78 – 79.

来做更有用的事业①。1928年，王重民编纂了第一部《国学论文索引》，后来又多次续编，是胡适主张的对图书进行索引式整理的有益尝试。

何谓"国学"？很难定义，面对西来的各种学科，国人把中国原有的学问都看作了国学。1923年《国学季刊》的创办，揭开"整理国故"运动的大幕，它宣称，一切过去的历史文化的学问，就是"国故学"，简称"国学"。"我们现在要扩充国学的领域，包括上下三四千年的过去文化，打破一切门户成见，拿历史的眼光来整统一切……国故学的使命是整理中国一切文化历史"②。这一概念得到学界的认同，南京高等师范学校史地研究会的刊物《史地学报》，在介绍北大《国学季刊》时表示："国学之为名，本难确定其义。在世界地位言之，即中国学。分析为言，则中国原有学术，本可分隶各种学科，惟故籍浩博，多须为大规模之整理。"③国学论文目录的编纂，按姚名达的说法，"始于王重民之《国学论文索引》。而徐绪昌、刘修业继之。其范围愈续而愈大，寝假而有关于现代中国各种问题之论文亦择要收入，非复以国故为限矣"④。刘修业完成《国学论文索引三编》时，类别有经类、小学、考古学、史学、地理、诸子、文学、科学（工业）、政治、经济学（商业）、社会学、教育、宗教、艺术、音乐（歌舞）、图书目录学等，"国学"的范畴已囊括中国所有的传统学问。

在之后的索引编纂中，同人将"国学"的主题不断细化，舆图部编的《康藏论文索引》，分书志、地志及游记附地文、政治、民族文化、交通、经济、历史几大类，覆盖了论及康藏地区的全部论文。茅乃文编的《中国河渠水利工程书目》分甲乙两项：甲项为历代河渠书目，包括清以前的河渠工程、河工奏议诸书，分"知见之部"与"未见之部"。"知见之部"著录宋、元、明、清四代河渠书籍，达400多种，共分七类：（一）总录附通论，（二）河工河防，分河防图志、奏议、治河通论、河工则例章程、工程做法、查河笔记六目，（三）地方水利（以省区分），（四）灾荒及赈济，（五）水利史，（六）水道（以河道及省区分），（七）漕运。"未见之部"著录自各史通志艺文志以及各家书目辑录，共350多种。乙项为现代水利工程科学之

---

① 国学季刊发刊宣言. 北京大学日刊,1923(1185):3.
② 国学季刊发刊宣言. 北京大学日刊,1923(1186):2.
③ 发刊宣言. 史地学报,1923,2(4):193.
④ 姚名达. 中国目录学史. 北京:商务印书馆,2014:324.

书,共分十类:(一)通论附水工,(二)水利工程期刊,(三)水利工程计划及报告,分黄淮运江湖及地方水利,(四)水道,(五)灌溉与沟洫,(六)海港,(七)水道测量,(八)水文与气象,(九)水灾及赈济,(十)水利史。当时我国的现代水利工程,方在发轫伊始,如此分类,几乎接近于完备了。

同人编纂的目录以学术为纲,广采博搜,不仅便于学人检索使用,有时摘录梗概,撰为提要,为学人展现学术发展脉络,实际上为学术研究提供了一把钥匙。1927 年,谢国桢由梁启超引介到北京图书馆供职,最初是编辑馆藏丛书目录,后在梁启超纪念室里整理馆藏金石碑版和从事明清史研究。期间笃于明清之际野史笔记的搜采与研究,浏览了馆藏大量的珍本秘籍。不仅如此,他还频繁往来于北平的故宫博物院、东方文化会、孔德学校图书馆,并且南至江浙,北至沈阳,遍览南京博物院、上海涵芬楼、杭州文澜阁、吴兴嘉业堂、平湖传朴堂、辽宁故宫博物院,以及朱希祖、伦明、傅增湘、张元济、马廉等的藏书,他还曾渡海赴日本寻访晚明史籍,得见日本东京上野帝国图书馆等处所蓄晚明稗乘笔记、小说传奇、诗话宫词。谢国桢对所见到的史料书目都一一列出,大部分书目附有原书的序、跋及其他人的考订,再对其做出简要考证和说明。对于只是听说而没有见到的书籍,也列出了书目。全书之后另附有"书名通检"和"人名通检",以便读者检索。与以往书录提要著作相比,谢国桢撰《晚明史籍考》更注重文献序文和题跋的收入,方便读者了解所录史料的文献来源、内容、价值,而不必去翻检原书,并且认识到宫词、诗话、小说传奇的史料价值,给中国固有的书录体著作注入新元素,成为研究明清史的一部必不可少的参考书。

1935 年,王重民与杨殿珣编纂了《清代文集篇目分类索引》,收录文集 400 余种,除北平图书馆所藏外,又从傅增湘、孙人和、杨树达、河北省立第一图书馆严治孙、山东省立图书馆王献唐的私人藏书加以补充。索引按著作性质分成三类:(1)学术文之部,分为经、史、子、集四类,凡考经、订史、论子以及文集序跋等皆属这一部;(2)传记之部,凡传、状、志、赠序附字说、寿序、哀诔、铭赞皆属这一部;(3)杂文之部,包括书启、碑记、赋和杂文。索引以文体分类,足以使学人明了文集体制源流,子目下又附录有著者的姓字籍贯,文集编印的经过,从中可以窥见清代学者的治学精神和方法。由于所收文集多是与学术考据有关,为求精当,编者在编辑过程中请顾颉刚、张西堂、刘盼遂、谭其骧、朱士嘉、刘节、傅振伦、黎锦熙、李俨等学者分别为之校订审阅,这部分类索引可称为学人信赖的"治学指南"。

　　国立北平图书馆对中国新旧书籍编纂的目录索引,取得很好的效果。为新旧书籍编制的各种索引,如周金文存索引、殷周古铜器铭文索引、国学论文索引、文学论文索引、清代文集篇目分类索引、传记索引、满汉姓氏部落及方舆全览索引、西番译语索引等,在国故整理工作中,成为十分重要的治学工具,为振兴学术奠定基础。同人在浩博的文籍中摘抄比对,涸泽而渔,就整理方法与分类而言,极具中国特色又影响深远。

第六章 同人译作研究

西学东渐发展到五四运动以后，新文化运动提出"民主""科学"的口号，国内外学术交流更加频繁，国内学界的众多译作将西方近代学术上的各种新成果带入中国，许多在传统中国不被重视甚至不存在的学科也在此影响下得到发展。国家图书馆同人的翻译成果占有相当比例，他们对图书馆学与海外汉学作品的译介，推动了相关领域学术的进步。

他们在 1930—1937 年和 1945—1947 年两个时间段，翻译十分活跃。毕业于文华图书馆学专科学校的同人是图书馆学著作翻译的主体；向达、贺昌群、钱稻孙等人将欧美和日本关于中西交通史的先进成果译介到中国，为国内学者研究西域史提供借鉴。译作中，时事评论、文学作品、科普文章也占有一定比例，在后期尤其突出。民国时期同人的学术研究有着传统时代所没有的丰富内涵和多元取向，这一特点同样反映在他们的翻译作品中。

第一节 译作概况

据不完全统计，同人共发表译作 141 种、157 篇（部），其中译著 17 种，译文 124 种。内容涵盖多种学科，时间跨度从京师图书馆到国立北平图书馆的不同时期，大体可分为四个阶段：1913 年到 1927 年译作量低迷，甚至出现长达 10 年的空白期；1930 年至 1937 年，译作量达到第一个高峰；抗战期间又陷入低谷；1945 年至 1947 年，达到第二个高峰。关于同人译作的情况，详见书后附录 2：《1909—1949 年同人译作一览表》。

表6-1 1909—1949年同人译作年度分布统计表   单位:篇(部)

年代	数量	年代	数量
1909—1912	0	1936	10
1913	5	1937	5
1914	1	1938	0
1915	1	1939	1
1916	1	1940	4
1917	2	1941	1
1918—1927	0	1942	1
1928	2	1943	0
1929	4	1944	2
1930	11	1945	8
1931	9	1946	17
1932	8	1947	14
1933	12	1948	1
1934	17	1949	0
1935	20		

单位:篇(部)

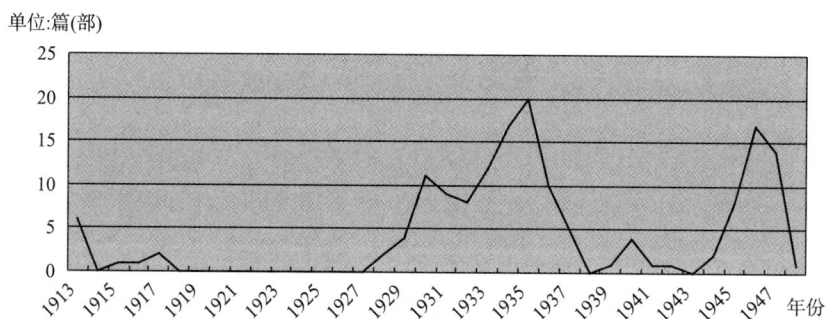

图6-1 同人译作出版年度分布图

译作量的多寡取决于图书馆学术创作的内部条件与外部环境。我国在20世纪上半叶,政权更迭,社会动荡,民生多艰,由于国库空虚,拨付款项经常不到位,到1923年京师图书馆"存款罄尽"。在馆务停滞不前,"馆员不安其位,去者益多"的情况下①,学术创作难以为继,目前检索到的译作仅有 12 篇(部)。1929年,原京师图书馆与北平北海图书馆合组,新馆集两馆之所藏于一体,"以便利学术研究而贡献于文化前途"②。北平图书馆积极倡导学术研究,重视国际交流与合作,在一定程度上促成同人翻译作品的高产。表 6 - 1 显示,1929 年至 1937年,共有 96 篇(部)译作发表,是同人翻译创作的繁荣时期。

1937 年卢沟桥事变,平津一带相继失守。1938 年,袁同礼奉教育部令率部分馆员南迁。随着战区不断扩大,交通受阻,国外文献采购量下降,尤其是太平洋战争爆发后,我国与欧美学术界无法沟通,国外新出的书报杂志,因重量关系,无法运入内地③,同人因为无法获取新的学术信息,译作量大幅度下滑,整个抗战期间只有 9 篇译作发表。留守北平的顾华有 6 篇译文发表在《中德学志》(原名《研究与进步》)上,是抗战时期翻译作品最多的译者。

抗战胜利后,民众关注国内国际局势,一些新刊以倡导民主为己任创办开来,如 1946 年创刊的《世界与中国:译文月刊》(北平)、《新思潮》(北平)、《现代文丛》(济南),1947 年创刊的《新自由》(北平)等。这些杂志以翻译介绍社会科学前沿文章为主,同时也介绍科技的最新发展,内容覆盖政治、经济、科技、文化教育、军事、新闻、小说等,为民众打开一个面向世界的窗口。有些同人的目光从学术研究开始转向政治与国计民生,他们的译作不再局限于学术论著,时事评论与科学技术的新进展也成为翻译的热点,于冠英、马龙璧翻译的多篇时论和科技文章均发表在这些杂志上。在后期,同人的译作量又出现一次飞跃。

同人翻译的作品无论是在体裁、内容,还是在学科分布上都呈现出多样化,内容包含学术著作、时事评论、文学作品和科普读物,其中学术著作数量占译作总量的 80.25%,具有压倒性优势。就发表时间来看,有关学术的翻译作品集中发表于 1937 年(包括 1937 年)之前,抗日战争后期,尤其是 1941 年太平洋战争爆发后,时事评论性文章明显增多。

---

① 王祖彝. 京师图书馆回顾录. 中华图书馆协会会报,1931,7(2):1-6.

② 蔡元培. 国立北平图书馆记. 见:北京图书馆业务研究委员会. 北京图书馆馆史资料汇编:1909—1949. 北京:书目文献出版社,1992:1200.

③ 国际学术文化资料供应委员会正式成立. 中华图书馆协会会报,1943,17(3/4):5.

表6-2 同人译作内容分类

类别	数量(篇、部)	百分比
学术著作	126	80.25%
时事评论	17	10.83%
文学作品	8	5.10%
科普读物	6	3.82%
总计	157	100%

学术性译作所涉及学科有图书馆学、史学、文学、心理学、哲学、艺术、人类学等,图书馆学和史学是其中两大学科。抗战后期同人的翻译作品由战前图书馆学和史学为主导向多学科方向发展。

表6-3 同人译作学科分布表

学科	数量(篇、部)	百分比
图书馆学	54	42.86%
史学(文献学)	53	42.06%
文学	11	8.73%
其他(心理学、哲学、艺术、人类学和医学)	8	6.35%
总计	126	100%

在所有译作中,集体译者共2篇,其余155篇(部)都署有译者姓名或笔名,共33人,如表6-4所示。他们能熟练运用除母语之外的另一门语言,是译作量丰沛的原因之一。在33名译者中,李钟履、严文郁、于震寰、徐家璧、邓衍林、余炳元、颜泽霭、曾宪三、曾宪文、李永安、孙述万等11人是文华图书馆学专科学校的毕业生,占译者总数的1/3,他们是图书馆学著作翻译的主体。文华图书馆学专科学校前身是文华大学图书科,是个教会学校,学生的外语水平相对较高。该校在课程设置上注重英文教育,除英文之外,还开设了德文、法文和日文,日文为选修课,其余均为必修课①,聘请的外籍老师授课时直接用外语讲授②,造就了文

---

① 彭斐章.文华图专和中国图书馆学教育的发展.见:马费成.世代相传的智慧与服务精神——文华图专八十周年纪念文集.北京:北京图书馆出版社,2001:20.

② 谢灼华.特点和影响:20世纪上半叶的文华图书馆学专科学校.图书情报知识,2009(1):125,封三.

华学子的外语优势。其他同人,如欧阳采薇毕业于清华大学西洋语言文学系①；向达、贺昌群、钱稻孙、张申府、杨维新、刘修业等人或有过留洋经历,或曾作为交换馆员在国外进修。于道泉曾是泰戈尔来华访问的陪同翻译,经泰戈尔介绍,他得以跟从北京大学梵语教授钢和泰学习梵文和藏文。为了能学到地道的藏语,于道泉还与雍和宫的喇嘛交朋友,雍和宫是北京最大的藏传佛教寺庙,有很好的藏语环境。顾华自学德语,抗战期间担任过中德学会中方常务干事,并担任中德学会编委会创办的刊物《中德学志》的编辑②。

表 6 – 4 译者作品数量表

(按译作量多少排序)

译者	译作量	译者	译作量	译者	译作量	译者	译作量
向达	20	严文郁	6	王育伊	2	徐绪昌	1
李钟履	17	顾华	6	欧阳采薇(女)	2	曾宪三	1
张全新	12	于震寰	5	张申府	2	曾宪文(女)	1
杨维新	10	贺昌群	5	谢国桢	2	李永安	1
钱稻孙	10	徐家璧	4	于道泉	1	钱存训	1
于冠英	9	茅乃文	3	刘节	1	刘修业(女)	1
马龙璧	8	余炳元	3	毛春翔	1		
万斯年	7	颜泽霔	3	张增荣	1		
王懋镕	6	邓衍林	2	孙述万	1		

第二节 在图书馆学、海外汉学等方面的译介

一、对图书馆学的译介

辛亥革命前后,"图书馆学"作为一门学科随着西学东渐的浪潮来到中国。

---

① 欧阳采薇. 我与北京图书馆. 北京图书馆馆刊,1993(Z2):19 – 21.

② (德)傅吾康. 为中国着迷——一位汉学家的自传. 北京:社会科学文献出版社,2013: 89.

这一时期是中国近代图书馆学术思想"以日为师"的阶段①。"图书馆"一词被正式引进并得到广泛运用，一批日本图书馆学专著也被翻译编纂至我国。京师图书馆馆员王懋镕 1913 年翻译了日本文部省的《图书馆管理法》，是我国较早介绍图书馆管理制度的专著，在有关分类目录的章节中，他由日文翻译了"索引"一词，被研究者考证是从日文直接引入"索引"的人②。

随着新图书馆运动的兴起，美国图书馆学思想逐渐取代日本成为中国图书馆学界的主流③。1915 年 12 月 28 日，京师图书馆呈文教育部，"拟请钧部饬行欧美及日本留学生监督，选送所驻各国最著名图书馆各种规则，转发本馆，以资考镜"④。12 月 31 日，教育部饬令第 474 号饬驻日本、欧洲、美国的留学生监督、留学经理员应就近调查图书馆规则："查图书馆之设立，为表章文化，振兴学术所必须，各国办理甚早，规则详善，应多可以仿行之处。仰该监督、经理员就近调查图书馆各种规则寄部，以凭发交京师图书馆参考可也。"⑤1916 年，京师图书馆翻译了《美京华盛顿国会图书馆纪略》和《美国国会图书馆阅书须知》，送呈教育部审核，并刊登在 1917 年《教育公报》上。目前虽然没有史料显示这两篇译文是由留学生监督⑥或美国留学经理员选送的，但是译文确实对美国国会图书馆的设立目的、运作情况做了全面介绍，不但为迁址后即将重新开馆的京师图书馆制定规章提供了参考依据，也加深了国内从业人员对"国立图书馆"概念的理解。

20 世纪 30 年代，同人紧跟世界图书馆学界的思想潮流，开始大量翻译介绍欧美近代图书馆制度，以及图书馆学的方法和技术。1934 年，《文华图书馆学专

① 吴稌年. 中国近代图书馆"西学东渐"阶段的学术思想特征. 图书情报知识, 2009(9): 64–71.

② 平保兴. 林语堂首次从日文引进"索引"说疑考. 辞书研究, 2013(3): 74–77.

③ 王旭明. 20 世纪"新图书馆运动"述评. 图书馆, 2006(2): 22–25.

④ 京师图书馆呈文教育部, 请调取外国图书馆各种规则, 以备参考: 档章则 1.2. 1915 (国家图书馆档案).

⑤ 教育部饬驻日本、欧洲、美国留学生监督、留学经理员应就近调查图书馆规则文. 教育公报, 1915(12): 33.

⑥ 1872 年, 清政府选派第一批留学生赴美留学, 在美国设立留学生事务所, 设正副监督官, 管理留学生的学习和生活。首批留学生由陈兰彬任监督, 容闳任副监督。

科学校季刊》第 6 卷第 2 期出版"世界民众图书馆概况专号",由徐家麟和毛坤组织人员翻译了 47 个国家民众图书馆的概况,所译原书名为 *The Popular Libraries of the World*,由美国图书馆专家鲍士伟博士(Arthur E. Bostwick)根据各国专家所撰编定而成。同人李钟履、严文郁、徐家璧三人参与了翻译工作,共译文 10 篇。该书 1933 年由美国图书馆协会出版,第二年即被翻译成中文,将各国民众图书馆的最新情况介绍到中国,而当时图书馆人普遍关注的问题之一就是民众图书馆的建设。让更多的民众到图书馆来,一直是图书馆人提倡的①。1935 年,该刊 7 卷 3/4 期出版"世界各国国立图书馆概况专号",由严文郁和徐家麟任总编辑,将英国博物院秘书爱士德尔(Arundell Esdaile)编辑的 21 个国家国立图书馆的资料翻译成中文②,同人严文郁、徐家璧、邓衍林、于震寰、孙述万、余炳元、曾宪三、曾宪文参与了翻译。《图书馆学导论》是美国图书馆学家、芝加哥学派的代表人物巴特勒的代表作,该书于 1933 年在美出版。1936 年,李永安将其翻译成《图书馆学问题》,发表在《文华图书馆学专科学校季刊》第 8 卷第 1 期,这是我国图书馆学人第一次向国人介绍巴特勒的图书馆学思想③。

　　文华学子还翻译了一系列美国图书馆协会订立的行业准则和标准:如于震寰的《图书馆员立身准则》《美国图书馆协会所订公立图书馆之标准》、徐家璧的《图书馆员职业道德规约》等,均发表在《中华图书馆协会会报》上,为中华图书馆协会制订业界规范提供借鉴。他们的其他译文还涉及学校图书馆、儿童图书馆、图书馆建筑等领域,对促进图书馆学在中国的传播和结合国情建设中国的图书馆学,都具有重要意义。

二、对海外汉学的译介

　　同人翻译成果的另一大类是海外"汉学"研究,其中关于中西交通史的译介

---

① 沈祖荣.世界民众图书馆专号卷头语.文华图书馆学专科学校季刊,1934,6(2):149 – 150.

② 沈祖荣.世界各国国立图书馆概况专号序言.文华图书馆学专科学校季刊,1935,7(3/4):319 – 320.

③ 周余姣.一篇被忽略了的译文——巴特勒《图书馆学导论》在中国的首次译介.图书馆杂志,2011(1):12 – 15.

最为突出。自 19 世纪中叶以后,广袤的亚洲腹地吸引了一大批探险家前来考察,古国故址和敦煌石窟里大量文物重见天日,让中西学术界为之震动。在这些探险家中,有许多人是卓有建树的地理学家、考古学家、人类学家以及其他方面的专家,他们结合中国和西方古代的历史著作,探讨和研究亚洲腹地历史上的重大问题,使得这片沟通古代东西文明的中亚地区受到世人瞩目,也使国内学者学习到"西洋学者研究古学的方法"①和他们对于材料的见识。

国外汉学家如斯坦因、伯希和、卡特、羽田亨、白鸟库吉、藤田丰八的著作都有全译、节译和介绍,向达是其中一位著名的译者。早在任职商务印书馆编译所时,他就已经在《图书馆学季刊》上发表译文,翻译的是美国哥伦比亚大学汉学家卡忒(T. F. Carter,现译作卡特)的《中国印刷术之发明及其西传》(*The Invention of Printing in China and Its Spread Westward*),如《吐鲁番回鹘人之印刷术》《高丽之活字印刷术》《中国印刷术之发明及其传入欧洲考》等都是这部著作中的篇章②。中国发明印刷术,极大地推动了世界文明的进程。唐代雕版印刷术和宋代活字印刷术在宋辽金时期向西传播到西夏、回鹘、吐蕃等地,向东传播到朝鲜、日本,元明时期影响逐渐遍及整个东亚、南亚,又通过西域和阿拉伯地区传播到欧洲。从 19 世纪中叶到 20 世纪初,大量六朝、隋唐至宋初的古文书、古写本及我国印刷术发明后的初期印刷品在西域被发掘出来,恰逢此时,卡忒出版了《中国印刷术之发明及其西传》(1925 年),引起国内外学者的兴趣,国内学者不只有向达一人做了翻译,刘麟生 1936 年出版完整中译本,取名《中国印刷术源流史》③。向达的翻译于"信、达、雅"三者俱佳,不过只是单译了几个章节,没有出单行本。

1930 年,向达到国立北平图书馆担任编纂委员会委员④,编辑《国立北平图书馆馆刊》,并继续从事中西交通史的翻译和研究。13 世纪以来的传教士与 19 世纪以来的域外探险家,曾有大量游记和考察报告问世,是研究中西交通史的

① 国学季刊发刊宣言. 北京大学日刊,1923(1187):2-3.

② 阎万钧. 附录:向达先生著译系年. 见:阎文儒,陈玉龙. 向达先生纪念论文集. 乌鲁木齐:新疆人民出版社,1986:820-829.

③ 李孝迁. 民国时期中西交通史译著述评. 中国图书评论,2012(6):84-91.

④ 1910—1941 年国立北平图书馆职员名录:旧档人事 1. 1. 国立北平图书馆(国家图书馆档案).

重要材料,向达相继翻译了柏朗嘉宾的游记和斯坦因关于中亚考察的报告。柏朗嘉宾是 13 世纪意大利的传教士,1245 年奉教皇之命出使蒙古,有在东亚地区布教的意向。他从俄国南部取道西域进入蒙古国,在蒙古国国都和林居住了数月,于 1247 年返回意大利,回国后著有游记,比马可波罗早约一百年。他的游记在我国很难找到,向达所译《柏朗嘉宾游记》摘录于美国作家曼努埃尔(Manuel Komroff,1890—1974)著 *Contemporaries of Marco Polo*(与马可波罗同时代的人)。

英人斯坦因在 1900—1931 年间先后对中亚做过四次考察,每次考察活动结束后,他都将考察日记、田野记录、游记和学术论文整理出版。他的第二次中亚考察的考古报告是《塞林堤亚——在中亚和中国西陲考察的详细报告》(*Serindia: Detailed Report of Explorations in Central Asia and Westernmost China*),1921 年由牛津克拉兰顿出版社出版,详尽描述了印度西北部及我国河西地区的古代文化图景,包括我国新疆和甘肃西部地区汉唐时期的遗迹和遗物[1],向人们铺开一幅神奇的画卷,在中西交通史研究中占有极其重要的地位。向达节取该书的第 21 章至第 25 章所述获取敦煌密藏的经过,译成《斯坦因敦煌获书记》,发表在《图书馆学季刊》,"Serindia" 被翻译成"西域"[2]。随后,又节译了斯坦因第三次中亚考察报告,取名为《斯坦因第三次中亚考古略记》,发表在《大公报》上。1936 年,向达根据斯坦因的 *On Ancient Central-Asian Tracks*,译成《斯坦因西域考古记》,由商务印书馆出版。这部译作囊括了斯坦因四次中亚考察所得考古学和地理学的精要,集斯坦因汉学研究之大成。

向达在翻译国外学术成果时有着非常明显的学术倾向,他在给友人的信中说:"斯坦因四次探测新疆甘肃,其经过和成绩的大概,都归纳在这一部小书之内。西北研究高唱入云,而真实的作品,不见一部。这一册小书对于西北的地理同历史都有很深刻的叙述和报告。我打算……加一些附录,以备研究西北问题

---

① 张存良. 斯坦因中亚考察著作综述. 西域研究,2012(3):123 – 132.

② 向达. 斯坦因敦煌获书记. 图书馆学季刊,1930,4(3/4):429.

的人参考。"①在向达走上学术研究道路的起始,似乎就已把中西交通史作为今后的研究方向了,他对有关西域史地著作的翻译,以及相关著作的书评、介绍,为他以后研究西域史地打下基础,所以有学者称,翻译工作对他一生的学术研究的取向起了非常重要的作用,他终生的研究工作,就是在他翻译有关印刷史和西域史地的著作中开始起步的②。

同人对海外汉学的译介还有一部分来自日本。日本学者对我国历史的研究,与我国学者不相伯仲,甚至在某些专门史的研究上更胜一筹。贺昌群说:"日本学术界对于中国正统史事之研究,吾人当可上下其是非得失,相与周旋。至于西域,南海,考古美术之史的研究,则吾人相去远矣。"③在译介日本汉学成果方面,贺昌群与钱稻孙的成就最大。贺昌群与钱稻孙的翻译大多也是围绕着西域史研究展开的。

钱稻孙自幼随父亲钱恂旅居日本、意大利和比利时,精通日、意、德、法文④,他学问渊博,译文受到中日学术界的敬重⑤。1926 年至 1930 年任京师图书馆分馆主任和北平图书馆舆图部主任。敦煌文献流散到日本后,有些被私人收为己有,日本东京帝国大学教授高楠顺次郎得到《序听迷诗所经》残卷一轴,请汉学家羽田亨为之解说。《序听迷诗所经》为唐代景教⑥文献,是非常珍贵的写本,钱稻孙翻译的《景教经典序听迷诗所经考释》,就是译自羽田亨对这一敦煌残卷的解读。残卷上的经文是中唐以前所写,晦涩难懂,羽田亨精通蒙元史、西域史和敦煌文化,他释读的特点是从历史语言学入手,使纸上旧文献在历史语言学的角度

① 徐俊. 书札中的雪泥鸿迹——中华书局所藏向达致舒新城书札释读. 见:樊锦诗,荣新江,林世田. 敦煌文献·考古·艺术综合研究:纪念向达先生诞辰 110 周年国际学术研讨会论文集. 北京:中华书局,2011:6 – 17.

② 孟彦弘. 一个倔犟的历史学家——向达别传. 见:樊锦诗,荣新江,林世田. 敦煌文献·考古·艺术综合研究:纪念向达先生诞辰 110 周年国际学术研讨会论文集. 北京:中华书局,2011:110 – 145.

③ 贺昌群. 日本学术界之"支那学"研究. 图书季刊,1934,1(1):11 – 22.

④ 浙江省图书馆志编纂委员会. 浙江图书馆志. 北京:中国书籍出版社,1994:387.

⑤ 文洁若. 我所知道的钱稻孙. 读书,1991(1):55 – 62.

⑥ 景教,基督教的一个小派别,即聂斯托利派。5 世纪时,盛行于波斯,唐初传入中国,被视为最早进入中国的基督教派。现西安仍存有大秦景教流行中国碑。

上得到充分发挥,他对《序听迷诗所经》名字"序听"即景教的"耶稣"的解读①,对中国学者有着重大的启发意义。

贺昌群早年在商务印书馆编译所工作过,1930 年到日本留学,期间阅读了"东方文库"的藏书(其中有大量明清之际西方传教士在中国活动的著作和记载),深入了解了日本学术界的汉学研究状况。1932 年他到北平图书馆担任编纂委员,编辑《图书季刊》和《大公报·图书副刊》。1933 年,翻译了日本西域佛教研究权威羽溪了谛的名著《西域之佛教》。该书对西域地区的佛教发展历史做了归纳。全书共七章,叙述了大月氏、安儿、康居、于阗、龟兹、疏勒、迦湿弥罗、健驮罗及高昌诸国的佛教传布状况,同时也包含了大量西域史地的材料,其中不乏西方考古学家的最新发现。

刘节、万斯年、杨维新、茅乃文等也翻译了多篇国外汉学的著作。日本学者内藤虎次郎、津田左右吉、今西龙都对"真兴王巡狩管境碑"做过研究。真兴王是新罗第 24 代君主,他对外扩张势力,在视察新领土时在多处建立石碑作为纪念。"真兴王巡狩管境碑"留存下来的共有四座②,记录的是 6 世纪新罗国真兴王扩展疆土的事迹。真兴王巡境的史实,在古史中很少有记载,所以石碑一经发现即被多国学者关注。刘节翻译了内藤虎次郎的《新罗真兴王巡境碑考》和津田左右吉的《真兴王巡境碑考》,辑译成《新罗真兴王巡狩管境碑之研究》。立于北汉山的石碑有"巡幸北汉山"的字样,碑文内容最难辨识,内藤虎次郎主要解读了北汉山碑的碑文,津田左右吉对北汉山碑碑文的可信度提出质疑。杨维新翻译了今西龙的《新罗真兴王"巡狩管境"碑考》。今西龙分别对黄草岭碑、北汉山碑、昌宁碑的形制和碑文进行了考释。"真兴王巡狩管境碑"碑身有多处磨损,已看不清碑文,通过解读仅留的文字,可以了解跟随真兴王的属下大臣名单、石碑建立背景等内容,真兴王开拓汉江流域、巡狩汉城的历史也会随之浮现于世人面前。日本学者利用碑拓等新材料探讨古代历史,是受了欧美学者的影响,中国学术界倡导借鉴欧美、日本学者的科学方法以解决学术研究的新问题③。因为国内也有学

---

① （日）羽田亨著,钱稻孙译.景教经典序听迷诗所经考释.北平北海图书馆月刊,1928,1(6):433 - 456.

② 即黄草岭碑、北汉山碑、昌宁碑及摩云岭碑。其中北汉山碑现存于韩国国家博物馆。

③ 国学季刊发刊宣言.北京大学日刊,1923(1187):2 - 3.

者对"真兴王巡狩管境碑"感兴趣并有研究成果发表,同人的翻译为国内学者的研究提供了参考。

此外,同人还翻译了有关圆明园的史料,这是众多译作中比较有特点的。1930年、1931年两年间,国立北平图书馆收购了大量"样式雷"建筑图档,包括圆明园工程模型、圆明园工程则例、长春园工程作法和舆图等①,1933年,《国立北平图书馆馆刊》出版"圆明园专号",展示了这些图档的目录和相关资料。其中有两篇欧阳采薇的译文,分别是《西书所纪圆明园中之西洋楼(长春园)》和《西书中关于焚毁圆明园纪事》,均取材于西书中关于圆明园的篇章或段落②。译文的原著者有当时的传教士、英国远征军司令、随行翻译、牧师、军医,还有大学教员,他们或参与或目睹了圆明园的建设或焚毁的过程,他们的记述应是研究园林建筑、火烧圆明园事件的第一手材料。

三、其他学科的译介

李钟履长期在北平图书馆西文采访组工作,翻译成果比较多,抗战前共有10篇译文,全部是图书馆学方面,抗战后共有7篇译文,内容涉及时事政治、心理学、文学评论和小说。1946年,他翻译了弗洛伊德的《精神分析引论》中的部分章节,取名《释梦》,发表在《新思潮》上,文章的核心即弗洛伊德的精神分析方法③。张申府在1942年11月至1946年间,在北平图书馆重庆办事处任编纂部主任,1945年翻译了《天演论》的作者赫胥黎的一篇文章《现代学人的责任:一篇想象的老赫胥黎与小赫胥黎④的谈话》。原作名为《一篇想象的老赫胥黎与小赫胥黎的谈话》,文章的中心意思是:现在正是一个彻底革命的时代,而革命要用民主方法。人类应当负起推进进步的完全责任⑤。老赫胥黎主张信仰应从属于证

---

① 国立北平图书馆.国立北平图书馆馆务报告(民国十八年七月至十九年六月).北平:国立北平图书馆,1930:18－19.

② 欧阳采薇.西书所纪圆明园中之西洋楼(长春园).国立北平图书馆馆刊,1933,7(3/4):29－57.

③ 李钟履.释梦.新思潮,1946,1(5):24－28.

④ 小赫胥黎是老赫胥黎的长孙,也是一名生物学家。

⑤ 张申府.现代学人的责任:一篇想象的老赫胥黎与小赫胥黎的谈话.民宪(重庆),1945,1(11):22－27.

据和理智,译者将他的唯物主义的社会思想翻译了出来,为醒目,在原标题上增加了"现代学人的责任"。

张全新在 1944 年经张申府介绍,到国立北平图书馆重庆办事处工作,以笔名"铁弦"翻译了多篇苏联文学研究作品,其中有 3 篇歌颂苏联红军的诗歌,有 1 篇苏联学者对中国学的研究,其余均为苏联文学评论。他的译作大多数发表在《中苏文化》,这是中苏文化协会创办的机关刊物。九一八事变后,国民政府从战略高度重新审视中苏关系,派立法院院长孙科担任中苏文化协会会长,致力于改善两国关系和中苏文化交流①。《中苏文化》以介绍苏联文化动态为主要内容,虽是一个政治产物,但无形当中成为中国苏联学研究者的摇篮,各类撰稿人和翻译者后来成为中华人民共和国最早的苏联学研究者和翻译家②。中华人民共和国成立后,张全新改名张铁弦,是我国最早的苏联文学研究家和翻译家之一,他对十月革命后俄国文坛情况的译介,加深了中国民众对苏联文化的了解。

20 世纪 30 年代,国立北平图书馆是中国最大最现代的图书馆,国际学术组织一般都选择该馆作为合作伙伴。美国历史学会、美国学会联合会及美国中央研究院 1929 年组织了一个专门委员会,编辑各国官书中的定期刊物(List of Serial Publications of Foreign Governments),中国部分委托北平图书馆代为编辑,北平图书馆调查汇辑了公元 1800 年以来中国政府出版的定期刊物,陆续寄往美国③。国际联合会智育互助委员会为联络各国图书馆事业起见,议决每国应当设立咨询机关,以指导各国人士互相利用其他国家的藏书,该委员会以北平图书馆为中国最大的图书馆,委托北平图书馆为中国境内的咨询机关,对于其他各国学术上的咨询有答复的义务④。凡国外治学东方的学者有咨询事项,都由北平图书馆解答。该委员会还设立了目录委员会,将各国关于科学或专门问题的现代出版物汇总成一个书目总目,中国部分也委托给北平图书馆编辑。

在北平,一些由外国资助的大学、学术团体与会社都是中西学术交流的中

---

①　田保国. 30 年代的中苏文化交流. 民国档案,2000(2):83-88.

②　李玉贞. 抗战时期中苏关系的一个侧面——孙科与中苏文化协会. 广州大学学报(社会科学版),2005(11):5-12.

③④　国立北平图书馆. 国立北平图书馆馆务报告(民国十八年七月至十九年六月). 北平:国立北平图书馆,1930:38-40.

心,譬如中德学会、中法大学、中印研究所、哈佛燕京学社等,它们是汉学研究中心,在这里聚集着有海外汉学研究经验的学者,国立北平图书馆与他们交往密切。以中德学会为例,它是一个纯学术研究机构,其前身德国研究会由袁同礼协助留德学者郑寿麟①所办,地点设在北平图书馆内,经济条件转好后才迁走②。袁同礼作为中德学会理事之一,直接参与了中德学会的筹备。中德学会成立后,袁同礼还担任了该会图书馆委员会委员③。北平图书馆对外来文化的接纳与包容,也成为北平知识界国际交流的特殊场域。

---

① 郑寿麟(1900—1990),广东潮阳人。中国最早的德国研究专家,早年留学德国,获莱比锡大学哲学博士学位,回国后,历任安徽大学、北京大学、中山大学教授,北平图书馆特约编纂。著有《德国志略》《中西文化之关系》等。1948年去台湾。

② 郑寿麟.从永乐大典与图书集成说起——袁守和先生与中德文化之沟通.见:朱传誉.袁同礼传记资料.台北:天一出版社,1979:57.

③ 丁建弘,李霞.中德学会与中德文化交流.见:黄时鉴.东西交流论谭.上海:上海文艺出版社,1998:265-289.

第七章　编纂出版的联合目录

编制联合目录是 20 世纪初图书馆编目领域的一大趋势,美国国会图书馆从 1901 年开始制作卡片式出版的联合目录,英国、德国也相继开始编制联合目录。中国第一个联合目录出现在 1927 年,由北平北海图书馆编纂完成,随后的国立北平图书馆组织过多次联合目录的编纂,在民国图书馆界产生很大反响。国立北平图书馆曾酝酿出版全国性的联合目录,并向全国征求目录,后因抗战爆发而未能完成。

第一节　同人编纂联合目录的实践

一、编制联合目录的倡议

编制联合目录最大的好处是可以促进馆际间文献资源的互借,使"藏"在各个图书馆中的书刊物尽其用,同时可以引导文献采购政策,避免不必要的投入和重复劳动。所以图书馆行业组织——中华图书馆协会成立后,关于编制联合目录的议案不绝于耳。

1929 年 1 月,中华图书馆协会举行第一次年会,中央大学国学图书馆建议编制全国地志联合目录。柳诒徵提出:

> 吾国地志最为繁富,省府州县村镇以及寺庙书院靡不有志,世界各国罕与伦比。惟志书既多尚无专目,从前京师图书馆及各地图书馆均只就所有刊为志目,未为全璧。宜由本会各馆通力合作辑一全目以备征求,倘有大力,按照是目印一中华全国地志,其数量当逾于四库全书,亦世界不可多得之大业也。①

---

①　中华图书馆协会第一次年会报告.北平:中华图书馆协会,1929:166.

柳诒徵倡议"请由本会编制全国地志目录案",该案获得大会修正办法议决通过。

1929年4月,广州图书馆协会成立,协会会员、中山大学图书馆的陈普炎撰文《编制中国协同目录之急需及其步骤》,发表在《广州图书馆协会会刊》。协同目录即联合目录,陈普炎建议,由于中华图书馆协会没有充裕经费和大批人才组织编印联合目录,可把负责这项工作的机构"附设在一个大规模的图书馆内"①。

1933年8月,中华图书馆协会第二次年会于北平召开,决议案有"请全国各图书馆于卡片目录外,应酌量情形增编书本目录,以便编制联合目录"。原案由河北省立第一图书馆的华凤卜提交,他提出的办法是:各图书馆编完分类、著者两种卡片目录后,每二年编一次书本目录;各地图书馆编完本馆目录后,应与本县或本市图书馆商议编联合目录,第三年编一次联合目录;中华图书馆协会收集全国各图书馆书本目录,研究其得失,在分类法则、编目条例、检字方法,以及其他种种规则逐渐统一之后,可组织编制一部全国图书馆联合书目②。

此次大会关于编制联合目录的提案还有"建议书业联合会编制出版物联合目录案"。原案有二,由陈颂提出:一是请由协会编印本国出版书籍之标准卡片及书本丛书子目案。二是建议书业共同合作编印全国出版图书目录案。陈颂鉴于欧美及日本出版界定期印行全国出版图书目录的情况,建议中华图书馆协会致函出版界和全国出版协会,编制出版物联合目录③。大会决定由中华图书馆协会执行委员会函办。

1936年7月,中华图书馆协会举行第三次年会,关于编制联合目录的提案多达五个:"为增进各图书馆购书效率及便利阅览起见,拟请协会编制全国图书馆联合目录,并通知各馆推广馆际互借案""呈请教育部筹拨经费刊印全国图书馆联合目录案""编印全国图书馆善本联合书目案""请教育部明令各大书店每年

---

① 陈普炎.编制中国协同目录之急需及其步骤.广州图书馆协会会刊,1930,1(3):9 – 10.

② 中华图书馆协会执行委员会.中华图书馆协会第二次年会报告.北平:中华图书馆协会事务所,1933:67.

③ 中华图书馆协会执行委员会.中华图书馆协会第一次年会报告.北平:中华图书馆协会事务所,1929:68.

编制出版联合目录案""请协会负责印行全国图书馆藏书簿式联合目录案"①。

同人响应图书馆界对于编制联合目录的倡议,在编纂实践上走在各大图书馆的前列:一是起步早,在20世纪20年代就编纂完成了一部外文书籍联合目录;二是数量多,1909—1949年间共编纂完成5种(现有存书可查)联合目录;三是影响大,1931年出版的《北平各图书馆所藏西文书联合目录》是当年业界的一大盛事。

二、同人编纂的联合目录

1. *Reference List of Books on Botany in the Peking Libraries*

在中华图书馆协会成立之前,北平北海图书馆(时称"北京图书馆")应读者(大多数是植物学学生)的需要,就已编制出首部联合目录,名为 *Reference List of Books on Botany in the Peking Libraries*(北平各图书馆所藏植物学书联合目录),1927年与北京博物学会联合出版,开历史先河。目录共收北平(当时称"北京")8个图书馆和4所大学所藏928种西文植物学图书,按著者首字母顺序排列,没有著者的按书名首字母排列,著录有著者、题名、出版者、出版年、馆藏地。这个专题目录对植物学研究者和相关收藏机构都具有参考价值。

2. *Union List of Books on China in Peiping Libraries*

1928年,国立北平图书馆编纂完成 *Union List of Books on China in Peiping Libraries*(北平各图书馆所藏关于中国问题书籍联合目录),发表在《北平北海图书馆英文季刊》(*The Metropolitan Library Record*)第一卷和第二卷。《北平北海图书馆英文季刊》于1928年10月创刊,专载北海图书馆西文书藏概况。该目录也是一部著者目录,书目按著者首字母顺序排列,著录项包括著者、题名、出版年和馆藏地。成员馆为中法学会、实业部地质调查所、华北协和华语学校、北平北海图书馆、北平西绅总会、协和医学院、政治学会、清华大学、燕京大学等九个单位的图书馆。

3. *Union Catalogue of Books in European Languages in Peiping Libraries*

1931年,国立北平图书馆与北平研究院联合出版 *Union Catalogue of Books in*

---

① 吕绍虞.中国图书馆大事记.浙江图书馆通讯,1941,1(1):20 – 36.

European Languages in Peiping Libraries(北平各图书馆所藏西文书联合目录),四册,是北平 29 所图书馆之著者总目录。前三册是书籍目录,第四册是期刊目录。目录按照美国图书馆协会编目规则关于著者与题名的规定著录,按著者首字母顺序排列,同一著者所著之书,再按书名排列,没有编著人的书,按书名首字母顺序排列。除著者和题名外,书目信息还包括每种书的出版日期和馆藏地。

该目录由国立北平图书馆负责编纂,成员馆负责提供本馆目录卡片的副本,共收北平图书馆及一些学术机关馆藏西文书籍 85 000 余种,卡片 10 万多张①。参与编纂目录的有辅仁大学、地质调查所、国立中央研究院历史语言研究所、社会调查所、国立北京大学、国立清华大学、燕京大学、国立北平师范大学、国立北平研究院等单位的图书馆以及松坡图书馆等。此项联合目录的编制,是国立北平图书馆西文编目组的重大工作,抄录、纂辑、付印、校对都很费时间②。因为各图书馆缺乏统一的编目规则,字段难免会有遗漏或不准确的地方,国立北平图书馆丰富的书目数据,对于核对书目信息起到非常大的作用。

Union Catalogue of Books in European Languages in Peiping Libraries 陆续出版,前三册书籍目录出版后,反响强烈,沈祖荣向中华图书馆协会执行委员会报告北平的图书馆情形时说:"北平图书馆曾合作编印北平各图书馆联合目录三册行世。北平亦盛行图书馆间互借方法。各图书馆于一定时期中,可向其他图书馆借出若干书籍,以供其读者之应用,法至良意至美也。"③

该目录的第四册——期刊目录出版后,西文期刊联合目录的补编工作继续进行,只不过由于资金短缺,只能以卡片的形式续补。1933 年,*Union Catalogue of Books in European Languages in Peiping Libraries*:*Supplement* 由国立北平图书馆与清华大学图书馆联合编印出版,这本西文期刊联合目录补编作为整套书的补编,共增补期刊 6000 余种。至此,《北平各图书馆所藏西文书联合目录》达到五册。

由于国立北平图书馆已编纂了三种外文书籍联合目录,虽然参与的成员馆

---

① 谢灼华. 中国图书与图书馆史. 修订版. 武汉:武汉大学出版社,2005:387.

② 国立北平图书馆. 国立北平图书馆馆务报告(民国十八年七月至十九年六月). 北平:国立北平图书馆,1930:26.

③ 沈祖荣. 中国图书馆及图书馆教育调查报告. 中华图书馆协会会报,1933,9(2):1-8.

均为北平当地图书馆,但是编纂联合目录的经验多少有了积累,于是产生了编纂全国联合目录的动议。北平图书馆首先从西文期刊开始,面向全国各大图书馆征求目录①。这在当时图书馆界堪称一件盛事,官方媒体及许多学术刊物如《时事月报》《学觚》《商务印刷所图书馆部图书馆通讯》《厦门图书馆声》《民众教育通讯》《图书展望》等都争相报道了此事:

> 国立北平图书馆,为谋学者之便利及鼓励图书馆间互借起见,近有编印全国各大图书馆入藏书籍及期刊联合目录之计划。此项目录,注明著者,书名,出版年月,及现藏之机关。手此一编,可知某书现藏某地,于采访借阅参考上均感便利。其北平部分,业于前年出版。南京、上海、武汉、广州、成都部分,均在编辑中。闻该馆为便于编辑起见,决先从西文期刊入手。盖西文期刊,为研究各种学术之最要资料。其价值贵重或性质专门者,各馆并可互相借阅,借以避免不需要之重复。于各馆及全国研究人士,裨益甚大云。②

1936 年,国立北平图书馆共收到 133 家单位寄来的目录,1936—1937 年度编成《全国各图书馆所藏西文期刊联合目录》初稿,遗憾的是,由于全面抗战爆发,该目录的出版工作被迫中断,后来再也没有机会面世。

4.《满文书籍联合目录》

1933 年 6 月,李德启编、于道泉校的《满文书籍联合目录》由国立北平图书馆、故宫博物院图书馆印行。国立北平图书馆藏满文书主要有两个来源:一是前京师图书馆旧藏,一是前北海图书馆购得。京师图书馆旧藏包括清内阁大库满文书四十余箱,另有殖边学校③赠送的四五箱④。北海图书馆成立后,对于中国旧

---

① 国立北平图书馆.国立北平图书馆馆务报告(民国二十四年七月至二十五年六月).北平:国立北平图书馆,1936:9 – 10.

② 吴启中,曾昭抡.北平图书馆编辑全国图书馆藏书联合目录.时事月报,1936(5):28.

③ 殖边学校又称殖边学堂,清末新政时期由蒙古王公集资在北京设立。招收内地学生,讲授蒙藏语言、史地及普通西学,以补学部官办满蒙文高等学堂等教育的不足,范源濂等有识之士帮助管理,是现代民族高等教育体制发端时期代表性学堂之一。

④ 李德启,于道泉.满文书籍联合目录.北平:国立北平图书馆,故宫博物院图书馆,1933:2.

学书籍多方求购,包括大量满、蒙、回、藏文的经籍。馆内同人于道泉知晓满文,
对满文典籍的采访就由他负责,共购得百余种满文书,后来李德启到馆,承担了
满文书的分类编目工作,历时两年完成了北平图书馆所藏满文书的编目,随后又
把故宫博物院图书馆的满文书也编目完成,合两馆所有,编制成这部《满文书籍
联合目录》。

该目录是国立北平图书馆编纂的第一部带有本土色彩的联合目录,也是唯
一的一部分类目录。由于满文书的分类没有先例,李德启以汉语言书籍的分类
方法为蓝本,把这部联合目录分成十大类:总类、哲学、宗教、自然科学、应用科
学、社会科学、语文学、文学、艺术和史地,基本上是以杜威十进分类法的大类为
准的。书后附有汉文书名索引、汉文人名索引、罗马字四角号码对照表、满文书
名索引、满文人名索引、藏文书名索引、满文书名罗马字索引。目录前有德国汉
学家西门华德(Walter Simon)教授作的序,表达了要编纂一部满文书国际联合目
录的愿望。

有清一代的史料,有很多保存在满文中,该联合目录不只是为研究满文者所
必备,对于研究清代历史的人也有重要的参考价值。

5.《北平各图书馆所藏中国算学书联合目录》

1936年,中华图书馆协会和北平图书馆协会联合出版《北平各图书馆所藏中
国算学书联合目录》。该目录由国立北平图书馆参考部的邓衍林编辑。算学本
来是一切科学的基础,自《周髀算经》之后,我国历代都有所著述,古有"礼、乐、
射、御、书、数",到了明代八股取士,算学才衰退下去,乏人问津。只是此类书籍
不集中,多散见于各种丛书中。算学书作为术数类标目常见于各丛书的子部,但
与其他子部著述相比,术数类著述学术渊源相对较短,清以前历代史书所纂修的
子部中虽有"五行类"的标目,却一直没有将所属的"术数类"单独标目,"术数
类"单独标目直到清代《四库全书总目》中才出现①,所以调查此类书籍十分
不便。

邓衍林往返于北平各大图书馆,调查了19个图书馆所藏散见于各种丛书中

---

① 宁夏江.《四库全书总目》子部术数类著目纂修疏略及其原因分析. 图书馆工作与研
究,2013(11):87-89,123

的中文算学书,历时一年完成了书稿,以古代中国算学书或民国研究中国算学书籍为限,收录算学书 1000 余种。该目录以书名笔画为序排列,笔画相同的再以笔顺为序,依次著录有:书名卷数、编撰人、版本、馆藏地。凡是算学丛书如《古今算学丛书》等,则在丛书名下依序排列出子目。书末附有著者索引。

第二节　编纂联合目录的机缘与特点

一、地位与作用

虽然在中华图书馆协会年会上不断有人提议编纂全国性的联合目录,但是中华图书馆协会始终没有将编纂全国联合目录的任务指派给某个机构或图书馆。

1934 年,严文郁撰写了一篇文章——《德国联合目录概述》,介绍了德国编纂联合目录的情况。1932 年,他曾作为中德图书馆交换馆员前往柏林,在普鲁士州立图书馆工作。据严文郁记述,德国没有中央图书馆,普鲁士州立图书馆(行使德国国立图书馆的职能)是欧洲大陆较大的图书馆之一,除日常整理图书供人阅览外,还兼管全国图书馆的有关事业,如馆际互借、编制联合目录等,联合编目编辑部就附设在该馆内。1930 年,普鲁士州立图书馆编制完成《普鲁士图书馆联合目录》,收录了该州州立图书馆和大学图书馆以及德国四大工科大学图书馆、维也纳国立图书馆、德国南部巴伐利亚州立图书馆等 18 个图书馆的书籍,虽然名为普鲁士一州的联合目录,实际上所收书籍与德国出版的书籍相差无几,是最完备的德国书籍目录①。

严文郁发表这篇文章的时候,北平各图书馆西文期刊联合目录补编工作已经完成,北平图书馆正在筹措编纂一部全国性的联合目录,而国内图书馆界的状况与德国有些相似,虽然国民政府定都南京后,中华图书馆协会曾呈请教育部尽快成立一所国立中央图书馆,但是直到 1933 年国立中央图书馆筹备处才成立,显然无力承担这一任务,地处北方的国立北平图书馆无论就地位和实力来说,都是组织调动全国图书馆编纂联合目录的不二选择。实际上,之前国立北平图书

---

① 严文郁.德国联合目录概述.图书馆学季刊,1934,8(3):345 – 355.

馆积极组织编纂各类联合目录,推动图书馆界的合作,都是在履行国家图书馆的职责。而国立中央图书馆直到抗战前还处于筹备状态,没有正式的馆舍,筹备处1937年全面抗战爆发后西迁入川,1939年才在重庆编印了一部《重庆各图书馆所藏西南问题联合书目》,其联合目录编纂事业无论就规模、深度还是数量,都远逊于国立北平图书馆。

二、合作与共识

联合目录的编纂与馆外专家和学术科研机构的鼎力支持分不开。第一部联合目录——《北平各图书馆所藏植物学书联合目录》是北平北海图书馆(时称"北京图书馆")与北京博物学会合作编纂的,北京博物学会由美籍古生物学家和地质学家葛利普在1925年创办,该学会定期举办学术演讲、年会、野外考察,并出版学术刊物《北平博物杂志》,是民国时期北京科学界一个国际化程度和学术水准都很高的科学团体①,其植物研究室负责人、协和医学院的伊博恩(Bernard E. Read)教授多年来收集并研究中国医用植物,对目录的编纂进行了指导②,并为该目录撰写了序言。他认为这一项目有继续下去的意义,在北平无法获取的植物学书籍,编者会竭力寻访它在中国其他城市的收藏地,比如南京、上海和广州③。

1929年10月,北平研究院与国立北平图书馆馆长袁同礼协商,编纂一部北平当地图书馆藏有的西文书联合目录,供研究者使用,袁同礼认识到这项工作的重要性,同意承担编纂工作。北平研究院为此向国立北平图书馆提供了国币4000元作为出版经费④。《北平各图书馆所藏西文书联合目录》有相当一部分德文书目,是由协和医学院图书馆的戴罗瑜丽(挪威人Julie Rummelhoff,常称Mrs. T. C. Tai,是戴志骞的夫人)纂修的⑤。戴罗瑜丽早年受过系统的专业训练,1917

① 孙承晟.葛利普与北京博物学会.自然科学史研究,2015(2):182 – 200.

②③ Reference List of Books on Botany in the Peking Libraries. Peking:Peking Society of Natural History & Metropolitan Library,1927:2.

④ 关于本院与国立北平图书馆合印西文图书籍联合目录事件.国立北平研究院院务汇报,1933,4(5):9 – 10.

⑤ T. L. Yuan. Preface. National library of Peiping. Union Catalogue of Books in European Languages in Peiping Libraries. Volume One(A-G). Peking:National Library of Peiping & National Academy of Peiping,1931:1 – 2.

年就读于纽约州立图书馆学校①,1922年来华,先在清华学校图书馆主持西文编目,后受聘为协和医学院图书馆主任。协和医学院的图书分类系统,采取的是波士顿医科大学图书馆的分类法,沈祖荣曾评价她"管理有方,分类编目,秩序井然"②。《北平各图书馆所藏西文书联合目录》出版时,袁同礼专门在序言中向她作了致谢。

　　《北平各图书馆所藏中国算学书联合目录》的编纂是由陇海铁路局的工程师李俨促成的。李俨长期从事中算史研究,先后出版有《中算史论丛》(上海商务印书馆,1931年)、《中国算学小史》(上海商务印书馆,1931年)等论著,他个人收藏了不少算学典籍,但是在研究过程中仍然感到史料匮乏。在看到北平图书馆编纂的各种英文联合书目后,认为这种编目方法对于治学有很大裨益,就致函袁同礼馆长,请求北平图书馆编纂一部关于中国算学书的联合目录。袁同礼说:"北平各图书馆藏书甚富,所藏中算书籍类亦不少,且间有罕见之本。"③此举"既有资于研究国算者之一助,且可略沾编纂中文书籍联合目录之尝试也"④。于是派参考组的邓衍林编辑。书稿完成后,李俨作了精深的校订,并撰写了序言。作为一名学者,李俨多次参与国立北平图书馆工具书的编纂审订,王重民编辑的《清代文集篇目分类索引》就请他审订了算学部分。另外,李俨撰写的多篇关于算学书的论文发表在国立北平图书馆主办的《图书馆学季刊》上。

三、同人所编联合目录的特点

　　民国时期同人所编的上述联合目录,既有西文文献的,又有中国传统典籍的。西文文献的联合目录范围广、规模大,《北平各图书馆所藏西文书联合目录》几乎涵盖了北平所有的图书馆。中国本土的联合目录,即《满文书籍联合目录》和《北平各图书馆所藏中国算学书联合目录》囿于语言和专业,有专科目录的倾向。由于所有成员馆都位于北平市,这几部联合目录都属于区域性联合目录。

---

　　①　郑锦怀.戴罗瑜丽生平及其在华图书馆事业成就考察.图书馆论坛,2015(11):113 - 120,112.

　　②　沈祖荣.中国图书馆及图书馆教育调查报告.中华图书馆协会会报,1933,9(2):1 - 8.

　　③④　邓衍林.北平各图书馆所藏中国算学书联合目录·引言.北平:中华图书馆协会暨北平图书馆协会,1936:2.

编纂联合目录的最初目的主要是根据书名找到所在地,为馆际互借提供方便,前几部西文文献的联合目录都是著者目录,编者在著者的考订上花费了大量时间,而在其他细节上没有做过多考虑。

在各个联合目录中,《北平各图书馆所藏西文书联合目录》影响较大,许多关于联合目录的论述都有提及,但是该目有些条目在题名、卷期、出版者和出版时间著录上有失准确。另外,据台湾学者张锦郎所著《中国图书馆事业论集》记述,北平北海图书馆还曾编纂 *Reference List of Books on Physics in the Peking Libraries*(北平各图书馆藏物理学书联合目录)①。1935 年,中华图书馆协会成立 10 周年时,征集纪念文章,结集出版了 *Libraries in China*(中国之图书馆)一书,其中有严文郁撰写的英文论文"Co-operation Between Chinese Libraries"(中国图书馆间之合作),也提到北平北海图书馆在 1927 年曾编有《北平各图书馆藏物理学书联合目录》②。但该目录未能在国家图书馆馆藏中找到,当年北平北海图书馆的年度报告和《北平北海图书馆月刊》也未提及该目录的编纂和出版情况,无法进行考证了。

---

① 张锦郎. 中国图书馆事业论集. 台北:台湾学生书局,1984:217.

② W. Y. Yen. Co-operation Between Chinese Libraries. Libraries in China. Peiping:Library Association of China,1935:83.

第八章 馆办学术刊物

一、《国立北平图书馆馆刊》

《国立北平图书馆馆刊》创办于 1928 年 5 月,最初名为《北京图书馆月刊》。它是中华教育文化基金会自办的北京图书馆的一个刊物,也是国家图书馆有史以来最早创办的刊物。创办初期以 6 号为 1 卷,从第 1 卷第 5 号起随馆名更改为《北平北海图书馆月刊》。1929 年改名《国立北平图书馆月刊》,仍以 6 号为 1 卷,改月刊为双月刊。1930 年,更名为《国立北平图书馆馆刊》。从 1928 年 5 月至 1937 年 2 月,共出版 11 卷 61 号,其内容包括文史论著、目录校勘、书目题跋、图书评价、书林史话等,许多功底深厚的学者如罗振玉、王国维、梁启超、胡适等都是该刊的作者,集中反映了当时的学术成就和研究水平。

《国立北平图书馆馆刊》发行过三期专号,一是第 2 卷第 2、3 号合刊的《永乐大典专号》,二是第 4 卷第 3、4 号合刊的《西夏文专号》,三是第 7 卷第 3、4 号合刊的《圆明园专号》。另外,第 7 卷第 4 号所载文章,均为印行《四库全书》罕传本事件而作;第 8 卷第 4 号所载多为太平天国、天地会的文件,也可以称为专号①。这些专号结合馆藏的珍贵文献所编,突出特色,彰显国故,令学界瞩目。

《永乐大典专号》收有袁同礼的《永乐大典现存卷目表》,赵万里的《永乐大典内辑出之佚书目》《记永乐大典内之戏曲》和《馆藏永乐大典提要》。京师图书馆筹建之初,经学部提议将翰林院残存的《永乐大典》移交京师图书馆庋藏。1912 年,民国政府成立,在供职于教育部社会教育司的鲁迅的建议和努力下,教育部咨请国务院,将翰林院所存《永乐大典》残本 64 册送归教育部,其中 60 册交由京师图书馆储藏,这是入藏的第一批《永乐大典》。《永乐大典》所载之书以宋元时期的著作为多,到明代编辑《文渊阁书目》时,这些著述已经十不存三四,到了清代,只有十之一二还在流传,加上《永乐大典》收录的典籍除比较正规的儒家

---

① 萧均.《国立北平图书馆馆刊》之回顾.文献,1982(4):249－257.

典籍、史传百家、历代文集等,还收录大量的方舆志乘、小说戏曲、医学方技、佛道典籍等,所以历代学者都把《永乐大典》看作辑佚之渊薮。袁同礼、赵万里等人很早就关注《永乐大典》的辑佚工作。袁同礼的著述涉猎广泛,而"致力最勤者,尤推目录学暨各项专门书目"①,其中对《永乐大典》的调查研究是最杰出的代表之作。从1924年至1939年,他多次出国考察,赴英、美、法、德、日查访《永乐大典》存佚状况,《国立北平图书馆馆刊》除了永乐大典这一期专号外,还陆续发表了他的其他有关《永乐大典》的文章。赵万里从1928年到馆后,就开始了对《永乐大典》的辑录,使许多几乎已经失传的典籍再现学林。《永乐大典专号》收录了他三篇论文,其中《记永乐大典内之戏曲》一文专门探讨了《永乐大典》卷一三九一一中的相关内容②,并附有一页珂罗版书影。

《西夏文专号》刊登了中、苏、日三国学者关于西夏文文献的研究成果。1929年秋,国立北平图书馆购入宁夏发现的西夏文佛经百余册,皆属宋元旧椠,蔚然大观,决定于馆刊中发一西夏文专号,作为得书的纪念。其专号启事云:"因念斯学湮沉数百年,近二十年来,断简遗文,时出人间,东西学者苦心冥索,于是此绝国方言,乃得渐通其读,而西夏一代史事,亦因之添增无数之新资料矣。"③国内学者罗福苌、罗福成、王静如慷慨赐稿,日本学者石滨纯太郎和苏联学者聂历山也欣然相助,到1931年印刷出版,共收录插图13种,专著6种,释文22种,亚细亚博物馆藏书目7种,末附专著补遗1篇。专号用洋宣纸精印,大部分为照像版,插图为大量原始文献的图版,涉及多种文献类别,成为后人学习西夏文的教科书和资料库,有力地推动了西夏学研究的深入和普及④。专号的作者都是该领域的专家,国内西夏学学术中坚力量因由北平图书馆组建起来,也确立了中国在国际西夏学界的地位。

---

① 吴光清.原北平图书馆馆长袁同礼学术传略.文献,1985(4):139-148.

② 明朝灭亡后,《永乐大典》正本不知下落,现存《永乐大典》都是嘉靖年间抄录的副本,《永乐大典》卷一三九一一,也是嘉靖年间的副本之一,内容是至为珍贵的宋元剧本。《永乐大典》卷一三九六五至一三九九一,记载的都是宋元剧本,共有二十七卷,《永乐大典》卷一三九九一,是统归为"戏"字号、凡二十七卷中的最后一卷,而且是目前所知唯一存世的《永乐大典》"戏"字号残本。

③ 西夏文专号启事.国立北平图书馆馆刊,1930,4(3).

④ 聂鸿音.西夏文献研究小史.北京师范大学学报,1990(3):44-52.

《圆明园专号》出版了馆藏圆明园的有关资料和论著。圆明园为清代最有名的建筑,经过三代皇帝陆续修成,英法联军攻进北京,入园劫掠珍宝,并纵火灭迹,园中殿宇,焚毁几尽。1930 年,北平图书馆购得雷氏圆明园工程模型、圆明园工程则例、圆明园全图、万春园工程做法等图档。1931 年又购得圆明园中路地图一大张、小图二十张等,都是不常见的资料。此外,英使臣马戛尔尼到中国的日记和随员的笔记时时提及圆明园;清初耶稣会教士王致诚等传教士在记述中国之行时也着重描述过这座"万园之园";咸丰十年(1860),英法联军进逼圆明园,英法将帅和从军翻译各有著作记载这段经历。《圆明园专号》收录圆明园长春园插图 15 幅,文章有贺昌群译的《郎世宁传考略》和欧阳采薇译的《西书所纪圆明园中之西洋楼(长春园)》5 篇、《西书中关于焚毁圆明园纪事》8 篇,目录有金勋编的样式雷烫样目录、样式雷图籍分类目录和圆明园地名表,首次集中向世人公布的圆明园材料,对于研究中国营造学和园林史具有重要的参考价值。

二、《北平北海图书馆英文季刊》(*The Metropolitan Library Record*)

《北京图书馆月刊》原来是中、英文合一的,为了方便外国读者,后来在北平北海图书馆时期又创办了《北平北海图书馆英文季刊》(The Metropolitan Library Record),专门刊载西文书目。内容大致由两部分组成:一是图书馆界或文化界的新闻动态;二是西文书分类目录。1928 年 10 月—1929 年 7 月共出四卷,《北平各图书馆所藏关于中国问题书籍联合目录》(A Union List of Books Relating to China Found in Peiping Libraries)发表在一至二卷,第三、四卷登载了馆藏西文书刊选目。《北平各图书馆所藏关于中国问题书籍联合目录》由北平北海图书馆联合中法大学、清华大学、燕京大学、北平协和医学院、华北协和华语学校、实业部地质调查所等九个学术单位的图书馆编制而成,著录与中国有关的每种西文书的著者、题名、出版年代和收藏单位。该联合目录将人所不知其名称和收藏地的西文书公布出来,对于"中国学"研究和图书馆间开展馆际互借具有特别的意义。

三、中英文《图书季刊》

1934 年,国立北平图书馆创办《图书季刊》,袁同礼任主编,年出四期,由国际联盟世界文化合作中国协会与国立北平图书馆合作出版。办刊经费由世界文化合作中国协会与美国洛克菲勒基金会①提供赞助,世界文化合作中国协会每年补助印刷费国币 2000 元,洛氏基金会补助编辑费美金 5000 元,分三年支付②。《图书季刊》因七七事变发生,致 1937、1938 两年停刊。南迁昆明后,中文本、英文本于 1939 年春和 1940 年春在昆明先后复刊,卷期另起,仍年出四期。1941 年珍珠港事件发生后,因印刷困难,中、英文刊再度停刊一年,1943 年 6 月又同时复刊于重庆。抗战胜利后,又在北平、上海两地继续编印,至 1948 年 6 月终刊。抗战时期,很多学术刊物纷纷停刊,在极端困难的条件下,《图书季刊》多次起死回生,显示了顽强的生命力。

《图书季刊》分中、英文本及中英文合订本三种版本,中、英文版各有侧重,内容互异,并非对照的译文。中文版以传达学界信息为宗旨,内容分专著、新书之批评与介绍、学术界消息、西书华译、专题书目、国内重要期刊论文目录举要等栏目,从中可以窥见抗战前后及抗战时期学术界及出版界的概况;英文版以宣传国学为目的,专供国外人士及图书馆订购,主要介绍中国学术研究进展,报导学人行踪和译林活动,并有译书索引及期刊索引等,是战时我国国际文化宣传的唯一刊物③。论著、图书及期刊之批评与介绍,学术界及出版界消息等是中英文版都有的。中文版独有的栏目是海外汉学界文摘,每期介绍若干篇;英文本独有的,则有论评、译书索引、期刊索引及学人行踪与活动等。

中文版《图书季刊》由辅仁大学教授谢礼士(德)、清华大学教授翟孟生(美)、中法大学教授曾觉之以及同人顾子刚、向达、贺昌群等任编辑,其主旨"以传达学术消息,藉谋国内外人士在知识上之谅解为职志",学术性不亚于《国立北平图书馆馆刊》。所刊载的胡适的《元典章校补释例序》、陈垣的《切韵与鲜卑》、贺昌群的《瀛书脞语》、黎锦熙的《方志今议》、杨殿珣的《中国家谱通论》、王庸的《读〈春秋公矢鱼于棠说〉略论治古史及民族学方法》等,都是当时学术界的重要

---

① 洛克菲勒基金会,也称作罗氏基金、洛氏基金。由美国资本家洛克菲勒创立。从标准石油公司退休后,洛克菲勒专注于慈善事业,中国是他海外投资的重要对象,最早选定的重点是发展医学、公共卫生和农业,自 20 世纪 20 年代末 30 年代初开始重视社会科学和人文学科。众所周知的北京协和医学院是洛克菲勒基金会在华最大、最著名的一项事业。

② 国立北平图书馆. 国立北平图书馆馆务报告(民国二十四年七月至二十五年六月). 北平:国立北平图书馆,1936:22.

③ 张锦郎. 中国图书馆事业论集. 台北:台湾学生书局,1984:135.

成果,著名学者钱穆、罗尔纲、傅增湘、汤用彤、孟森、谢国桢、谭其骧、罗常培等人关于图书的论说也常在此发表。

英文版《图书季刊》(*Quarterly Bulletin of Chinese Bibliography*)创办初期,担任该刊编辑的多是大学和研究机构的教授,包括一些汉学家,如曾觉之、陈受颐、邓嗣禹、聂崇岐、翟孟生(美)、谢礼士(德),以及同人向达、贺昌群、顾子刚。1940年复刊后,更多同人加入进来,有严文郁、万斯年、徐家璧、颜泽霟、刘修业、曾宪三、莫余敏卿、丰华瞻等,后期由李芳馥担任副主编,钱存训负责发行。同时还聘请海内外学者费正清(美)、吴可读(英)、芳卫廉(美)、钱钟书、李小缘等为编辑。

英文版《图书季刊》前期刊载的论著多是中外学者对中国传统文化的解读以及馆藏最新目录,比如:福开森(John C. Ferguson)关于《水浒传》的评论"All Men are Brothers";胡适介绍了朱起凤的新著作《辞通》;同人莫余敏卿介绍了北平图书馆 1933—1935 年间中文参考书,包括书目、索引、年鉴、辞典等。新的卷期主要刊载各领域专家所做的战时及战后中国的各类学术综述,以及国外中国学的最新研究成果。有梁思永为泛太平洋科学大会而作的"The Lungshan Culture: the Prehistoric Phase of Chinese Civilization"(龙山文化:中国文明的史前阶段);钱钟书 1935—1937 年在英国牛津大学攻读 B. Litt. 学位(bachelor of literature)[①]时完成的题为"China in the English Literature of the Seventeenth and Eighteenth Centuries"(17 及 18 世纪英国文学里的中国)的学术论文。另外,还有中央研究院总干事叶企孙的《1937—1942 年间中央研究院成果》,国民政府行政院参赞陈之迈的《战时中国的政治改革》,国民政府经济部部长翁文灏的《战后中国的工业化》,南开大学经济学院经济学教授李卓敏的《战时中国的经济学研究》,浙江大学地理学教授美锷的《战时中国的地理学研究》,社会学研究云南站(云南大学)代理主任许烺光的《中国的社会学研究》,金陵大学(成都)中国文化研究所研究员徐益棠的《中国的民族学研究》,昆明清华大学(西南联大)生理实验室主任汤佩松的《中国的生物学研究》,美国宾夕法尼亚大学中文副教授卜德(Derk Bodde)的《1940—1946 年美国的汉学研究》,等等。

1947 年,《图书季刊》新第 7 卷 1—4 期刊载了袁同礼的《1939—1944 年德文

---

① 高级文学士学位。有人译作硕士或博士,相当于 M. Phil. (Master of philosophy)。

汉学书目节选》，这是 1946 年他在欧洲时编纂的一个德文汉学书目，书目著录的汉学著作出版于 1937 年至 1944 年间。最初编纂这个书目是为了国立北平图书馆参考所用，第二次世界大战以同盟国胜利告终，该书目应时应景地发表出来，便有了特别的意义。所以书目选择了从 1939 年开始，而不是 1937 年，因为第二次世界大战爆发是在 1939 年，而 1937 年只是中日抗战爆发。

四、《读书月刊》与《大公报·图书副刊》

国立北平图书馆还在 1931 年 10 月创办了《读书月刊》，专为中等学校以上的学生提供读书参考①，每期约五六十页，主要介绍各图书馆的藏书情况，并编有各种书目和书报介绍，以及学术界杂讯，内容较浅显，有激发国人阅读兴趣、指导读书方法的意味。其创刊号表明办刊的宗旨：

> 图书馆之目的，不仅为学术界保藏典籍，要在与学者以种种之利便，而引起一般人读书之兴趣。故本刊除编有各种书目外，更有馆刊之发行；虽不敢谓学术之向导，而于典籍目录之学之研究，各种图书之校勘与介绍不可谓无助于学术。惟馆刊内容，因实际上自然之趋势，大抵偏于国故旧籍，而以专门之述作为主，青年初学之士，获益较少。故今为力谋图书馆事业之普及与通俗计，乃更有此《读书月刊》之出版。与馆刊不但并行不悖，且可相得而益彰。馆刊以专著为主，而本刊则以书报介绍为重；范围较馆刊为宽广，而内容则较馆刊为浅显。俾初学者略知出版界之概况，而于读书求知，有门径可寻；本馆图书之内容与消息，亦由是而传播。是即本馆所以增出本刊之微意也。海内学者与教育家，不吝教正而扶翼之，幸甚幸甚。②

毛春翔在《读书月刊》第 1 卷第 5 期翻译了日人中岛犹治郎的文章《读书的方法》，原文刊载于日本图书馆协会发行的《图书馆杂志》。译者毛春翔说："初

---

① 国立北平图书馆.国立北平图书馆馆务报告（民国二十二年七月至二十三年六月）.北平:国立北平图书馆,1934:29.

② 本刊旨趣.读书月刊,1931(1):1.

看,似卑卑不足道,细读之,亦颇有精到之处,故译之。"文章中的一些观点,比如
"人生有涯,而书籍日新月异,其数无穷,且外国书籍亦频频输进,吾人不可不从
此繁多的书籍之中,严正地选择孰为必读之书,孰为不必要之书,如错一著,则徒
劳精神,空费时间,一无所成,是为愚劣之事","所谓最经济的读书,是读书的第
一要件,读书目的在求知,不在读的数量多,是主要的问题"①,对于今天的读者来
说,仍然具有指导意义。王重民也在《读书月刊》上发表类似读书笔记的文章,他
在《读书小记》中说:"读书之道有二:一评其大体,一摘其瑕疵。评大体者在其立
说与体例,非学识在著者之上,未易言也;摘瑕疵者在其引证与考据,学识即不在
著者之上,亦或有一言之得也……重民涉猎所及,见有罅漏辄为补苴。"②

　　《读书月刊》为青年读者提供的书目有《关于爱迪生之书籍论文目录》《中学
生参考书目》《中国抗日刊物调查表》《中国新闻学书籍论文目录》,介绍不列颠
博物院图书总目、普鲁士图书馆总书目、关于中日问题之中国书目、董作宾编纂
的《甲骨文论著目录》等,书报介绍有日本木宫泰彦的《中日交通史》、王易的《国
学概论》、德国埃希洪所著通俗读物《昨日今日明日之中国》、程演生编辑的《圆
明园考》、哈佛大学出版部发行的 Max Habicht 著《欧战后国际条约》、法国色伽兰
著《中国西部考古记》(冯承钧翻译)、梁启勋注疏的《稼轩词疏证》、范文澜著《正
史考略》、北平西北研究社编辑的期刊《西北研究》、国立北平师范大学研究所出
版的《祀俗》半月刊、北平外交月报社出版的《外交月报》等。

　　为了更大范围地推广阅读,1933 年 9 月 28 日,北平图书馆与天津《大公报》
合作,在《大公报》特辟《图书副刊》一页,把《读书月刊》的材料加以扩充刊登在
这里,内容有书评、新书介绍、学术界消息、新书简讯等。最初每两周一期,后因
稿件众多,改为每周一期,原有的《读书月刊》暂时休版。

　　北平图书馆所出五种期刊,以《馆刊》和《图书季刊》为主,这两种刊物已被
很多研究者熟知,在这里仅就不太引人注目的英文《图书季刊》和《读书月刊》着
重做了介绍。馆办学术刊物所刊载的文章一类是揭示馆藏,另一类是刊载本馆
同人和学术界的研究成果,反映出馆方对同人从事学术研究采取的态度。1929

---

① (日)中岛犹治郎著;毛春翔译. 读书的方法. 读书月刊,1932,1(5):1 - 5.
② 王重民. 读书小记. 读书月刊,1932,1(4):5 - 7.

年的《北海图书馆年度报告》记载了《读书月刊》的出版情况，从中不难看出刊物创办的初衷："馆中每月有月刊之刊行，各期都有专门论著，颇承一般社会称许。而各地学者出其新著寄稿刊载，尤为荣幸。本馆藏书亦随时列入……甚为学界所赞助，此同人所益当自勉者也。"①北平图书馆为本馆同人学术成果的发表开辟了渠道。

馆办学术刊物不仅为同人发表学术著作创造机会，学术界也因之有了联系与交流的园地，尤其是《国立北平图书馆馆刊》与《图书季刊》，所载以古籍考辨、古籍校勘方面的文章居多，是当时学术界非常重视的刊物，影响很大。周一良曾回忆说：

> 当时的北平图书馆，不仅仅是采购、编目、储存图书的后勤机构，也不只是普及知识的宣传教育机构，而同时是从事研究、培养人才的学术机构。北平图书馆定期出版馆刊，登载学术论文、国内外新书评价和本馆入藏的新书书目。馆刊有些专号，学术价值很高，如圆明园专号，至今仍为研究近代史的学者所利用。馆刊所载国内外新书目录和评价，对于当时治文史之学的青年，在扩大眼界增长知识方面极有用处，记得我在大学时期很喜翻阅。②

《图书季刊》是北平图书馆创办最久的刊物，执笔者均是海内知名学人或目录学专家，自发行后，深受中外学术界赞许襄助。

---

① 北平北海图书馆.北平北海图书馆第三年度报告.北平:北平北海图书馆,1929:27.
② 周一良.《敦煌遗书论文集》序.见:王重民.敦煌遗书论文集.北京:中华书局,1984:3.

附录 1 1909—1949 年有著述的同人名录

（按姓名拼音顺序排列）

姓名	籍贯	在馆时间	职务或工作部门		教育背景
蔡元培	浙江绍兴	1929 年 8 月—1940 年	馆长		清光绪十八年进士
陈璧如（女）	福建福州	1929 年 3 月—1931 年 3 月	编纂部索引组		北京女子高等师范学校和师范大学研究院
陈贯吾	江苏江阴	1931 年 7 月—1934 年 6 月，1940—1945 年	编纂委员会委员，北平图书馆驻上海、昆明办事处		国立北京大学
陈丽泉	北平	1930 年 3 月—1933 年 6 月	期刊部中文期刊组,阅览部阅览组		
陈任中	江西赣州	1925 年 8 月—1925 年 12 月，1931 年 9 月—1935 年 3 月	馆长,特约编纂员		清光绪二十八年举人
陈垣	广东新会	1921 年 12 月—1922 年 6 月，1928 年 7 月—1929 年 2 月	馆长,国立北平图书馆筹备委员会委员		广州光华医学堂
陈曾寿	湖北蕲水	1910—1911 年	京师图书馆纂修		清光绪二十九年进士
成多禄	吉林永吉	1927 年 8 月—1928 年 5 月	副馆长		清光绪十一年乙酉科拔贡

续表

姓名	籍贯	在馆时间	职务或工作部门	教育背景
樊汝霖	四川宜宾	1919年3月—1958年	采访部中文采访组,阅览部参考组,阅览组,善本部金石组,阅览部北平图书馆驻昆明,上海办事处	北洋客籍学堂
德玉葆	北平	1931年3月—1942年4月	阅览部阅览组	北平市立第一中学
邓高镜	湖南宁远	1921年4月—1925年	编纂	
邓衍林	江西吉安	1931年9月—1941年	阅览部阅览组,参考组	文华图书馆学讲习班,西南联合大学教育系
丁瑨	河北束鹿	1931年7月至中华人民共和国成立后退休	阅览部阅览组,参考组	武昌文华图书馆专科学校
范腾端	湖南湘阴	1920年12月—1949年	金石部,北平图书馆驻香港,昆明办事处	湖南群治法政专门学校
丰华瞻	浙江崇德	1945年12月—1947年	编目部编目组	中央大学外文系
傅芸子	北京	1942年4月—1945年9月	编目部索引组	
顾华	河南开封	1932年10月—1933年8月,1934年6月—1945年	编纂部西文编目组,阅览部阅览组	河南大学
顾子刚	上海	1928年11月至中华人民共和国成立后退休	编纂委员会委员,《国立北平图书馆馆刊》编委、英文版《图书季刊》编辑	上海圣约翰大学文学士
何多源	广东番禺	1945年11月—1948年	北平图书馆驻香港办事处	广州宏英英文专门学校
贺昌群	四川乐山	1933年9月—1937年6月	编纂委员会委员,舆图部	上海沪江大学
胡鸣盛	湖北应县	1929年8月—1935年7月	编纂委员会委员,善本部写经组	北京大学研究所国学门

续表

姓名	籍贯	在馆时间	职务或工作部门	教育背景
胡绍声	湖北汉口	1937 年 2 月—1943 年 8 月	工程参考图书馆,北平图书馆驻昆明、重庆办事处	南京金陵大学文学士
胡英	北平	1931 年 2 月—1942 年	编目部西文编目组,采访部中文采访组,采访部官书组,北平图书馆驻昆明办事处	保定河北大学
江瀚	福建长汀	1912 年 5 月—1913 年 2 月	馆长	清光绪二十九年进士
江味农	江苏江宁	1918 年 5 月—1921 年 2 月	编辑	清光绪二十八年举人
蒋复璁	浙江海宁	1926 年 7 月—1930 年 7 月	北海图书馆中文编目组	北京大学哲学系
金勋	北平	1932 年 6 月—1957 年	舆图部,阅览部阅览组	协和圣通学院(北平)
李德启	河北大兴	1928—1966 年	编纂部中文编目室、满蒙文编目室、特藏组	
李芳馥	湖北黄陂	1927 年 10 月—1949 年	总务部文书组,采访部西文采访组	武昌文华大学图书科,美国哥伦比亚大学图书馆学硕士,芝加哥大学图书馆学研究院博士
李文裿	河北大兴	1918 年 11 月—1936 年 4 月	编纂部中文编目组,期刊部中文期刊组,阅览部阅览组	
李耀南	河南上蔡	1918 年 5 月—1948 年 12 月	善本部考订组,北平图书馆驻上海办事处、总务部文书组	河南优级师范学堂
李永安	河北昌平	1929—1939 年	编纂部编目组,总务部文书组	武昌文华图书馆学专科学校

续表

姓名	籍贯	在馆时间	职务或工作部门	教育背景
李钟履	山东阳谷	1928 年 11 月至中华人民共和国成立后退休	采访部西文采访组、编目部西文编目组	北京财政商业专门学校、武昌文华图书馆学专科学校
梁启超	广东新会	1925 年 12 月—1927 年 7 月	馆长	清光绪十五年举人
梁启雄	广东新会	1936 年 8 月—1940 年	金石部	南开大学
梁思庄（女）	广东新会	1931 年 9 月—1933 年 6 月	编纂委员会委员	加拿大麦基尔大学、美国哥伦比亚大学图书馆学院
梁廷灿	广东新会	1929 年 4 月—1933 年	编纂部中文编目组	新会旧制中学
刘国钧	江苏南京	1929 年 10 月—1933 年 2 月	编纂部兼阅览部主任、编纂委员会委员	南京金陵大学、美国威斯康星大学
刘节	浙江永嘉	1931 年 7 月—1935 年 8 月	金石部编纂委员、代理主任、编纂委员会委员	清华学校研究院国学门
刘修业（女）	福建福州	1933 年 2 月—1953 年	索引组、西文编目组	燕京大学国文专修科、伦敦大学图书馆学专修科
缪荃孙	江苏江阴	1909 年 9 月—1911 年 11 月	京师图书馆监督	清光绪二年进士
缪文遽	江苏	1932 年 10 月—1935 年	编纂部中文编目组	
马廉	浙江鄞县	1933 年 12 月—1935 年 2 月	编纂委员会委员	
马龙璧	浙江杭县	1933 年 8 月至中华人民共和国成立后	舆图部、阅览部阅览组和库藏组	杭州私立安定中学

续表

姓名	籍贯	在馆时间	职务或工作部门	教育背景
马叙伦	浙江杭县	1922年10月—1922年12月，1924年11月—1925年3月，1929年4月—1929年8月	馆长	杭州养正书塾
马准	浙江鄞县	1924年4月—1927年8月，1933年9月—1935年3月	京师图书馆编纂、中文编目组	
毛春翔	浙江江山	1931年10月—1933年5月	编纂部中文编目组	浙江法政专门学校
毛宗荫	山东掖县	1927年7月—1934年10月	采访部西文采访组	北平财政商业专门学校
茅乃文	浙江杭县	1926年3月—1938年	舆图部	
莫余敏卿（女）	广东台山	1935年9月—1947年	阅览部参考组、北平图书馆驻昆明办事处，英文《图书季刊》编辑	广州岭南大学文学士，美国哥伦比亚大学硕士
欧阳采薇（女）	江西吉水	1932年7月—1933年8月	编纂委员会委员	清华大学西洋语言文学系
钱存训	江苏泰县	1937年7月—1947年	工程参考图书馆，英文《图书季刊》发行人，北平图书馆驻上海办事处	南京金陵大学文学士
钱稻孙	浙江吴兴	1926年3月—1931年9月	总务科科长、舆图部主任，编纂委员会委员	意大利国立大学（罗马）
孙楷第	河北沧县	1930年7月—1941年	善本部写经组，编纂委员会委员	国立北京师范大学国文系
孙述万	湖北黄陂	1933年10月—1943年	期刊部中文期刊组，采访部西文采访组	武昌文华大学图书科
谭其骧	浙江嘉兴	1932年4月—1935年1月	编纂部中文编目组	暨南大学历史系、燕京大学研究院

续表

姓名	籍贯	在馆时间	职务或工作部门	教育背景
谭新嘉	浙江嘉兴	1917年9月—1939年	编纂部中文编目组、编纂委员会委员	国立北平大学
万斯年	江西九江	1931年2月—1951年	阅览部参考组、北平图书馆驻昆明办事处	
汪长炳	湖北汉川	1926年7月—1936年9月	编纂部西文编目组、阅览部参考组	武昌文华大学图书科、美国哥伦比亚大学图书馆学硕士
王懋镕		1912年5月—1913年10月	馆员	
王仁俊	江苏吴县	1910—1911年	纂修	清光绪十八年进士
王树伟	河北清苑	1929年10月至中华人民共和国成立后退休		察哈尔省立第一中学
王宜晖(女)	浙江绍兴	1932年9月—1948年4月	编纂部西文编目组、采访部西文采访组、阅览部参考组	美国学校
王庸	江苏无锡	1931年7月—1936年8月	编纂委员会委员兼舆图部代理主任	清华学校研究院国学门
王育伊	浙江黄岩	1935年8月—1939年,1943年5月—1948年	编目部索引组、北平图书馆上海办事处	燕京大学
王芷章	河北平山	1933年8月—1942年	编目部中文编目组	北京孔教大学文科
王钟麟	江苏常熟	1942年4月—1943年2月	"北京图书馆"秘书主任	东京高等师范学校研究科
王重民	河北高阳	1928年3月—1952年	编纂委员会委员、索引组组长	北京高等师范学校
王祖彝	河北文安	1929年1月—1949年	文书组	京师译学馆
吴宝彝	江苏武进	1919年11月—1920年12月	馆员	

续表

姓名	籍贯	在馆时间	职务或工作部门	教育背景
吴光清	江西九江	1935年8月—1949年	编目部主任兼中文编目组组长,《图书馆学季刊》编辑,北平图书馆驻昆明、香港、华盛顿办事处编纂	金陵大学、密西根大学图书馆学系,芝加哥大学图书馆学研究院
吴其昌	浙江海宁	1926年10月—1927年8月	馆员	清华学校研究院国学门
吴宣易	安徽桐城	1931年8月—1934年11月	采访部中文采访组	
吴瀛洲	河北高阳	1932年4月—1937年7月	编纂部索引组	清光绪十六年进士
夏曾佑	浙江钱塘	1915年8月—1923年	馆长、总编纂	东南大学
向达	湖南溆浦	1930年8月—1938年	编纂委员会委员,《图书馆学季刊》编辑	清华大学历史系
向仲(女)	湖南溆浦	1933年9月—1937年2月	编目部中文编目组,采访部中文采访组	北京大学
萧璋	四川三台	1933年—1935年2月	编目部中文编目组	
谢国桢	河南安阳	1929—1938年	编纂委员会委员,编目部中文编目组,金石部	清华学校研究院国学门
徐家璧	湖北江陵	1930年8月—1943年	编目部西文编目组,采访部官书组,英文《图书馆季刊》编辑,北平图书馆驻昆明办事处	武昌文华图书馆学专科学校
徐绪昌	河南安阳	1930年9月—1932年12月	编纂部索引组	
许国霖	湖南湘阴	1929年10月—1937年	善本部写经组,阅览部参考组	北平平民大学

续表

姓名	籍贯	在馆时间	职务或工作部门	教育背景
严文郁	湖北汉川	1926 年 7 月—1938 年	编纂部主任兼阅览部主任,编纂委员会委员	武昌华中大学,文华图书馆学专科学校,美国哥伦比亚大学图书馆学硕士
颜泽霮	广东连平	1936 年 7 月—1943 年 10 月	采访部西文采访组,北平图书馆驻昆明、重庆办事处,英文《图书季刊》编辑	武昌文华图书馆学专科学校
杨殿珣	河北无极	1931 年 12 月—1984 年	编纂部索引组,金石部,采访部中文采访组	国立北平师大大学中国文学系
杨维新	广东新会	1926 年 7 月—1936 年 5 月	编纂部中文编目组,采访部西文采访组	留学日本
叶觉迈	广东东莞	1921 年 4 月—1922 年 8 月	编辑	清光绪二十七年举人
叶渭清	浙江兰豁	1922 年 10 月—1924 年 4 月 1929 年 10 月—1935 年 2 月	京师图书馆主任,编辑,北平图书馆编纂委员会委员	清光绪二十九年举人
于炳照	河北沧县	1935 年 11 月—1937 年 2 月	采访部西文采访组,期刊组	
于道泉	山东临淄	1926 年 11 月—1928 年	中文编目组,满蒙文编目室	山东齐鲁大学
于冠英	河北大兴	1931 年 7 月—1932 年 8 月, 1943 年 5 月—1952 年	编目部西文编目组,阅览部庋藏组	北平崇德中学
于震寰	山东蓬莱	1927 年 3 月—1931 年 7 月, 1933 年 7 月—1935 年 6 月	北海图书馆书记,北平图书馆中文编目组	武昌文华图书馆学专科学校
余炳元	湖北黄陂	1934 年 10 月—1939 年 1 月	采访部西文采访组,工程参考图书馆,北平图书馆驻昆明办事处	武昌文华图书馆学专科学校

续表

姓名	籍贯	在馆时间	职务或工作部门	教育背景
袁同礼	河北徐水	1926 年 3 月—1948 年 12 月	副馆长、馆长	美国哥伦比亚大学文学士,纽约州立图书馆专科学校图书馆学士
袁希涛	江苏宝山	1918 年 1 月—12 月	馆长	清光绪二十三年举人
袁涌进	江苏金坛	1931 年 6 月至中华人民共和国成立后退休	中文编目组	南京金陵大学文学士
岳良木	湖北汉川	1927 年 8 月—1937 年 7 月	采访部西文采访组、文书组、工程参考图书馆主任	武昌文华大学图书科,美国哥伦比亚大学图书馆学院
岳梓木	湖北汉川	1931 年 10 月—1943 年 10 月	西文编目组	武昌文华高级中学
曾宪三	湖北武昌	1928 年 10 月—1947 年	采访部官书组、编纂部西文编目组、编纂委员会委员	武昌文华图书馆专科学校,美国哥伦比亚大学
曾宪文(女)	湖北武昌	1931 年 10 月—1937 年	西文编目组、官书组	武昌文华图书馆专科学校,美国密歇根大学
张恩龙	江苏苏州	1930 年 9 月—1931 年 8 月	采访部中文采访组	
张桂森	河北大兴	1929 年 11 月—1945 年	阅览部阅览组、总务部会计组	北京财政商业专门学校
张国淦	湖北蒲圻	1922 年 12 月—1924 年 4 月	馆长	清光绪二十八年举人
张敬(女)	北平	1939—1941 年	北平图书馆驻昆明办事处、《图书季刊》编纂	北京大学文科研究所,西南联合大学
张全新	吉林永吉	1944 年 7 月—1963 年 11 月	北平图书馆驻重庆办事处	哈尔滨工业大学

续表

姓名	籍贯	在馆时间	职务或工作部门	教育背景
张申府	河北献县	1942年11月至中华人民共和国成立后	北平图书馆驻重庆办事处	北京大学数学门,德法留学
张秀民	浙江嵊县	1931年7月—1971年	编目部中文编目组,索引股	厦门大学
张增荣	北平	1926年8月—1945年	阅览部阅览组,采访部西文采访组,编目部索引组,阅览部庋藏组,采访部中文采访组	北平民国学院
章钰	江苏长洲	1910—1911年	纂修	清光绪二十九年进士
赵录绰	山东安邱	1932年8月—1938年	采访部中文采访组,中文编目组,考订组	
赵士炜	贵州贵阳	1932年10月—1933年11月	编纂委员会委员	
赵兴国	山东日照	1930年1月—1940年	总务部庶务组,编纂部中文编目组	
赵万里	浙江海宁	1928年6月至中华人民共和国成立后	中文采访组,考订组,编纂委员会特约委员,购书委员会委员,善本部主任	东南大学
周传儒	四川江安	1926年10月—1927年8月	馆员	北京师范大学,清华学校研究院国学门
朱福荣	江苏江阴	1933年7月—1934年1月,1935年8月—1941年10月	编纂部中文编目组,善本部写经组	辅仁大学高中部

注:此表根据《1910—1941年国立北平图书馆职员名录》《国家图书馆馆档案,旧档人事1.1)整理。

附录 2 1909—1949 年同人译作一览表

（以出版时间为序）

序号	译作	译者	原著者	出版者	出版年	卷期
1	图书馆管理法	王懋镕	日本文部省	教育杂志	1913—1914	5 卷 2、4、5、8、10、12 期
2	人体解剖学（第一卷）	钱稻孙	（日）石川喜直	吐凤堂书店（东京）	1915	
3	人体解剖学（第二卷）	钱稻孙	（日）石川喜直	吐凤堂书店（东京）	1916	
4	美京华盛顿国会图书馆纪略	京师图书馆	（美）毕学普	教育公报	1917	4 卷 9 期
5	美国国会图书馆阅书须知	京师图书馆		教育公报	1917	4 卷 11 期
6	馆藏"诸佛菩萨圣像赞"跋	于道泉	（俄）钢和泰	北京图书馆月刊	1928	1 卷 1 号
7	景教经典序听迷诗所经考释	钱稻孙	（日）羽田亨	北平北海图书馆月刊	1928	1 卷 6 号
8	景教经典志玄安东经考论	钱稻孙	（日）羽田亨	清华周刊	1929	32 卷 10 期
9	但丁神曲	钱稻孙	（意）但丁	学衡	1929	72 期
10	考支那古典之年代	钱稻孙	（日）新城新藏	北大图书部月刊	1929	1 卷 2 期
11	日本版本之历史	杨维新	（日）田中敬	图书馆学季刊	1929	3 卷 4 期、4 卷 1 期

续表

序号	译作	译者	原著者	出版者	出版年	卷期
12	影印宋椠本尚书正义解题	钱稻孙	（日）内藤虎次郎	国立北平图书馆刊	1930	4卷4号
13	栗特国考	钱稻孙	（日）白鸟库吉	女师大学术季刊	1930	1卷4期
14	从考古学上看的中日文化底交涉	钱稻孙	（日）原田淑人	清华周刊	1930	33卷5、7/8期
15	造形美术	钱稻孙	（德）福尔倍	商务印书馆	1930	
16	明奴儿干永宁寺碑考	谢国桢	（日）内藤虎次郎	国立北平图书馆刊	1930	4卷6号
17	斯坦因敦煌获书记	向达	（英）斯坦因	图书馆学季刊	1930	4卷3/4期
18	俄国大革命以后图书馆事业概况	向达	Dmitri N. Egorov	中华图书馆协会会报	1930	6卷1期
19	国际知识合作的新发展	向达	（德）Joris Vorstius	中华图书馆协会会报	1930	6卷2期
20	道尔顿制与中学图书馆	向达		中华图书馆协会会报	1930—1931	6卷3、4期
21	史学	向达等	（美）班兹	商务印书馆	1930	
22	清朝初期之绲嗣问题	谢国桢	（日）内藤虎次郎	国学丛编	1931	1卷1期
23	中国雕板印刷术之全盛时期	向达	（美）卡忒	图书馆学季刊	1931	5卷3/4期
24	斯坦因第三次中亚考古略记	向达	（英）斯坦因	大公报·文学副刊	1931	159—163（1月26日—2月23日）
25	三井寺藏唐过所考	万斯年	（日）内藤虎次郎	国立北平图书馆刊	1931	5卷4号
26	新罗真兴王巡狩管境碑之研究	刘节	（日）内藤虎次郎、津田左右吉	国立北平图书馆刊	1931	5卷6号
27	图书馆员立身准则	于震寰	美国图书馆协会	中华图书馆协会会报	1931	6卷4期

续表

序号	译作	译者	原著者	出版者	出版年	卷期
28	期刊名称缩写国际标准法	向达		中华图书馆协会会报	1931	6 卷 6 期
29	美国杂志志精选	李钟履	（美）Frank K. Walter	文华图书科季刊	1931—1932	3 卷 4 期、4 卷 1 期
30	现存最古印本及冯道雕印群经	向达	（美）卡志述	图书馆学季刊	1932	6 卷 1 期
31	亨丁敦论日美战争	向达	（美）亨丁敦	时代公论	1932	1 卷 15 期
32	苏俄各地农民的自述	徐绪昌	Anna Louise Strong	俄罗斯研究（南京）	1932	3 卷 1 期
33	中国印刷起源：剑桥遗草首篇	杨维新	（日）藤田丰八	图书馆学季刊	1932	6 卷 2 期
34	论印钞币	向达	（美）卡志述	图书馆学季刊	1932	6 卷 4 期
35	美国图书馆中之中国书籍	毛春翔		浙江省立图书馆月刊	1932	1 卷 4 号
36	读书的方法	向达	（日）中岛犹治郎	读书月刊	1932	1 卷 5 期
37	亚里士多德伦理学	向达	（希腊）亚里士多德	商务印书馆	1933	
38	最近世界各国形势	向达	（美）鲍曼	南京钟山书局	1933	
39	西域之佛教	贺昌群	（日）羽溪了谛	商务印书馆	1933	
40	乾隆帝东巡道里考	茅乃文	（日）园田一龟	北平青梅书店	1933	
41	日本图书馆协会和汉图书目录法	于震寰		中华图书馆协会会报	1933	5 卷 1 期
42	科兹洛夫发见南宋版画美人图考	贺昌群	（日）那波利贞	文华图书馆专科学校季刊	1933	5 卷 1 期
43	图书馆与儿童	李钟履	（美）鲍土伟	女师学院专科学刊（河北）	1933	1 卷 1 期
				图书馆学季刊	1933	7 卷 2 期

续表

序号	译作	译者	原著者	出版者	出版年	卷期
44	郎世宁传考略	贺昌群	(日)石田干之助	国立北平图书馆刊	1933	7卷3/4号合刊
45	西书中关于焚毁圆明园纪事	欧阳采薇	Henry Knollys 等	国立北平图书馆刊	1933	7卷3/4号合刊
46	西书所纪圆明园中之西洋楼(长春园)	欧阳采薇	P. Benoist 等	国立北平图书馆刊	1933	7卷3/4号合刊
47	乾隆帝东巡道里考	茅乃文	(日)园田一龟	读书月刊	1933	2卷8,9期
48	中国语言学研究	贺昌群	(瑞典)高本汉	商务印书馆	1934	
49	甘地自传	向达	(印度)甘地	中华书局	1934	
50	匈奴史	向达	(英)帕刻	商务印书馆	1934	
51	世界民众图书馆概况:加达鲁尼亚	李钟履	(西班牙)鲁璧	文华图书馆学专科学校季刊	1934	6卷2期
52	世界民众图书馆概况:西班牙	李钟履	(西班牙)伐彼提	文华图书馆学专科学校季刊	1934	6卷2期
53	世界民众图书馆概况:坡托里科	李钟履	(美)俄袞尔	文华图书馆学专科学校季刊	1934	6卷2期
54	世界民众图书馆概况:瑞典	李钟履	(瑞典)丁勒尔	文华图书馆学专科学校季刊	1934	6卷2期
55	世界民众图书馆概况:南亚非利加	李钟履	(南非)斯特林	文华图书馆学专科学校季刊	1934	6卷2期
56	世界民众图书馆概况:英国	严文郁	(英)柯勒	文华图书馆学专科学校季刊	1934	6卷2期
57	世界民众图书馆概况:德意志公共图书馆	严文郁	(德)毕尔	文华图书馆学专科学校季刊	1934	6卷2期
58	世界民众图书馆概况:德意志学生图书馆	严文郁	(德)俄勒	文华图书馆学专科学校季刊	1934	6卷2期
59	世界民众图书馆概况:芬兰	徐家璧	(芬兰)坎勒琳	文华图书馆学专科学校季刊	1934	6卷2期

续表

序号	译作	译者	原著者	出版者	出版年	卷期
60	世界民众图书馆概况：法兰西	徐家璧	（法）昂利俄	文华图书馆学专科学校季刊	1934	6 卷 2 期
61	佚存书目	张增荣	（日）长泽规矩也、神田喜一郎	图书馆学季刊	1934	8 卷 2 期
62	敦煌户籍残简考	万斯年	（日）玉井是博	国立北平图书馆学季刊	1934	8 卷 3 号
63	宋元刊本刻工名表初稿	邓衍林	（日）长泽规矩也	图书馆学季刊	1934	8 卷 3 期
64	美国图书馆协会所订公立图书馆之标准	于震寰	美国图书馆协会	中华图书馆协会会报	1934	9 卷 4 期
65	柏朗嘉宾游记	向达	（意）柏朗嘉宾	史学（北京）	1935	1 期
66	中央亚细亚出土医书四种	万斯年	（日）黑田源次	国立北平图书馆馆刊	1935	9 卷 1 号
67	达迪摩大学图书馆新建筑	严文郁		图书馆学季刊	1935	9 卷 1 期
68	图书馆长的歌德	严文郁		中华图书馆协会会报	1935	11 卷 1 期
69	新罗真兴王"巡狩管境"碑考	杨维新	（日）今西龙	国立北平图书馆馆刊	1935	9 卷 2 号
70	清代乾隆文化与朝鲜季朝学者之关系	杨维新	（日）藤塚邻	正风半月刊	1935	1 卷 4—7 期
71	菲律宾儿童图书馆	余炳元		中华图书馆协会会报	1935	11 卷 3 期
72	日本帝国图书馆——日本东京帝国图书馆	于震寰	（英）爱士德尔	文华图书馆学专科学校季刊	1935	7 卷 3/4 合刊
73	中国国立图书馆——国立北平图书馆	邓衍林	（英）爱士德尔	文华图书馆学专科学校季刊	1935	7 卷 3/4 合刊

续表

序号	译作	译者	原著者	出版者	出版年	卷期
74	德国国立图书馆——柏林普鲁士邦立图书馆	严文郁	(英)爱士德尔	文华图书馆学专科学校季刊	1935	7 卷 3/4 合刊
75	捷克国立图书馆——卜拉圭公众大学图书馆	孙述万	(英)爱士德尔	文华图书馆学专科学校季刊	1935	7 卷 3/4 合刊
76	法国国立图书馆——巴黎国立图书馆	徐家璧	(英)爱士德尔	文华图书馆学专科学校季刊	1935	7 卷 3/4 合刊
77	丹麦国立图书馆——哥本哈根皇家图书馆	余炳元	(英)爱士德尔	文华图书馆学专科学校季刊	1935	7 卷 3/4 合刊
78	奥国国立图书馆	曾宪三	(英)爱士德尔	文华图书馆学专科学校季刊	1935	7 卷 3/4 合刊
79	瑞士国立图书馆	曾宪文	(英)爱士德尔	文华图书馆学专科学校季刊	1935	7 卷 3/4 合刊
80	第二次国际图书目录学大会通告及会序	于震寰		中华图书馆协会会报	1935	10 卷 4 期
81	西耳文·勒韦教授逝世	贺昌群	(俄)钢利泰	国立北平图书馆刊	1935	9 卷 5 号
82	斯坦因西域考古记	向达	(英)斯坦因	中华书局	1936	
83	馱釐千年史	向达	(英)帕刻	商务印书馆	1936	
84	图书馆学问题	李永安	(美)卜特勒	文华图书馆学专科学校季刊	1936	8 卷 1 期
85	我们为什么读书	余炳元	Perfecto S. Sison	中华图书馆协会会报	1936	12 卷 2 期
86	高丽朝大藏经考	杨维新	(日)池内宏	国立北平图书馆刊	1936	10 卷 3,4 号
87	唐钞本韵书及印本切韵之断片	万斯年	(日)武内义雄	国立北平图书馆刊	1936	10 卷 5 号

续表

序号	译作	译者	原著者	出版者	出版年	卷期
88	美国 Dartmouth 大学之 Baker 图书馆	李钟履	Larson Jens Fredrick	中央军校图书馆月报	1936	26 期
89	欧美博物馆史略	万斯年	F. Kenyon	国闻周报	1936	13 卷 29 期
90	唐代栗特城塞之发掘及其出土之文书	万斯年	（日）岩佐精一郎	大公报·图书副刊	1936	3 月 5 日 120 期
91	市镇图书馆概论	颜泽霔	英国图书馆协会	文华图书馆学专科学校季刊	1937	9 卷 1,2,3/4 期
92	中欧图书馆概况	李钟履	（英）J. D. Cowley	中华图书馆协会会报	1937	12 卷 6 期
93	英王·宪法与女人	钱存训等	（英）萧伯纳	时事类编	1937	5 卷 15 期
94	分类字汇	顾华	（德）道恩塞	研究与进步	1939	1 卷 3 期
95	头纱	顾华	（德）史特劳斯	中德学志	1940	2 卷 1 期
96	盛夏之夜	顾华	（德）梅尔	中德学志	1940	2 卷 2 期
97	秋	顾华	（德）莫洛	中德学志	1940	2 卷 3 期
98	图书馆员职业道德规约	徐家璧	美国图书馆协会职业道德规约委员会	中华图书馆协会会报	1940	14 卷 5 期
99	康熙时代耶稣会教士所绘之中国地图	顾华	（德）福克司	中德学志	1941	3 卷 3 期
100	十八世纪末之德国贵族生活	顾华	（德）埃兴道夫	中德学志	1942	4 卷 1 期
101	屠格涅夫的大学时代	张全新	（苏）乌觉甫斯基	文学（重庆）	1944	2 卷 1 期

续表

序号	译作	译者	原著者	出版者	出版年	卷期
102	论涅克拉索夫的诗歌	张全新	（苏）耶果林	中苏文化（南京）	1944	15 卷 3/4 期
103	"四大自由"及其它有关战后国际和平组织的重要文件	张申府		国际问题学会	1945	
104	战时的苏联诗人及其诗	张全新	（苏）E. 特洛森克	中苏文化（南京）	1945	16 卷 1/2 期
105	A. 托尔斯泰的德国观	张全新		中苏文化（南京）	1945	16 卷 4 期
106	苏联文化在国外	张全新	（苏）A. 加拉甘诺夫	中苏文化（南京）	1945	16 卷 5 期
107	爱国战争时期的苏联文学	张全新	（苏）A. 耶果林	文哨（重庆）	1945	1 卷 2 期
108	苏联所藏的敦煌美术品	张全新		美术家	1945	创刊号
109	十月（诗歌）	张全新	（苏）阿巴金斯金	中苏文化（南京）	1945	16 卷 11 期
110	现代学人的责任：一篇想象的老赫胥黎与小赫胥黎的谈话	张申府	（英）尤里安·赫胥黎	民宪（重庆）	1945	1 卷 11 期
111	美国史略	王育伊	（美）Allan Nevins, Henry Steele Commager	商务印书馆	1946	
112	屈原的生平及其创作之研究	张全新	（苏）费德林	中国学术	1946	创刊号
113	给一个红军战士（诗歌）	张全新	（苏）Y. 乌特诺夫	中苏文化（南京）	1946	特刊
114	步兵（诗歌）	张全新	（苏）K. 西蒙诺夫	中苏文化（南京）	1946	特刊

续表

序号	译作	译者	原著者	出版者	出版年	卷期
115	第三次大战谁会胜?	于冠英	Charles Burns	新思潮(北平)	1946	1 卷 3 期
116	医学的神秘	于冠英	Mona Gardner	现代文丛	1947	1 卷 4 期
117	由苏联的五年计划看苏美战争	于冠英	J. F. Mc Cloud	新思潮(北平)	1946	1 卷 3 期
118	原子弹休矣!	于冠英	(美) Robert Clark	新思潮(北平)	1946	1 卷 4 期
119	现代美国短篇小说鸟瞰	李钟履	(美) Bennett Cerf	新思潮(北平)	1946	1 卷 4 期
120	战争期间苏联剧界青年的动态	李钟履	(英) John Macleod	新思潮(北平)	1946	1 卷 4 期
121	气象学的新发展	马龙璧	(美) J. K. Arthur	世界与中国:译文月刊(北平)	1946	1 卷 4 期
122	宇宙旅行第二站:月球	于冠英	G. Edward Pendray	新思潮(北平)	1946	1 卷 5 期
123	英美新闻纸的比较观	于冠英	(美) J. Frank Dobie	新思潮(北平)	1946	1 卷 5 期
124	释梦	李钟履	(奥) 西格门·弗洛伊德	新思潮(北平)	1946	1 卷 5 期
125	DDT 的功用及其合作之审慎	马龙璧	(美) Mort Weisinger	世界与中国:译文月刊(北平)	1946	1 卷 6 期
126	美国政党领袖的作风	马龙璧		世界与中国:译文月刊(北平)	1946	2 卷 1 期
127	《儿子》的作者安托列里斯基	张全新		中苏文化(南京)	1946	17 卷 5/6 期
128	美国经济生活史	王育伊	(美)毕宁	商务印书馆	1947	
129	唐代文献丛考	万斯年		开明书店	1947	
130	潘第夫人:尼赫鲁之妹	于冠英	Pearl S. Buck	世界与中国:译文月刊(北平)	1947	3 卷 1 期

续表

序号	译作	译者	原著者	出版者	出版年	卷期
131	世界最芬芳的市镇：葛娜西	马龙璧	(英) Joseph Stewart Alsop	世界与中国：译文月刊(北平)	1947	3卷1期
132	惊心动魄的原子战争	马龙璧		世界与中国：译文月刊(北平)	1947	2卷3期
133	动荡中的阿拉伯人：觉醒的中东，亲苏亲美状? 联美状?	李钟履	(美)Edwin Muller	世界与中国：译文月刊(北平)	1947	2卷3期
134	黑帽子(小说)	李钟履	(美)约翰·司由贝克	新自由(北平)	1947	1卷3期
135	美国的人种与国家	李钟履	(英)E. A. Benians	新自由(北平)	1947	1卷3,4期
136	原子笔及其竞争	马龙璧	(美)Don Wharton	世界与中国：译文月刊(北平)	1947	2卷4/5期
137	冰岛：真正的民主乐园	马龙璧	(美)Gene Gaffney	世界与中国：译文月刊(北平)	1947	2卷6期
138	舒玛哈：德国人的新救星	于冠英		世界与中国：译文月刊(北平)	1947	2卷6期
139	苏联战后生活素描	于冠英	Sohn Fischer	新思潮(北平)	1947	1卷6期
140	女侦探小说家：莱茵哈特	马龙璧		新思潮(北平)	1947	1卷6期
141	中国活字印刷术之检讨	刘修业	(美)恒慕义	图书季刊	1948	新9卷1/2期

注：此表按作品种类统计，部分原著者或国别原缺。

主要参考文献

一、著作

北京大学信息管理系.王重民先生百年诞辰纪念文集.北京:北京图书馆出版社,2003.

北京大学信息管理系等.一代宗师　纪念刘国钧先生百年诞辰学术论文集.北京:北京图书馆出版社,1999.

北京图书馆.民国时期总书目(1911—1949).北京:书目文献出版社,1986—1996.

北京图书馆同人文选编委会.北京图书馆同人文选:1912—1987.北京:书目文献出版社,1987.

北京图书馆业务研究委员会.北京图书馆馆史资料汇编:1909—1949.北京:书目文献出版社,1992.

陈初.京师译学馆校友录.台北:文海出版社,1978.

陈训慈.中国全国省立图书馆现状鸟瞰.杭州:浙江省立图书馆,1935.

陈玉堂.中国近现代人物名号大辞典.杭州:浙江古籍出版社,2005.

陈源蒸等.中国图书馆百年纪事(1840—2000).北京:北京图书馆出版社,2004.

程焕文.晚清图书馆学术思想史.北京:北京图书馆出版社,2004.

程焕文.中国图书馆学教育之父——沈祖荣评传.台北:台湾学生书局,1997.

戴煜滨.中国图书馆学的萌芽与形成(1840—1930).北京:北京大学信息管理系博士学位论文,1996.

邓洪波.中国书院史.武汉:武汉大学出版社,2013.

邓实.古学汇刊书目提要.上海:国粹学报社,1914.

邓衍林.北平各图书馆所藏中国算学书联合目录.北平中华图书馆协会暨北平图书馆协会,1936.

丁文江,赵丰田.梁启超年谱长编.上海:上海人民出版社,2008.

杜定友.校雠新义.上海:中华书局,1931.

杜定友.图书馆.长沙:商务印书馆,1940.

樊锦诗,荣新江,林世田.敦煌文献·考古·艺术综合研究:纪念向达先生诞辰110周年国际学术研讨会论文集.北京:中华书局,2011.

范并思. 百年文萃——空谷余音. 北京：中国城市出版社,2005.

（美）费正清,费维恺编；刘敬坤等译. 剑桥中华民国史 1912—1949. 北京：中国社会科学出版社,1994.

（英）福开森著；耿靖民译. 目录学概论. 武昌：武昌文华图书馆学专科学校,1934.

傅璇琮,谢灼华. 中国藏书通史. 宁波：宁波出版社,2001.

复旦大学历史系资料室. 二十世纪中国人物传记资料索引. 上海：上海辞书出版社,2010.

复旦大学历史学系,复旦大学中外现代化时程研究中心. 中国现代学科的形成. 上海：上海古籍出版社,2007.

顾实. 图书馆指南. 上海：医学书局,1918.

关家铮. 二十世纪俗文学周刊总目,济南：齐鲁书社,2007.

国立中央图书馆. 国立中央图书馆中文图书编目规则. 上海：商务印书馆,1946.

国家图书馆. 袁同礼纪念文集. 北京：国家图书馆出版社,2012.

何日章,袁涌进. 中国图书十进分类法. 北平：国立北平师范大学图书馆,1934.

贺昌群. 贺昌群集. 北京：中国社会科学出版社,2006.

洪有丰. 图书馆组织与管理. 上海：商务印书馆,1926.

胡朴安,胡道静. 校雠学. 上海：商务印书馆,1931.

蒋复璁等口述；黄克武编撰. 蒋复璁口述回忆录. 台北："中央研究院"近代史研究所,2000.

蒋元卿. 校雠学史. 上海：商务印书馆,1935.

蒋元卿. 中国图书分类之沿革. 上海：中华书局,1937.

金敏甫. 中国现代图书馆概况. 广州：广州图书馆协会,1929.

金敏甫. 图书编目学. 南京：正中书局,1937.

来新夏等. 中国近代图书事业史. 上海：上海人民出版社,2000.

李朝先,段克强. 中国图书馆史. 贵阳：贵州教育出版社,1992.

李德启,于道泉. 满文书籍联合目录. 北平：国立北平图书馆,故宫博物院图书馆,1933.

李万健. 中国著名目录学家传略. 北京：书目文献出版社,1993.

李文裿. 北平学术机关指南. 北平：北平图书馆协会,1933.

李希泌,张椒华. 中国古代藏书与近代图书馆史料. 北京：中华书局,1982.

李致忠. 中国国家图书馆馆史：1909—2009. 北京：国家图书馆出版社,2009.

李致忠. 中国国家图书馆馆史资料长编：1909—2008. 北京：国家图书馆出版社,2009.

李钟履. 图书馆参考论. 北平：中华图书馆协会,1933.

李钟履.图书馆学书籍联合目录.北京:中华书局,1958.

李钟履.图书馆学论文索引:第一辑(清末至1949年9月).北京:中华书局,1982.

梁建洲等.毛坤图书馆学档案学文选.成都:四川大学出版社,2000.

梁启超.梁启超史学论著四种.长沙:岳麓书社,1985.

梁启超.中国近三百年学术史.北京:东方出版社,1996.

刘国钧.图书馆学要旨.上海:中华书局,1934.

刘国钧.中国图书分类法.南京:金陵大学图书馆,1936.

刘进宝.敦煌学论著目录.兰州:甘肃人民出版社,1985.

刘哲民.近现代出版新闻法规汇编.上海:学林出版社,1992.

卢震京.图书馆学辞典.北京:商务印书馆,1958.

马先阵,倪波.李小缘纪念文集.南京:南京大学出版社,1988.

马宗荣.现代图书馆事务论.上海:世界书局,1933.

南京图书馆编.图书馆学论文索引:1949.10—1980.12.北京:书目文献出版社,1983.

南京图书馆编.图书馆学情报学论文索引:1981—1989.北京:北京图书馆出版社,1993.

钱亚新.郑樵校雠略研究.上海:商务印书馆,1948.

钱亚新等.杜定友先生遗稿文选.南京:江苏图书馆学会,1987.

裘开明.中国图书编目法.上海:商务印书馆出版,1931.

全根先.国家图书馆与中国近现代目录学史研究.北京:中国文史出版社,2015.

全国图书馆调查表(1929年12月第三次订正).北平:中华图书馆协会,1930.

璩鑫圭,唐良炎.中国近代教育史资料汇编·学制演变.上海:上海教育出版社,2007.

申畅.中国目录学家传略.郑州:中州古籍出版社,1987.

史永元,张树华.刘国钧图书馆学论文选集.北京:书目文献出版社,1983.

孙楷第.俗讲、说话与白话小说.北京:作家出版社,1956.

汪辟疆.目录学研究.上海:商务印书馆,1934.

王尧.平凡而伟大的学者——于道泉.石家庄:河北教育出版社,2001.

王云五.商务印书馆与新教育年谱.台北:台湾商务印书馆,1973.

王重民.图书与图书馆论丛.上海:世界出版社,1949.

王重民.敦煌遗书总目索引.北京:中华书局,1983.

王重民.中国善本书提要.上海:上海古籍出版社,1983.

王重民.敦煌遗书论文集.北京:中华书局,1984.

王重民.中国目录学史论丛.北京:中华书局,1984.

王子舟. 杜定友和中国图书馆学. 北京:北京图书馆出版社,2002.

吴鸿志. 图书之体系. 武昌:武昌文华图书馆学专科学校,1934.

吴晞. 从藏书楼到图书馆. 北京:书目文献出版社,1996.

吴永贵. 民国出版史. 福州:福建人民出版社,2011.

吴仲强等. 中国图书馆学史. 长沙:湖南出版社,1991.

谢灼华. 中国图书和图书馆史. 武汉:武汉大学出版社,2005.

徐为民. 中国近现代人物别名词典. 沈阳:沈阳出版社,1993.

徐仲迪,章之汶等译. 美国退还庚子赔款余额经过情形. 上海:商务印书馆,1925.

严文郁. 中国图书馆发展史:自清末至抗战胜利. 新竹:枫城出版社,1983.

严文郁等. 蒋慰堂先生九秩荣庆论文集. 台北:"中国图书馆学会",1987.

阎文儒,陈玉龙. 向达先生纪念论文集. 乌鲁木齐:新疆人民出版社,1986.

杨洪升. 缪荃孙研究. 上海:上海古籍出版社,2008.

杨家骆. 图书年鉴. 南京:中国图书大辞典编辑馆,1933.

杨家骆. 民国以来出版新书总目提要(一). 南京:中国图书大辞典编辑馆,1936.

杨昭悊. 图书馆学(上、下). 上海:商务印书馆,1923.

叶继元,徐雁. 南京大学百年学术精品　图书馆学卷. 南京:南京大学出版社,2002.

余训培. 民国时期的图书馆与社会阅读. 北京:清华大学出版社,2013.

俞君立. 中国文献分类百年发展与展望. 武汉:武汉大学出版社,2002.

袁慧熙,袁澄. 思忆录:袁守和先生纪念册. 台北:台湾商务印书馆,1968.

曾宪礼. 刘节文集. 广州:中山大学出版社,2004.

张锦郎,黄渊泉. 中国近六十年来图书馆事业大事记. 台北:台湾商务印书馆,1974.

张静庐辑注. 中国近现代出版史料. 上海:上海书店,2003.

中华民国教育部社会教育司. 全国公私立图书馆一览表. 南京:教育部,1936.

中华图书馆协会执行部. 中华图书馆协会会报. 北京:国家图书馆出版社,2009.

中华图书馆协会执行委员会. 中华图书馆协会概况. 北平:中华图书馆协会,1933.

周绍良,白化文. 敦煌变文论文录. 上海:上海古籍出版社,1982.

周文骏,倪波,杨晓骏. 图书馆学研究论文集. 北京:书目文献出版社,1996.

周予同. 中国现代教育史. 北京:商务印书馆,1931.

朱宝梁. 20 世纪中文著作者笔名录. 南宁:广西师范大学出版社,2002.

朱传誉. 袁同礼传记资料. 台北:天一出版社,1979.

朱庆祚. 上海图书馆事业志. 上海:上海社会科学院出版社,1996.

左玉河. 中国近代学术体制之创建. 成都:四川人民出版社,2008.

张锦郎. 中国图书馆事业论集. 台北:台湾学生书局,1984.

1910—1941 年国立北平图书馆职员名录:旧档人事 1.1. 国家图书馆档案.

Wu,Kuang Tsing. The Development of Modern Libraries in China. Ten Years of Classification and Cataloging in China. Peiping:Library Association of China,1935.

Libraries in China. Peiping:Library Association of China,1935.

Reference List of Books on Botany in the Peking Libraries. Peking:Peking Society of Natural History & Metropolitan Library,1927.

T. L. Yuan. National library of Peiping. Union Catalogue of Books in European Languages in Peiping Libraries. Volume One(A-G). Peking:National Library of Peiping & National Academy of Peiping,1931.

Chu Chi-Chien. A Classified Catalogue of the Möllendorff Collection Deposited in the Library. Peking:National Library of Peiping. 1932.

National Library of Peiping. Annual Report 1927 – 1935. Peking:National Library of Peiping, 1935.

二、论文

白化文. 王重民先生的敦煌遗书研究工作. 北京图书馆馆刊,1997(3).

卜特勒著;李永安译. 图书馆学问题. 文华图书馆学专科学校季刊,1936,8(1).

陈光祚. 重视图书馆学学术史研究. 图书馆论坛,2006(12).

陈其泰. 梁启超:近代学术文化的奠基者和开拓者——纪念梁启超诞辰 140 周年. 淮阴师范学院学报(哲学社会科学版),2013(3).

成其昌. 成多禄辛亥革命以后生平杂考. 吉林师范学院(哲学社会科学版),1986(2).

戴煜滨. 论中国图书馆学的形成与发展. 中国图书馆学报,1996(6).

杜兴中. 五四时期西方图书馆学在中国的传播. 图书馆学研究,1989(5).

方广锠. 中国国家图书馆藏敦煌遗书六种目录述略. 上海师范大学学报(哲学社会科版), 2013(4).

方美雪. 严文郁先生著作目录. "中国图书馆学会"会报(台北),2004(73).

伏俊琏,冷江山. 向达先生的敦煌文学研究——纪念向达先生诞辰 110 周年. 敦煌学辑刊, 2011(2).

傅斯年. 历史语言研究所工作之旨趣. 中央研究院历史语言研究所集刊,1928(1).

傅惜华.傅芸子俗文学论著要目.华北日报,1948-11-26.

耿予方.藏学泰斗于道泉教授.民族教育研究,1994(2).

顾烨青.中国近现代图书馆学人史料建设:现状与展望.大学图书馆学报,2010(3).

郭建荣.北京大学研究所国学门的变迁(上).文史知识,1999(4).

贺昌群.近年西北考古的成绩.燕京学报,1932(12).

贺昌群.日本学术界之"支那学"研究.图书季刊,1934,1(1).

侯汉清,王雅戈.中国近代索引研究的开山之作——《引得说》.大学图书馆学报,2006(5).

胡俊荣.中国近代图书馆学著作的出版.图书与情报,2000(3).

黄少明.略谈民国时期图书馆学论文的若干分布特点.图书馆杂志,1991(4).

黄彝仲.良师　同事　益友——缅念为图书馆事业奋斗终生的孙述万教授.四川图书馆学报,1989(5).

黄镇伟.谢国桢著述目录.文教资料,1988(1).

江山.何多源对图书馆学术的贡献(1930—1949).图书馆论坛,2012(11).

蒋复璁.中国图书分类问题之商榷.图书馆学季刊,1929,3(1/2).

金敏甫.中国图书馆学术史.中山大学图书馆周刊,1928,2(2).

敬文.怀念一位有成绩的图书馆工作者——李钟履先生传略.图书馆学研究,1985(6).

李鼎霞.老一代女学者刘修业先生.文史知识,2000(3).

李继先.近代图书馆之意义.武昌文华图书科季刊,1930,2(1).

李景新.图书馆学能成一独立的科学吗.文华图书馆学专科学校季刊,1935,7(2).

李万健.中国近代的图书馆和图书刊——写在《近代著名图书馆馆刊荟萃》出版之际.中国图书馆学报,2004(1).

李喜所.中国留学生研究的历史考察.文史哲,2005(4).

李小缘.中国图书馆事业十年来之进步.图书馆学季刊,1936,10(4).

李孝迁.民国时期中西交通史译著述评.中国图书评论,2012(6).

李孝迁."他人入室":民国史坛对域外汉学的回应.华东师范大学学报(哲学社会科学版),2012(6).

李镇铭.京师图书馆的基础藏书及其渊源.北京图书馆馆刊,1995(3/4).

梁建洲,梁如.我国图书馆学、档案学专业教育的摇篮——记武昌文华图书馆学专科学校.四川图书馆学报,1996(5).

梁建洲.文华图书馆学专科学校毕业生就业的优越条件.图书情报知识,2007(11).

梁启超.中华图书馆协会成立会演说辞.中华图书馆协会会报,1925,1(1).

刘东元.北京图书馆西文"中国学"图书专藏缘起.北京图书馆刊,1997(3).

刘国钧.中国现在图书分类法之问题.图书馆学季刊,1927,2(1).

刘国钧.图书目录略说.图书馆学季刊,1928,2(2).

刘国钧.中国图书分类法的发展.图书馆学通讯,1981(2).

刘节.考古学社之使命.考古,1935(2).

刘修业.王重民教授生平及学术活动年表(附著述目录).图书馆学研究,1985(5).

刘志.澹庵居士成多禄事略及生卒年考.社会科学战线,1987(2).

罗德运.抗战时期的三大国立图书馆.江苏图书馆学报,2001(1).

罗德运.中国图书馆学:20世纪的历程与反思.武汉大学学报(社会科学版),1990(1).

吕绍虞.中国图书馆大事记.浙江图书馆通讯,1941,1(1).

马准.校雠学之意义及其历史.中华图书馆协会会报,1935,10(6).

毛坤.华中大学文华图书科十周年纪念.文华图书科季刊,1930,2(2).

苗怀明.探索符合古代小说实际的校勘之路——孙楷第古代小说校勘方法浅探.古籍整理研究学刊,2003(4).

聂鸿音.西夏文献研究小史.北京师范大学学报,1990(3).

欧阳采薇.我与北京图书馆.北京图书馆馆刊,1993(Z2).

裴成发.20世纪前半叶的中国图书馆学.图书馆理论与实践,1992(3).

彭斐章,付先华.20世纪中国目录学研究的回眸与思考.图书馆论坛,2004(6).

平保兴.论何多源《中文参考书指南》的学术价值和意义.图书情报研究,2009(4).

平保兴.林语堂首次从日文引进"索引"说疑考.辞书研究,2013(3).

钱存训.图书馆与学术研究.金陵大学文学院季刊,1932,1(2).

钱存训.吴光清博士生平概要.国家图书馆学刊,2005(3).

钱维钧.西方图书馆学在中国的早期传播.复旦学报(社会科学版),1985(6).

邱克勤,王可权.记汪长炳先生.黑龙江图书馆,1988(3).

全根先,陈荔京.民国时期国家图书馆目录学论著编年.国家图书馆学刊,2013(3).

全根先,周玉玲.朴实无华 勤勉奉献的一生——访北京图书馆研究馆员杨殿珣先生.北京图书馆馆刊,1993(Z2).

荣方超."交换馆员"王重民、向达欧洲访书考.国家图书馆学刊,2013(3).

邵友亮.商务印书馆与民国时期图书馆学.江苏图书馆学报,1996(3).

沈丹泥.刘国钧氏中国图书分类法评.图书馆学季刊,1937,11(1).

沈祖荣.民国十年之图书馆.新教育,1922,5(4).

沈祖荣.我对于文华图书科季刊的几种希望.武昌文华图书馆科季刊,1929,1(1).

沈祖荣.中国图书馆及图书馆教育调查报告.中华图书馆协会会报,1933,9(2).

史念海.顾颉刚先生与禹贡学会.中国历史地理论丛,1993(3).

孙敦恒.清华国学研究院纪事.见:葛兆光.清华汉学研究第一辑.北京:清华大学出版社,1994.

孙楷第.我的《口述自传》与《业务自传》.见:学林漫录(第十六辑),北京:中华书局,2007.

谭其骧先生著作目录.见:历史地理(第九辑).上海:上海人民出版社,1990.

谭新嘉.梦怀录.文献,1982(4).

田保国.30 年代的中苏文化交流.民国档案,2000(2).

汪家熔.抗日战争时期的商务印书馆.编辑学刊,1995(3).

王国维.最近二三十年中中国新发见之学问.清华周刊,1925,24(1).

王建伟.南京国民政府时期北平的文化格局.安徽史学,2014(5).

王旭明.20 世纪"新图书馆运动"述评.图书馆,2006(2).

王余光.王重民先生的生平与著述.图书情报工作,2003(5).

王余光.略论 20 世纪中国文献学家.图书情报工作,2006(2).

王媛.王重民教授著述目录补遗.图书情报工作,2003(5).

王子舟.20 世纪中国图书馆学发展的三次高潮.图书情报工作,1998(2).

王子舟.中国图书馆学教育九十年回望与反思.中国图书馆学报,2009(6).

王祖彝.京师图书馆回顾录.中华图书馆协会会报,1931,7(2).

文洁若.我所知道的钱稻孙.读书,1991(1).

文榕生.20 世纪中国图书馆学研究回顾.图书馆,1998(5).

吴光清.原北平图书馆馆长袁同礼学术传略.文献,1985(4).

吴鸿志.文华图书科之过去与将来.武昌文华图书科季刊,1929,1(1).

吴仲强.中国近代图书馆学史论.图书馆论坛,1992(3).

文华图书科同学录.文华图书科季刊,1930,2(1).

夏晓虹.梁启超与《中国图书大辞典》.清华大学学报(哲学社会科学版),2011(1).

萧均.《国立北平图书馆馆刊》之回顾.文献,1982(4).

谢灼华.特点和影响:20 世纪上半叶的文华图书馆学专科学校.图书情报知识,2009(1).

徐家璧,袁清.袁同礼中文著述目录.文献,1985(4).

严文郁. 美国国会图书馆及其分类法. 图书馆学季刊,1929,3(4).

严振非. 王彦威父子与《清季外交史料》. 文献,1991(1).

杨镰. 孙楷第传略. 文献,1988(2).

杨晓华. 傅芸子先生的敦煌俗文学研究. 敦煌学辑刊,2011(3).

叶继元. 近现代学科分类体系在中国学术转型中的作用与局限. 云梦学刊,2009(4).

于希贤. 简评几部中国地理学史. 地理研究,1986(3).

虞坤林. 赵万里先生活动简表. 出版史料,2006(1).

张殿清. 袁同礼与国立北平图书馆学术研究(1928—1937). 图书馆工作与研究,2012(1).

张秀民. 张秀民自传. 文献,1985(3).

赵深. 著名版本目录学家赵万里小传. 文献,1985(4).

郑锦怀. 民国图书馆学家杨昭悊生平活动考辨. 大学图书馆学报,2013(2).

郑锦怀. 戴罗瑜丽生平及其在华图书馆事业成就考察. 图书馆论坛,2015(11).

之言. 七十年来的敦煌变文研究. 古籍整理研究学刊,1990(4).

朱家治. 鲍士伟博士考察中国图书馆后之言论. 图书馆学季刊,1926,1(1).

朱家治. 杜威及其十进分类法. 图书馆学季刊,1926,1(2).

朱君允. 中华平民教育促进会筹备之经过. 新教育,1923,7(2—3).

朱希祖. 整理昇平署档案记. 燕京学报,1931,12(10).

邹新明. 难以再现的辉煌——20 世纪 30 年代北平图书馆以编纂委员会为中心的青年学者群. 国家图书馆学刊,2010(2).

邹振环. 晚清中国人对西方近代图书馆的考察和认识. 图书馆杂志,1987(5).